LES ZOOM'S

EXERCICES
AVEC CORRIGÉS DÉTAILLÉS

GESTION DES RESSOURCES HUMAINES

13e ÉDITION
2021-2022

CHLOÉ GUILLOT-SOULEZ

Ancienne élève de l'ENS Cachan, elle est agrégée d'économie-gestion. Elle enseigne la Gestion des Ressources Humaines à l'iaelyon (Université Jean Moulin Lyon 3) en tant que Maître de conférences.

HÉLOÏSE CLOET

Ancienne élève de l'École de Management de Bordeaux, elle enseigne la Gestion des Ressources Humaines à l'Université Paris 1 Panthéon-Sorbonne en tant que Maître de conférences.

SOPHIE LANDRIEUX-KARTOCHIAN

Ancienne élève de l'ENS Cachan, elle est agrégée d'économie-gestion et enseigne au Georgia Institute of Technology. Elle a travaillé à l'Université Paris 1 Panthéon Sorbonne.

1, Parvis de La Défense
92044 Paris La Défense Cedex
ISBN 978 - 2 - 297 - 13523 - 8
ISSN 1288-8184

Suivez-nous sur www.gualino.fr

Contactez-nous gualino@lextenso.fr

LES ZOOM'S

CHLOÉ GUILLOT-SOULEZ ▪ HÉLOÏSE CLOET
SOPHIE LANDRIEUX-KARTOCHIAN

EXERCICES
AVEC CORRIGÉS DÉTAILLÉS

GESTION DES RESSOURCES HUMAINES

13e ÉDITION
2021-2022

Gualino
un savoir-faire de Lextenso

LES ZOOM'S

LA COLLECTION TRAITE DE :

- **La comptabilité :** Comptabilité générale – Comptabilité de gestion – Comptabilité des sociétés
- **L'analyse financière**
- **La fiscalité**
- **Le droit :** Introduction au droit – Droit des sociétés – Droit commercial et des affaires – Droit social – Institutions de la France – Institutions de l'Union européenne
- **L'économie**
- **Le marketing**
- **Les relations humaines**

Présentation

L'ensemble des concepts et des outils de la Gestion des Ressources Humaines *est développé dans le livre rédigé par Chloé Guillot-Soulez et publié dans la même collection :*

La Gestion des Ressources Humaines

(collection Les Zoom's)

***La mise en application de ces connaissances** vous est facilitée par le présent ouvrage :*

Exercices de Gestion des Ressources Humaines avec corrigés détaillés

*54 exercices de **Gestion des Ressources Humaines avec des corrigés détaillés** pour vous **entraîner** et **pratiquer** la Gestion des Ressources Humaines.*

*Ce livre va vous permettre de tester et d'améliorer vos connaissances de Gestion des Ressources Humaines, ainsi que d'acquérir le **savoir-faire** méthodologique indispensable pour traiter avec succès tous les types d'exercices lors de vos examens. Il va vous donner la **maîtrise** de principes et d'outils indispensables pour la pratique de la Gestion des Ressources Humaines au sein des organisations. Tous les thèmes de la Gestion des Ressources Humaines sont traités sous la forme d'exercices variés avec des corrigés détaillant une solution-type.*

*L'ensemble constitue un véritable **outil de travail et d'entraînement** pour l'étudiant en Gestion des Ressources Humaines.*

Sommaire

Liste des abréviations utilisées

ADP : Administration du Personnel

AGEFIPH : Association pour la Gestion du Fonds d'Insertion des Personnes Handicapées

ANACT/ ARACT : Agence Nationale/Régionale pour l'Amélioration des Conditions de Travail

ANI : Accord National Interprofessionnel

AP : Agent de Production

APEC : Association Pour l'Emploi des Cadres

ASSEDIC : Association pour l'Emploi dans l'Industrie et le Commerce (devenu le Pôle Emploi suite à la fusion avec l'ANPE)

AT : Accident du Travail

BTP : Bâtiment et Travaux Publics

BTS : Brevet de Technicien Supérieur

CEP : Conseil en Évolution Professionnelle

C & B : Compensation & Benefits (Rémunération et Avantages Sociaux)

CDD : Contrat à Durée Déterminée

CDI : Contrat à Durée Indéterminée

CE : Comité d'Entreprise

CEE : Comité d'Entreprise Européen

CFE-CGC : Confédération Générale des Cadres

CGT : Confédération Générale du Travail

CHSCT : Comité d'Hygiène, de Sécurité et des Conditions de Travail

CPF : Compte Personnel de Formation

CPRI : Commission Paritaire Régionale Interprofessionnelle

COR : Contrepartie Obligatoire en Repos

CSE : Comité Social et Économique

CSP : Contrat de Sécurisation Professionnelle

CSSCT : Commission Santé, Sécurité et Conditions de Travail

CTT : Contrat de Travail Temporaire

CV : Curriculum Vitae

DADS : Déclaration Annuelle des Données Sociales

DARES : Direction de l'Animation de la Recherche, des études et de la Statistique

DG : Directeur Général/Direction Générale

DP : Délégué du Personnel

DREETS : Direction régionale de l'économie, de l'emploi, du travail et des solidarités

DRH : Direction des Ressources Humaines/ Directeur des Ressources Humaines

DS : Délégué Syndical

ETAM : Employé, Technicien, Agent de Maîtrise

FONGECIF : Fonds de gestion du congé individuel de formation

GPEC : Gestion Prévisionnelle des Emplois et des Compétences

HP : Haut Potentiel

HS : Heure Supplémentaire

IC : Ingénieurs et Cadres

IEP : Institut d'Études Politiques

INRS : Institut National de Recherche et de Sécurité

INSEE : Institut National de la Statistique et des Études Économiques

IRP : Instances Représentatives du Personnel

MP : Maladie Professionnelle
OPACIF : Opérateurs de Compétences
OPCO : Organismes Paritaires Collecteurs Agréés
PAS : Plan d'Actionnariat Salarié
PDG : Président-directeur Général
PEE : Plan d'Épargne Entreprise
PERECO : Plan d'Épargne Retraite Collective
PME : Petites et Moyennes Entreprises
PSE : Plan de Sauvegarde de l'Emploi
R & D : Recherche & Développement
RH : Ressources Humaines
RRH : Responsable Ressources Humaines
RSE : Responsabilité Sociale de l'Entreprise
RSP : Réserve Spéciale de Participation
SIRH : Système d'Information Ressources Humaines
SMIC : Salaire Minimum Interprofessionnel de Croissance
TMS : Trouble Musculo-Squelettique
URSSAF : Union de Recouvrement de la Sécurité Sociale et des Allocations Familiales
VAE : Validation des Acquis de l'Expérience

THÈME 1

Qu'est-ce que la Gestion des Ressources Humaines ?

EXERCICE 1 Questions à choix multiple

1 – *Parmi ces différents postes, quels sont ceux qui sont rattachés à la fonction RH (plusieurs réponses possibles) ?*

- ❒ a. Responsable Développement RH
- ❒ b. Directeur Administratif et Financier
- ❒ c. Assistant de Direction
- ❒ d. Responsable Formation
- ❒ e. Contrôleur de Gestion Sociale
- ❒ f. Responsable *Compensation & Benefits*
- ❒ g. Assistant juridique RH
- ❒ h. Consultant en recrutement

2 – *« Le service RH a décidé de confier la gestion des congés payés aux responsables opérationnels. » À quel terme managérial se rapporte cette décision (une seule réponse possible) ?*

- ❒ a. l'externalisation de la fonction RH
- ❒ b. l'internalisation de la fonction RH
- ❒ c. la décentralisation de la fonction RH
- ❒ d. la centralisation de la fonction RH
- ❒ e. l'outsourcing de la fonction RH

3 – ***Le droit du travail émane de plusieurs sources. Associer le texte juridique à son origine :***

- ❒ a. les usages
- ❒ b. la convention n° 182 sur les pires formes de travail des enfants (1999)
- ❒ c. les lois
- ❒ d. la jurisprudence
- ❒ e. les traités communautaires
- ❒ f. la directive du 22 septembre 1994 relative à l'institution d'un Comité d'Entreprise Européen (CEE)

- ❒ 1. Source nationale étatique
- ❒ 2. Communauté Européenne
- ❒ 3. Organisation Internationale du Travail
- ❒ 4. Source nationale professionnelle

4 – ***L'ESS (Employee Self Service) fait référence à (une seule réponse possible) :***

- ❒ a. l'utilisation de l'outil informatique par le service Ressources Humaines dans ses activités quotidiennes
- ❒ b. l'existence d'un forum sur l'intranet d'une organisation pour répondre aux questions RH des salariés
- ❒ c. l'existence d'un réseau social d'entreprise
- ❒ d. la possibilité pour le salarié de gérer lui-même son dossier individuel via une application informatique

5 – ***Parmi ces variables, quelles sont celles qui sont susceptibles d'influencer l'activité RH de l'entreprise (plusieurs réponses possibles) ?***

- ❒ a. la fiscalité
- ❒ b. les budgets de l'entreprise
- ❒ c. le chômage
- ❒ d. le dirigeant de l'entreprise
- ❒ e. l'inflation
- ❒ f. les changements démographiques
- ❒ g. la structure de l'entreprise
- ❒ h. le style de leadership

Corrigé

1 – Bonnes réponses : ❑ a ❑ d ❑ e ❑ f

Ces quatre postes font partie du service RH :

– le *Responsable Développement des Ressources Humaines* a en charge la conception, le pilotage et le suivi de projets RH transversaux, en relation avec d'autres fonctions ou départements de l'entreprise ;

– le *Responsable Formation* définit, construit et pilote la politique de développement des compétences des salariés en lien avec la stratégie globale de l'entreprise. Ses missions sont l'identification des besoins de l'entreprise, l'élaboration, l'organisation et la mise en place du plan de développement des compétences ainsi que l'évaluation des actions de formation menées ;

– *le poste de Contrôleur de gestion sociale* fait partie des postes de spécialistes de la fonction RH à la croisée du contrôle de gestion et de la Gestion des Ressources Humaines ;

– le *Responsable Compensation & Benefits* (ou Responsable Rémunération et Avantages Sociaux) est chargé de coordonner, harmoniser, orienter, ajuster la politique de rémunération de l'entreprise et de conseiller les opérationnels dans son application.

Les autres postes ne sont pas rattachés à la fonction RH :

– le *Directeur Administratif et Financier* (DAF) d'une entreprise s'occupe de la finance ainsi que du respect de l'application des réglementations et de la législation liées à l'activité de la structure pour laquelle il travaille. Le Directeur Administratif et Financier est le garant de la bonne gestion administrative et financière de l'entreprise. Il peut éventuellement se voir confier des tâches d'administration du personnel ;

– *l'assistant de direction* est le collaborateur direct d'un cadre, d'un manager ou d'un dirigeant mais, de plus en plus, la fonction d'assistant de direction consiste à travailler avec plusieurs cadres d'un même service. Il est hiérarchiquement rattaché au Président-directeur Général, au Directeur Général, au Secrétaire Général, au Directeur d'une fonction de l'entreprise. Dans ce dernier cas, il est donc possible de trouver un assistant de direction rattaché au Directeur des Ressources Humaines ;

– *l'assistant juridique RH* est rattaché au service juridique mais est en lien avec la Direction des Ressources Humaines qu'il assiste et conseille, comme les autres directions opérationnelles de l'entreprise, en matière de législation du travail ;

– le *consultant en recrutement* est extérieur à l'entreprise : il prend en charge pour le compte d'une entreprise la recherche et la sélection d'un collaborateur après avoir été associé à la définition du poste et du profil.

2 – Bonne réponse : ❒ c

La décentralisation consiste à confier aux responsables opérationnels (voire aux salariés) des tâches effectuées auparavant par la fonction Ressources Humaines, c'est-à-dire centralisées.

L'externalisation (ou *outsourcing*) de la fonction RH consiste à confier à une organisation extérieure (cabinets ou entreprises spécialisés) des tâches auparavant effectuées dans l'entreprise. L'internalisation correspond au phénomène inverse.

3 – Bonnes réponses :

a – 4 ; b – 3 ; c – 1 ; d – 1 ; e – 2 ; f – 2

4 – Bonne réponse : ❒ d

L'ESS (*Employee Self Service* ou libre service pour les salariés) est un outil de gestion intégré qui permet au salarié de gérer lui-même son dossier individuel. Un tel module permet de transférer une partie des tâches du service RH vers les opérationnels.

5 – Bonnes réponses : Toutes

Tous les facteurs cités sont susceptibles d'influencer l'activité de la fonction RH. Certains facteurs sont internes à l'entreprise (budgets, dirigeant, structure, style de leadership), d'autres sont externes (fiscalité, chômage, inflation, changements démographiques).

EXERCICE 2 La fonction de DRH

Témoignage de Charlotte Daviau, 29 ans, DRH d'AntemetA
« Comment je suis passée d'alternante... à DRH »

J'ai débuté ma carrière en tant qu'alternante chez AntemetA, une entreprise française d'informatique professionnelle spécialisée dans le stockage et le cloud. À cette époque, le Directeur Administratif et Financier ne souhaitait pas s'occuper à plein temps des ressources humaines. Il m'a donc rapidement confié des missions dans ce domaine, ce qui m'a donné le goût du métier.

Après cette première expérience concluante, j'ai poursuivi mon alternance et me suis dirigée vers une Licence Professionnelle en Gestion des Ressources Humaines, suivie d'un Master 2 en Gestion et Administration des Entreprises. Mon objectif était d'avoir une vision globale de l'entreprise, allant du marketing à la finance. Cette expérience m'a ouvert la porte du monde professionnel, puisqu'à l'issue de ma formation, AntemetA m'a proposé un poste de responsable RH en CDI. (...) Mes premiers pas dans cette fonction ont été un peu hésitants. J'étais jeune et il fallait montrer de quoi j'étais capable, en apportant plus qu'une expertise technique. Tout le pôle était à construire car la plupart des outils n'existaient pas. J'ai donc mis la main à la pâte, ai créé une grille salariale, (...) contribué à la création d'une filiale au Maroc... Les chantiers étaient et restent nombreux !

Tous ces efforts ont payé puisqu'en 2015, AntemetA m'a nommée Directrice des Ressources Humaines, neuf ans après mes premiers pas dans l'entreprise. Après plus d'un an à ce poste, j'ai pour ambition de faire évoluer le profil RH et de participer au développement de l'entreprise à l'International. Même si je dois faire face à plusieurs difficultés, notamment sur la partie recrutement, ce poste multi casquettes me passionne. En effet, l'un des principaux enjeux de l'entreprise est le recrutement de salariés hautement qualifiés. Le secteur de l'IT et, plus particulièrement, du cloud et de la cybersécurité fait face à une pénurie de profils ce qui entraîne une concurrence accrue entre les entreprises du même secteur. Il est donc primordial de se démarquer (...) Et lorsque nous parvenons à trouver LA pépite, je tire ma plus grande satisfaction de la reconnaissance des managers opérationnels. Au-delà du recrutement externe, j'attache une importance primordiale au bien-être des salariés. J'essaie d'être à l'écoute de chacun d'entre eux et de les faire évoluer au sein de l'entreprise en répondant à leurs objectifs de carrière. L'échange et l'écoute restent au cœur de mon métier.

Source : Les Échos Start, rubrique Emplois et stages (www.start.lesechos.fr).

À partir de ce témoignage et de vos connaissances, répondez aux questions suivantes :

- *Décrivez les activités principales et secondaires d'un Directeur des Ressources Humaines. Quels facteurs peuvent influencer la nature des activités rattachées à la fonction de DRH ?*
- *Avec qui le DRH est-il en relation dans son environnement quotidien ? Quelle est la nature de ces relations et quelles sont les attentes des dirigeants vis-à-vis du DRH ?*
- *Quelles sont les compétences et les aptitudes nécessaires pour occuper un poste de DRH ?*
- *Quels sont les formations et les parcours professionnels types pour accéder à la fonction de DRH ?*

CORRIGÉ

1 – Les activités du Directeur des Ressources Humaines

	Activités majeures ou prépondérantes
Définition de la stratégie et de la politique RH de l'entreprise	• Discuter avec la Direction Générale de la stratégie générale de l'entreprise, assurer un rôle de conseil, prendre connaissance des objectifs de développement du chiffre d'affaires et des modalités de croissance envisagées (croissance interne, croissance externe, joint-venture…). • Recueillir les attentes des grandes directions (dont la Direction Générale) en matière RH. • Travail de veille : observer l'évolution des stratégies RH des entreprises de taille ou d'activité comparables, se tenir informé des innovations, benchmarking éventuel. • Définir, sur la base de l'ensemble des informations préalablement citées, la stratégie RH de l'entreprise, la faire valider par la Direction Générale. • Décliner cette stratégie dans les différents domaines RH et fixer des objectifs généraux et spécifiques par division, département, site, population, etc. • Représenter la direction et, le cas échéant, négocier avec les instances représentatives du personnel. • Communiquer auprès des salariés et aux syndicats sur les projets RH.

Initiation et soutien des projets RH et encadrement d'équipes	• Donner le cap stratégique et définir les objectifs RH. • Initier et soutenir les grands chantiers/projets RH dans l'entreprise auprès des autres directions, des salariés, etc. • Recruter les collaborateurs placés sous sa responsabilité. • Manager ses équipes : délégation, évaluation, développement des compétences, etc. • Gérer personnellement, si nécessaire, certains dossiers stratégiques et certaines négociations. • Participer à la gestion des talents : mise en place de politique de recrutement externe attractive, d'assessments, de 360°, de coaching, de mobilités spécifiques. • Être force de proposition ou arbitre des choix importants de prestataires : cabinets de recrutement, d'outplacement, de coaching, agences de communication, éditeurs de logiciels, etc.
Suivi des projets mis en œuvre et évaluation de leurs résultats	• Suivre l'évolution des projets RH mis en œuvre, comparer les résultats aux objectifs, mettre en place des correctifs si nécessaire. • Assurer un *reporting* auprès de la Direction Générale. • Assurer tout ou partie de l'interface avec les autres directions de l'entreprise, communiquer à propos de l'évolution des projets RH mis en œuvre.

	Activités mineures ou éventuelles
Communication interne et externe	• Le DRH peut avoir la charge de la communication interne de l'entreprise et de veiller scrupuleusement à la communication relative aux projets RH au sein de l'entreprise. • Le DRH peut représenter l'entreprise auprès de la presse spécialisée ou d'autres médias, participer à différents évènements externes liés à la fonction RH, au mécénat, etc.
Services généraux	• Le DRH est parfois responsable des services généraux de l'entreprise.

	Variabilité des activités
Taille de l'entreprise	• Dans les **groupes**, le DRH occupe une position stratégique. Il joue généralement un rôle de conseil RH auprès de la Direction Générale et un rôle d'impulsion, de soutien et de suivi des projets RH gérés par ses collaborateurs de façon plus ou moins décentralisée. Ses activités consistent aussi souvent en la recherche d'harmonisation des pratiques RH aux niveaux des différentes divisions et zones géographiques. • Dans les **PME**, si le DRH réfléchit à la stratégie RH, il doit aussi s'investir dans l'opérationnel d'autant que ses équipes peuvent être réduites.
Rattachement hiérarchique	• Si le DRH est rattaché directement à la Direction Générale, il est plus influent en matière d'élaboration et d'application de la stratégie de l'entreprise que dans le cas contraire. Il peut discuter d'égal à égal avec les autres grandes directions de l'entreprise.
Convictions du PDG en matière de Ressources Humaines	• Les rôles attribués au DRH sont, en partie, conditionnés par les convictions du PDG en matière de Ressources Humaines. Néanmoins, la mondialisation, la crise économique et, plus globalement, l'incertitude et le haut niveau de compétition caractéristiques de l'environnement ont revalorisé et étendu sa fonction. Elle dépasse assurément le rôle traditionnel et désormais dépassé d'administration du personnel.

2 – L'environnement quotidien du Directeur des Ressources Humaines

La Direction des Ressources Humaines est une fonction qui existe dans tous les secteurs d'activités. L'étendue de la fonction dépend de l'effectif. Plus ce dernier est élevé et plus la fonction est large et généralement stratégique.

Rattachements hiérarchiques	• Président-directeur Général (PDG) ou Directeur Général (DG) • Secrétaire général • Directeur Administratif et Financier NB : Le DRH est désormais, dans la plupart des cas, membre du Comité de Direction
Relations fonctionnelles	• Directeur Administratif et Financier • Directeur informatique • Directeur juridique • Directeur de la communication • Autres directions opérationnelles de l'entreprise

Les attentes des dirigeants à l'égard des DRH sont :

– une aide pour anticiper les changements ;

– une orientation « *business minded* » ;

– une focalisation sur les domaines porteurs de valeur ajoutée : baisse des ressources accordées aux activités administratives, mobilisation des réseaux RH en faveur du développement de la motivation et des compétences des collaborateurs, gestion des talents, etc. ;

– la promotion et la garantie des règles du jeu de l'entreprise (culture, valeurs…) à travers les actes et les discours ;

– la prise en compte des attentes des différents stakeholders (actionnaires, clients, fournisseurs, salariés, pouvoirs publics, société civile, actions en faveur de la Responsabilité Sociale des Entreprises …) ;

– une stimulation à la réflexion ;

– une opposition constructive…

3 – Les compétences et les qualités nécessaires au Directeur des Ressources Humaines

Compétences et connaissances techniques	• Bonne culture générale • Très bonne culture économique • Connaissance panoramique du domaine des Ressources Humaines • Connaissance de la théorie des organisations • Connaissance parfaite des obligations légales de l'entreprise en matière sociale • Bonne connaissance de la gestion et, en particulier, de la finance et de la stratégie • Vision globale des fonctions de l'entreprise • Maîtrise des techniques de négociation • Maîtrise des techniques de management et de conduite du changement • Gestion de projets • Gestion des conflits • Maîtrise des outils informatiques et, en particulier, des progiciels RH • Maîtrise de l'anglais

Aptitudes professionnelles	• Alliance d'une intelligence conceptuelle et de qualités opérationnelles afin de concrétiser facilement les idées • Capacités d'anticipation • Capacité d'adaptation face à une grande diversité d'interlocuteurs • Capacités à identifier les priorités stratégiques et opérationnelles • Capacités d'évaluation des risques, notamment dans le cadre des contentieux prud'homaux, des risques sociaux • Orientation d'esprit « solution » • Capacités d'influence • Grande capacité de travail • Bonne résistance au stress • Bonne insertion dans les réseaux (réseaux RH, clubs...) • Forte personnalité • Sens politique • Ouverture à l'international

4 – Les formations et les parcours professionnels types du DRH

Diplômes requis	• École de commerce (dans l'idéal avec spécialisation ou option Ressources Humaines) • IEP avec spécialisation en RH • Formation de niveau Bac+5 (master) en gestion des ressources humaines, en management des ressources humaines et responsabilité sociale de l'entreprise • Formation de niveau Bac+5 en droit des affaires et, plus spécifiquement, en droit du travail • Formation de niveau Bac+5 en gestion, sociologie, psychologie ou sciences sociales • MBA Management des ressources humaines
Expérience requise	• Au moins sept ans d'expérience. Ce poste est réservé aux cadres expérimentés.
Postes précédents	• Responsable RH • Responsable développement RH • Responsable des relations sociales • Secrétaire général • Consultant senior au sein d'un cabinet RH • Dirigeant ou associé au sein d'un cabinet RH ou d'une agence de communication RH • En provenance d'une autre direction (financière, commerciale, production...)

Évolutions professionnelles	• Consultant senior au sein d'un cabinet-conseil RH (le plus souvent avec le statut d'associé) • Créateur et dirigeant d'un cabinet-conseil • Cadre de direction au sein d'une agence de communication en Ressources Humaines • Directeur général
Rémunération	• Entre 70 et 150 KEuros par an pour un cadre confirmé

EXERCICE 3 Typologie des positions du DRH

Dave Ulrich[1] propose une typologie pour classer les différents profils de DRH. Quatre positions pour le DRH sont distinguées en fonction de son orientation temporelle (court terme ou long terme) et de sa focalisation sur les hommes ou sur les processus.

Typologie des positions du DRH de Dave Ulrich

Les 4 positions du DRH	*Focalisation sur les processus*	*Focalisation sur les hommes*
Orientation vers le futur	*Manager la stratégie des Ressources Humaines*	*Conduire le changement*
Orientation vers le quotidien	*Gérer efficacement les tâches administratives*	*Renforcer la motivation des salariés*

- *À partir de la typologie exposée, proposez un nom pour chaque profil de DRH créé.*
- *Parmi la liste suivante de tâches et de projets, lesquels seront privilégiés par les différents types de DRH ?*
  1) Définir des parcours-types de mobilité,
  2) Organiser des réunions de revues de potentiels,
  3) Créer un tableau de bord RH prospectif,

1. Ulrich D. (1997), *Human resource champions. The next agenda for adding value and delivering results*, Harvard Business School Press.

4) Mener un audit de la fonction RH pour réduire les coûts,

5) Renforcer la communication interne sur les orientations de l'entreprise,

6) Choisir un logiciel pour informatiser le processus d'évaluation du personnel,

7) Préparer une journée d'intégration pour les nouveaux recrutés,

8) Définir les orientations de la GPEC,

9) Créer une université d'entreprise,

10) Évaluer l'efficacité de la formation,

11) Lancer une enquête de satisfaction des salariés,

12) Créer une crèche interentreprises.

- *Vous trouverez ci-après deux brèves descriptions de la politique de Gestion des Ressources Humaines de deux grands groupes (descriptions élaborées à partir de leur site Internet institutionnel). À quelles positions-types du DRH est-il possible de relier ces descriptions ? Justifiez votre réponse.*

Regarder au-delà de l'horizon, penser à dix ou vingt ans, c'est, pour le **Groupe Total,** à la fois une nécessité liée à la nature de ses activités et un état d'esprit. Ce mode de fonctionnement se retrouve, logiquement, au cœur de sa politique de ressources humaines. Car celle-ci conditionne ses succès de demain et sa capacité à relever de vrais défis : gérer la complexité croissante des projets, anticiper la magnitude des bouleversements à venir dans le monde de l'énergie, élargir le dialogue avec toutes les parties prenantes, favoriser l'initiative tout en conservant la cohérence qui constitue l'une de ses forces. Partenaires des opérationnels, les équipes Ressources humaines du Groupe mènent de front de multiples chantiers. Il s'agit de préparer le renouvellement des générations, d'attirer des talents venus du monde entier en capitalisant sur l'expérience des seniors, de construire des parcours variés et motivants, de proposer des rémunérations et des conditions d'emploi aussi attractives qu'équitables. Au nombre des chantiers en cours figurent aussi la mobilité au sein du Groupe, l'ouverture à de nouveaux profils et le renforcement de la motivation des salariés par une compréhension mieux partagée de la stratégie de Total. Total place le talent de ses équipes, l'innovation et la haute technologie au cœur de sa stratégie de développement. Pour répondre aux défis du futur, le Groupe cherche à réunir des collaborateurs de toutes origines, de toutes formations et à leur donner les moyens d'exprimer leur talent pour contribuer à une réussite commune. Pour y parvenir, la politique de recrutement de Total est basée sur des valeurs claires, un processus de recrutement collégial et des démarches simplifiées pour les candidats grâce au site careers.total.com.

À travers ses différentes activités et plus de 150 métiers différents, les effectifs du Groupe **Auchan** s'élèvent à 262 000 collaborateurs. Ceux-ci se répartissent pour 44 % en Europe occidentale et 56 % dans les autres pays. Fidèle à ses fondements historiques de partage du savoir, du pouvoir et de l'avoir, l'entreprise mène une politique de ressources humaines ambitieuse : recrutements diversifiés, formation, responsabilisation, promotion interne, intéressement, actionnariat salarié… Adaptée à chaque contexte local, la formation est dispensée tout au long du parcours professionnel des collaborateurs. Développement de nouvelles formations, notamment *via* le e-learning, synergies entre pays et enseignes, création de rayons-écoles, chaque salarié doit pouvoir se professionnaliser et bénéficier de la forte politique de promotion interne de l'entreprise. Fidèle à ses valeurs, l'entreprise favorise le développement professionnel de ses collaborateurs à travers une politique forte de responsabilisation. Dans chaque métier, l'initiative personnelle, l'association aux prises de décision, l'autonomie sont des idées forces de management que l'entreprise a la volonté de transmettre à ses collaborateurs.

En permettant à chaque collaborateur de devenir propriétaire d'une partie de son outil de travail et de contribuer, à son niveau, à l'amélioration des résultats, l'actionnariat salarié est l'un des piliers du partage de l'avoir.

Corrigé

1 – Les quatre positions-types des DRH

Voici les noms donnés par Dave Ulrich aux positions-types ou profils du DRH :

Les 4 positions du DRH	Focalisation sur les processus	Focalisation sur les hommes
Orientation vers le futur	Partenaire stratégique	Agent de changement
Orientation vers le quotidien	Expert administratif	Champion des salariés

2 – Activités-types des DRH

En fonction de leur profil, les DRH mettront l'accent sur des tâches et projets différents, comme le montre le tableau suivant :

Profil du DRH	Tâches et projets privilégiés selon le profil du DRH
Partenaire stratégique	• Définir des parcours-types de mobilité • Créer un tableau de bord RH prospectif • Définir les orientations de la GPEC
Expert administratif	• Mener un audit de la fonction RH pour réduire les coûts • Choisir un logiciel pour informatiser le processus d'évaluation du personnel • Évaluer l'efficacité de la formation
Agent de changement	• Organiser des réunions de revues de potentiels • Renforcer la communication interne sur les orientations de l'entreprise • Créer une université d'entreprise
Champion des salariés	• Préparer une journée d'intégration pour les nouveaux recrutés • Créer une crèche inter-entreprise • Lancer une enquête de satisfaction des salariés

3 – Caractérisation de la politique RH des grands groupes

Total et Auchan, deux grands groupes français, présentent le rôle de leur fonction ressources humaines de façon très différente.

Le groupe Total insiste sur les défis stratégiques rencontrés par le groupe et sur l'importance pour la fonction RH de mettre en place les processus permettant d'atteindre les objectifs fixés à 10 ou 20 ans. L'horizon temporel est donc bien le ***futur***. Par ailleurs, le descriptif insiste beaucoup sur « les chantiers » de la fonction RH et son rôle pour assurer le succès de la stratégie (terme « partenaire des opérationnels »). Les chantiers évoquent la gestion prévisionnelle des ressources humaines avec la volonté d'attirer des talents, de transmettre les connaissances des seniors ou encore de construire des parcours variés pour assurer la mobilité au sein du groupe. La description de la politique de recrutement insiste également sur l'importance des ***processus*** et des outils pour la mener à bien. Il semble donc que la focalisation est davantage mise sur les processus que sur les hommes. Le profil du DRH le plus proche est celui de ***partenaire stratégique***.

Inversement, le groupe Auchan semble davantage mettre ***l'accent sur les hommes*** et le local. Les termes « effectifs », « employés » et « collaborateurs » sont utilisés de nombreuses fois (alors que le terme processus n'est pas mentionné une seule fois). Le management est décrit comme participatif et a pour rôle de favoriser la responsabilisation des salariés. De même, la culture d'entreprise apparaît forte avec l'insistance sur les « valeurs » partagées du « savoir, du pouvoir et de l'avoir » aux fondements de la politique de gestion des ressources humaines. Auchan met en avant de nombreuses pratiques existantes qui font partie du ***quotidien*** des salariés : le groupe s'intéresse en effet à la formation de ses salariés, a mis en place du e-learning, des rayons-écoles et favorise la promotion interne. La volonté est de donner une chance aux salariés de se développer et d'atteindre leur potentiel en les formant et aussi en les associant aux décisions. Ce descriptif peut être relié au profil du DRH ***champion des salariés***. L'orientation vers le futur est également présente au second plan car, même si les ambitions stratégiques ne sont pas évoquées explicitement, la politique RH voit les salariés comme des acteurs du changement en les incitant, via leur participation au capital, à atteindre les objectifs du groupe et à contribuer aux résultats d'une entreprise dont ils possèdent des actions.

EXERCICE 4 La réorganisation de la fonction RH

La société H. J. Heinz Company (www.heinz.com), plus connue sous la dénomination Heinz, est une entreprise agroalimentaire américaine fondée en 1869 par Henry John Heinz. Cette société produit et commercialise des sauces condimentaires et des coulis qui accompagnent tous les plats (ketchup, conserves de légumineuses, condiments, conserves de poisson, plats préparés…). Heinz France a décidé de réorganiser une partie de ses activités RH :

« H. J. Heinz a choisi ADP et sa solution Phonéa-paie
Avec Phonéa-paie, H. J. HEINZ gère une paie simple mais évolutive

Lors de la cession d'une partie de l'activité, l'ancien système interne de gestion de la paie est abandonné au profit d'un système externe, notamment en raison de la réduction de l'équipe. Le Directeur Administratif et Financier a fait le choix de s'appuyer sur Phonéa-paie : « *L'entreprise venait de céder une partie de son activité. De ce fait, nous avons remis en question l'outil qui réalisait la paie à l'époque. Je voulais m'appuyer sur un service externe afin de pouvoir confier cet élément très important à des experts. De plus, notre entreprise est américaine, il nous fallait donc un fournisseur de dimension internationale.*

> *Dès le premier mois qui a suivi la mise en place définitive, l'ensemble des salariés ont eu leur bulletin de paie en bonne et due forme. Nous disposons chez nous d'une petite interface. Le fichier est envoyé mensuellement et comprend la mise à jour des mois antérieurs. Si aucun mouvement particulier n'est intervenu, l'opération est très simple et rapide. Mais ce que j'apprécie par-dessus tout, c'est que je ne m'occupe pas des modifications de plafonds ou de réglementations sur les heures supplémentaires. Nous recevons les informations sur les nouveaux textes et nous nous contentons de remplir les formulaires adéquats. Ces petits « détails » sont importants dans le domaine de la paie ».*
>
> *Source : ADP Kiosque PME* (http://www.kiosquepme.com/)

- *Définir les termes « externalisation » et « centre de services partagés ». Quelle est la solution choisie par Heinz France ? Qui est ADP ?*
- *Quels sont les avantages recherchés par les entreprises comme Heinz qui choisissent cette organisation de l'activité RH ?*
- *Quels sont les risques associés à cette organisation de l'activité RH et comment les limiter ?*
- *Quels sont les domaines RH le plus souvent externalisés par les entreprises ? Quels sont les domaines RH les moins souvent externalisés ? Pourquoi ?*

CORRIGÉ

1 – Définitions et situation de Heinz France

L'externalisation consiste à recourir à un prestataire externe pour la prise en charge partielle ou totale d'une application, d'un processus ou d'une fonction. L'externalisation (ou *outsourcing*) concerne la fonction RH comme les autres fonctions de l'entreprise (on parle d'HRO : *Human Resource Outsourcing*).

Les centres de services partagés (ou *shared services centers*) consistent à mutualiser des services dans une unité autonome, souvent sur un site distinct, qui sera responsable, au travers de contrats de service, de la qualité et du coût des prestations offertes aux clients internes à l'entreprise.

Heinz France a choisi d'externaliser l'activité paie. ADP est le prestataire externe choisi par l'entreprise (www.fr.adp.com).

2 – Les avantages recherchés

Les avantages les plus souvent cités comme motifs d'externalisation d'activités RH sont les suivants :

- *un recentrage sur les activités à forte valeur ajoutée* : l'externalisation vise à décharger la fonction RH des activités à faible valeur ajoutée (tâches administratives, répétitives et chronophages) pour se recentrer sur les activités au cœur du métier et à plus grande valeur ajoutée ;
- *une logique d'optimisation* : maîtrise des coûts (prix de la prestation prédéfini) et réduction des coûts (réduction des effectifs de la fonction RH en interne, comme c'est le cas chez Heinz) ;
- *une recherche de qualité* : fiabilité du travail du fait du professionnalisme du prestataire, respect des délais (cf. cas de Heinz).

3 – Les risques associés et leur gestion

En dépit de ses avantages, l'externalisation n'est pas sans risque pour les entreprises. Plusieurs risques doivent être pris en compte :

- *anticiper les conséquences pour le personnel de la fonction RH* : l'entreprise doit réfléchir aux conséquences de l'externalisation de la fonction RH pour le personnel concerné. Il faut donc s'assurer de leur reclassement et mettre en œuvre un plan de reclassement et de communication ;
- *veiller au bon fonctionnement du système d'information Ressources Humaines (SIRH)* : une entreprise qui externalise confie tout ou partie de son SIRH à un prestataire. Il faut donc anticiper les conséquences de cette situation au niveau des systèmes d'information et s'assurer que le prestataire est en mesure de gérer les automatismes de traitement des données selon les mêmes processus, notamment pour le partage ou la transmission des données entre le prestataire et l'entreprise (compatibilité ou mise à jour des systèmes) ;
- *définir des méthodes de reporting pour les activités externalisées* : l'externalisation peut entraîner une perte de connaissances pour l'entreprise. Il faut donc veiller dès le départ aux modes de circulation de l'information. Le contrat de prestation peut comporter des clauses de reporting et la réalisation d'enquêtes de satisfaction pour s'assurer du maintien de la qualité de la prestation.

4 – L'externalisation de la fonction RH en pratique

Sur le marché français, la paie reste le premier domaine RH sujet à l'externalisation devant l'administration du personnel, la gestion des temps et des activités, le recrutement et la formation. L'externalisation vise à confier des activités à faible valeur ajoutée à des prestataires externes pour se recentrer sur des activités à plus forte valeur ajoutée, ces dernières n'ont donc pas vocation à quitter l'entreprise. En particulier, la gestion des compétences, la gestion des hauts potentiels, la gestion de certains recrutements considérés comme stratégiques, les relations sociales ou la communication font partie de ces activités considérées comme à forte valeur ajoutée. Même si certaines sociétés proposent des solutions externalisées dans ces différents domaines de l'activité RH, les entreprises préfèrent généralement maintenir ces activités en interne pour conserver l'expertise dans des domaines jugés stratégiques et dans un souci de confidentialité.

Le recrutement

EXERCICE 5 Questions à choix multiple

1 – *L'entreprise Conserves et Bocaux, PME de 35 salariés, souhaite embaucher un jeune salarié en contrat de formation et espère ensuite l'intégrer dans l'entreprise. Quel(s) contrat(s) correspond(ent) à cette situation ?*

❒ a. contrat à durée déterminée
❒ b. contrat de professionnalisation
❒ c. contrat à temps partiel
❒ d. contrat d'apprentissage

2 – *Le 1er septembre, l'entreprise ABC accueille quatre nouveaux salariés. Quels sont ceux concernés par la visite d'information et de prévention et ceux concernés par un suivi renforcé ?*

❒ a. Maxime, assistant de gestion
❒ b. Hubert, soudeur plongeur
❒ c. Khaled, monteur en échafaudage
❒ d. Cynthia, responsable achats

❒ 1. Visite d'information et de prévention
❒ 2. Suivi renforcé

3 – *En France, le recours à la graphologie et à l'astrologie est interdit dans le cadre d'un processus de recrutement (une seule réponse possible).*

❒ a. vrai
b. faux

4 – ***En cas de discrimination à l'embauche, le droit français prévoit des sanctions. Cochez les sanctions prévues parmi les réponses suivantes (plusieurs réponses possibles) :***

❒ a. trois ans d'emprisonnement pour les personnes physiques

❒ b. 45 000 € d'amende pour les personnes physiques

❒ c. trois ans d'emprisonnement pour les personnes morales

❒ d. 225 000 € d'amende pour les personnes morales

❒ e. interdiction, à titre définitif ou pour une durée de cinq ans au plus, d'exercer directement ou indirectement l'activité dans laquelle l'infraction a été commise pour les personnes morales

5 – ***Chargé du recrutement dans une PME, vous êtes régulièrement confronté à des situations dans lesquelles vous aimeriez pouvoir recruter des intérimaires. Parmi les situations suivantes, dans quels cas, le recours à un intérimaire est-il autorisé ?***

❒ a. accroissement temporaire de l'activité de l'entreprise

❒ b. attente de l'arrivée d'un salarié en CDI

❒ c. remplacement d'un salarié en grève

❒ d. remplacement d'un salarié absent pour un poste qui suppose de manipuler des agents chimiques dangereux (phosphore)

Corrigé

1 – Bonnes réponses : ❒ b ❒ d

Le contrat d'apprentissage est un contrat de travail écrit à durée limitée (CDD) ou à durée indéterminée (CDI) entre un salarié et un employeur. Il permet à l'apprenti de suivre une formation en alternance en entreprise sous la responsabilité d'un maîtred'apprentissage et en centre de formation des apprentis (CFA) pendant 1 à 3 ans.

Le contrat de professionnalisation est un contrat de travail en alternance qui permet d'associer l'acquisition d'un savoir théorique en cours (enseignement général, professionnel ou technologique) et l'acquisition d'un savoir-faire pratique au sein d'une ou plusieurs entreprises. Le contrat de professionnalisation peut être conclu dans le cadre d'un CDD ou d'un CDI. Le salarié bénéficie du soutien d'un tuteur.

2 – Bonne réponse : ❒ a

Depuis le 1er janvier 2017, la *visite médicale d'embauche* est remplacée par la *visite d'information et de prévention* (loi Travail du 8 août 2016 ; décret du 27 décembre 2016).

La visite d'information et de prévention n'a pas pour objet de s'assurer de l'aptitude médicale du salarié à occuper son poste mais :

- d'interroger le salarié sur son état de santé ;
- de l'informer sur les risques éventuels auxquels l'expose son contrat de travail ;
- de le sensibiliser sur les moyens de prévention à mettre en œuvre ;
- d'identifier si son état de santé ou les risques auxquels il est exposé nécessitent une orientation vers un médecin du travail ;
- de l'informer sur les modalités de suivi de son état de santé par le service et sur la possibilité dont il dispose, à tout moment, de bénéficier d'une visite à sa demande avec le médecin du travail.

Tous les salariés nouvellement embauchés en CDD ou en CDI sont concernés par cette visite s'ils ne sont pas affectés à un poste présentant des risques particuliers pour leur santé et leur sécurité ou celle de leurs collègues. Cette visite peut être réalisée après l'embauche et, au plus tard, dans un délai de trois mois à compte de la prise effective du poste (sauf travailleurs de nuit et salariés de moins de 18 ans).

Les salariés exposés à des risques particuliers (risque hyperbare dans le cas d'Hubert ; risque de chute de hauteur lors des opérations de montage et de démontage d'échafaudages dans le cas de Khaled) bénéficient d'un suivi renforcé. La visite d'information et de prévention est alors remplacée par un examen médical d'aptitude à l'embauche, réalisé nécessairement par le médecin du travail avant l'affectation au poste.

3 – Bonne réponse : ❒ b

La validité scientifique de ces méthodes de recrutement est douteuse. Leur utilisation dans le cadre d'un recrutement est contestable car elles évaluent avant tout la personnalité du candidat et non ses aptitudes professionnelles. Elles ne sont néanmoins pas interdites. En revanche, un candidat qui s'estime lésé par l'utilisation de ces méthodes peut saisir le juge, en particulier si l'analyse graphologique ou astrologique, réalisée à l'insu du candidat, fonde le refus de l'employeur de l'embaucher.

4 – Bonnes réponses : ❒ a ❒ b ❒ d ❒ e

Les personnes, physiques ou morales, coupables de discriminations encourent des sanctions civiles et pénales. Pour les personnes physiques, les sanctions pénales concernent tout autant celui qui émet l'offre d'emploi que celui qui la diffuse, la publie, que celui qui reçoit des candidats.

5 – Bonne réponse : ❒ a ❒ b

Le recours au contrat de travail temporaire ou d'intérim est possible dans certains cas strictement prévus par la loi :

- remplacement : un salarié peut être embauché temporairement dans le cadre d'une mission pour remplacer un salarié se trouvant dans l'un des cas suivants : absence, passage provisoire à temps partiel, suspension de contrat de travail, départ définitif précédant la suppression du poste, attente de l'arrivée d'un salarié en CDI.
- activités spécifiques : un salarié peut être embauché temporairement afin d'assurer la continuité de l'activité de l'entreprise en cas d'accroissement temporaire d'activité, d'emploi à caractère saisonnier où il est d'usage de ne pas recourir à un CDI, de remplacement d'un chef d'entreprise artisanale, industrielle ou commerciale (ou de son conjoint participant effectivement à l'activité de l'entreprise), de remplacement d'une personne exerçant une activité libérale (ou de son conjoint participant effectivement à l'activité de l'entreprise), de remplacement du chef d'une exploitation agricole (ou de son conjoint participant effectivement à l'activité de l'entreprise).
- insertion professionnelle : un salarié intérimaire peut être embauché si la mission vise à favoriser le recrutement de personnes sans emploi rencontrant des difficultés sociales et professionnelles particulières ou à assurer un complément de formation professionnelle au salarié.

Le contrat de travail temporaire, quel que soit le motif, ne peut être utilisé :

- s'il a pour effet de pourvoir durablement un emploi lié à l'activité normale et permanente de l'entreprise utilisatrice,
- dans les 6 mois suivant un licenciement pour motif économique,
- pour remplacer un salarié en grève,
- pour effectuer certains travaux dangereux (exposant le salarié à des agents chimiques dangereux : amiante, cadmium, phosphore...),
- pour remplacer un médecin du travail.

EXERCICE 6 Offres d'emploi et critères discriminatoires

Voici deux exemples d'offres d'emploi :

Offre d'emploi n° 1	*Offre d'emploi n° 2*
Organisme professionnel Paris 9e recrute H/F ***Assistante de direction*** *Agenda et secrétariat du directeur* *Préparation et secrétariat des réunions du Conseil d'Administration* *Réservations liées aux déplacements et gestion de dossiers administratifs* *Formation : Bac+2* *Anglais courant* *Expérience 3 à 5 ans minimum* *Parfaite maîtrise bureautique* *Qualités rédactionnelles* *Dynamique, rigoureuse, motivée, organisée, aisance relationnelle* *Envoyer lettre et CV à... sous la référence...*	*Filiale d'un groupe américain, développe et commercialise une gamme de produits de dosage et de mélange de fluides, recrute dans le cadre de son développement un(e)* ***Responsable marketing*** *Oise (60) – H/F* *Rattaché(e) au directeur commercial et marketing, vous apportez une vision claire et stratégique du marché des pompes en France et à l'international. Vous élaborez le plan marketing et le budget associé. Vous faites vivre le portefeuille de produits existants ainsi que les nouveaux lancements.* *De formation Bac +5 de type École de Commerce ou d'Ingénieur, âgé(e) de 30 à 40 ans, vous avez travaillé dans le marketing industriel. Anglais courant impératif.* *Envoyer lettre et CV à... sous la référence...*

- *Ces offres d'emploi comportent-elles des mentions discriminatoires et si oui, lesquelles ?*
- *Proposer, si nécessaire, une autre rédaction des annonces en question.*
- *Pourquoi les recruteurs devraient-ils éviter ce type d'erreur ?*

CORRIGÉ

1 – La présence de mentions discriminatoires dans les offres d'emploi

a) Offre d'emploi n° 1

La discrimination sur la base du sexe est interdite. Les offres d'emploi ne doivent donc pas mentionner le sexe du candidat recherché. Cette annonce comprend bien la mention H/F pour homme ou femme. Cependant, il est illicite de rédiger une annonce en utilisant le genre majoritairement représentatif d'une fonction, ici « assistante de direction ». Le descriptif de poste est également présenté au genre féminin (« rigoureuse »...).

b) Offre d'emploi n° 2

La discrimination sur la base de l'âge est illicite. La mention « âgé(e) de 30 à 40 ans » est discriminatoire. Il est interdit de faire référence à l'âge dans les offres d'emploi, même sous la forme de fourchettes.

2 – La rédaction d'annonces non discriminatoires

Nouvelles propositions pour la rédaction des deux offres d'emploi :

Offre d'emploi n° 1	Offre d'emploi n° 2
Organisme professionnel Paris 9e recrute **Assistant/Assistante de direction H/F** Agenda et secrétariat du directeur Préparation et secrétariat des réunions du Conseil d'Administration Réservations liées aux déplacements et gestion de dossiers administratifs	Filiale d'un groupe américain, développe et commercialise une gamme de produits de dosage et de mélange de fluides, recrute dans le cadre de son développement un(e) **Responsable marketing**

Formation : Bac+2 Anglais courant Expérience 3 à 5 ans minimum Parfaite maîtrise bureautique Qualités rédactionnelles Dynamisme, rigueur, motivation, organisation et aisance relationnelle Envoyer lettre et CV à… sous la référence…	Oise (60) – H/F Rattaché(e) au directeur commercial et marketing, vous apportez une vision claire et stratégique du marché des pompes en France et à l'international. Vous élaborez le plan marketing et le budget associé. Vous faites vivre le portefeuille de produits existants ainsi que les nouveaux lancements. De formation Bac +5 de type École de Commerce ou d'Ingénieur, vous disposez d'une expérience significative dans le marketing industriel. Anglais courant impératif. Envoyer lettre et CV à… sous la référence…

3 – Le rôle des recruteurs face à la discrimination

Le droit du travail prohibe la discrimination, notamment au moment de l'embauche. La loi recense aujourd'hui 23 motifs de discrimination (origine du salarié, sexe, situation de famille, âge par exemple). Le rôle des recruteurs est donc essentiel pour s'assurer de la conformité des recrutements et éviter d'engager la responsabilité juridique de l'entreprise. Par ailleurs, les recruteurs peuvent favoriser la diversité dans l'entreprise via leur politique de recrutement. Ils ont donc une responsabilité sociale et également une responsabilité d'image, tant vis-à-vis des clients que des candidats. Afin de réduire les discriminations au moment de l'embauche, la loi « Égalité et Citoyenneté » du 27 janvier 2017 impose une obligation de formation des personnes en charge de recrutement sur la non-discrimination à l'embauche dans les entreprises de plus de 300 salariés. Cette obligation, entrée en vigueur en 2017, doit être renouvelée tous les 5 ans. L'objectif de cette sensibilisation des acteurs du recrutement est de lutter contre les discriminations dans le monde du travail et, plus particulièrement, lors de la première étape de la relation de travail.

EXERCICE 7 CV et tests de recrutement

Stagiaire en Ressources Humaines dans un cabinet de conseil en management, vous avez notamment pour mission de poursuivre un recrutement pour le compte du cabinet dans lequel vous travaillez. Les dirigeants du cabinet ont passé l'annonce suivante :

Cabinet de conseil en management d'envergure internationale recherche ***un/une assistant(e) trilingue polyvalent(e)*** *qui sera au cœur du fonctionnement de l'entité basée en France.*

Il/elle aura des missions dans deux principaux domaines :

- *le secrétariat de Direction : prise de rendez-vous, gestion des déplacements, filtrage des appels, réception et tri du courrier, préparation d'événements, rédactions de documents commerciaux (plaquettes, documentations), rédaction de courriers, établissement des devis et factures, élaboration et suivi de tableaux de facturation, suivi des règlements clients et fournisseurs, préparation des pièces comptables, calcul, établissement de la déclaration de TVA...*
- *la Gestion des Ressources Humaines : contrôle des bulletins de salaire, virement des paies des autres assistantes, contrôle des contrats de sous-traitance.*

Ce poste requiert :

- *le bilinguisme anglais/français ;*
- *le mandarin courant au minimum ;*
- *une excellente maîtrise des outils informatiques ;*
- *une aisance d'expression orale et écrite ;*
- *une bonne gestion des priorités.*

Type de contrat : *CDI* ***Localisation :*** *75016 Paris* ***Salaire :*** *30 000 € (selon expérience)*

Les dirigeants ont présélectionné plusieurs CV. En voici un exemple.

Colline Queen
✆ 06 xx xx xx xx

ASSISTANTE QUADRILINGUE
Nationalité franco-américaine/ mandarin et russe courants

COMPÉTENCES

- **Secrétariat** ➢ Gestion du courrier ➢ Gestion des appels téléphoniques ➢ Organisation de réunions, déplacements, événements ➢ Gestion agenda ➢ Petite comptabilité ➢ Office manager
- **Commercial** ➢ Administration des ventes ➢ Prospection téléphonique : anglais, chinois et russe ➢ Tableaux de bord
- **Marketing** ➢ Rédaction de documentations et plaquettes ➢ Gestion de bases de données
- **Informatique** ➢ Logiciels de gestion commerciale, Pack office, Xpress, Access, Publisher ... ➢ Navigation Internet, applications diverses
- **Langues** ➢ Anglais : langue maternelle ➢ Mandarin courant ➢ Russe courant

PARCOURS PROFESSIONNEL

N-2 / N ■ **Assistante de direction quadrilingue** (CDD)
➢ Société Stratège, conseil en management, Lyon

N - 4 / N - 2 ■ **Assistante commerciale quadrilingue** (CDD)
➢ Société Sapofy, industrie pharmaceutique, Lyon

N-9 / N - 4 ■ **Nombreuses expériences professionnelles dans le cadre de mes études**
➢ Johnson & Johnson assistante commerciale stagiaire (6 mois), AECF : Association des Entreprises Chinoises en France, Chambre de Commerce et d'Industrie Franco-russe...

FORMATION

N-4 / N-3 ■ **M2 Langues Étrangères Appliquées aux Affaires,** spécialisation commerce international ➢ **Université Jean Moulin Lyon 3**

N-5 / N-4 ■ **M1 Langues Étrangères Appliquées aux Affaires,** spécialisation commerce international ➢ **Université Jean Moulin Lyon 3**

N-6 / N-5 ■ **Année césure** (fille au pair en Chine)

N-9 / N-6 ■ **Licence Langues étrangères appliquées aux Affaires ➢ Université Jean Moulin Lyon 3**

N-9 ■ **Baccalauréat L Section internationale (Mention Bien)**

DIVERS

- Un tour du monde réalisé en famille à l'issue du baccalauréat
- Intérêt pour les nouvelles technologies
- Permis B

Les dirigeants souhaitent que les candidats passent des tests de recrutement afin de s'assurer que « l'élu(e) » saura travailler avec de fortes personnalités, les consultants seniors, souvent placés en situation de concurrence et pressés par le temps. Ils veulent également être sûrs des capacités d'expression du candidat ayant été échaudées par la qualité de l'orthographe de plusieurs jeunes secrétaires.

Vous êtes chargé(e) du choix des tests. Ayant des disponibilités financières limitées, vous êtes contraint(e) de choisir parmi les tests dont le cabinet dispose. Voici leur descriptif :

Test n° 1 : Les ancres de carrière	
Principe	*Ce test est issu des travaux de Schein. En croisant les besoins individuels et les exigences organisationnelles, il parvient à mettre en évidence la principale orientation professionnelle d'un individu, c'est-à-dire ce qu'un individu considère comme le plus important et de non négociable dans sa carrière. Cette polarisation de la carrière est appelée ancre.*
Description	*Les ancres sont au nombre de 9* *• l'ancre technique/fonctionnelle* *• l'ancre management général* *• l'ancre recherche d'autonomie/indépendance* *• l'ancre recherche de la sécurité/stabilité* *• l'ancre créativité entrepreneuriale* *• l'ancre défi pur* *• l'ancre dévouement à une cause* *• l'ancre style de vie/qualité de vie* *• l'ancre mobilité internationale/environnement interculturel*

Test n° 2 : La propension au travail d'équipe	
Principe	*Ce test permet d'apprécier les capacités d'un individu à travailler en équipe. Il est fondé sur l'auto-évaluation. Il comprend 6 facteurs (A/B/C/D/E/F), chacun étant décliné en 12 items.*
Description	*Le score qu'un individu réalise dans chaque facteur révèle sa propension au travail d'équipe et les rôles qu'il peut y jouer. Lorsque l'individu obtient un score élevé, cela signifie :* • *facteur A : l'individu sert de locomotive aux équipes auxquelles il appartient. Il joue un rôle intéressant à titre personnel et stimulant pour les autres membres. Ces coéquipiers lui en sont reconnaissants à moins qu'ils en viennent à le juger étouffant ou exténuant. Un fort score en A révèle, en effet, une attitude parfois excessive.* • *facteur B : l'individu dispose d'importantes capacités d'entreprendre, de travail ainsi que l'aptitude à percevoir et à prendre en compte les forces et faiblesses des autres.* • *facteur C : l'individu est respectueux de ses engagements. Il fait preuve de loyauté envers son équipe. Il est généralement perçu comme une personne de confiance et fiable et il est apprécié pour cela.* • *facteur D : l'individu présente des faiblesses à l'égard de tout travail d'équipe. Il fait fi des règles de travail de groupe et de ses engagements. Il manque de fiabilité et de fair-play.* • *facteur E : l'individu sait faire preuve d'empathie et accorde toute l'importance nécessaire aux relations humaines.* • *facteur F : l'individu a tendance au repli sur soi. Ceci peut révéler un mal-être plus ou moins passager ou un naturel solitaire.* *Ainsi, des notes élevées en C et en E qualifient pour le travail en équipe. Des notes solides en A et B sont favorables au leadership et à des postes d'encadrement.*

Test n° 3 : Le questionnaire de personnalité issu des travaux d'Hermann	
Principe	*Ce test donne des indications sur les préférences cérébrales d'un individu, c'est-à-dire sur ses manières habituelles d'acquérir de l'information, de percevoir le monde, les personnes, d'accomplir une tâche donnée… Les préférences cérébrales d'un individu sont généralement corrélées avec son niveau de performance dans tel ou tel domaine.*
Description	*Selon qu'un individu fasse travailler de façon préférentielle son cerveau limbique ou son cerveau cortical, son hémisphère droit ou son hémisphère gauche, il fonctionne, effectivement, avec plus ou moins d'aisance en mode :* *• expert : celui-ci comprend les activités logiques, mathématiques, techniques, le sens critique, le goût des données quantitatives, des éléments rationnels et factuels.* *• stratège : celui-ci témoigne d'un esprit créatif, artistique, ouvert et stimulant. Il traduit aussi l'aptitude aux vues synthétiques, globales et intégratives, des facilités dans le maniement des concepts, le goût de l'exploration, de l'innovation et du risque. Enfin, il révèle des capacités visionnaires.* *• organisateur : celui-ci comporte le sens de l'observation, de la planification et plus globalement celui de l'organisation. Il se traduit par un comportement contrôlé, minutieux, prudent voire tendu. Un individu « organisateur » présente généralement aussi un goût prononcé pour la réalisation et la concrétisation, la linéarité et la fiabilité, des idées conservatrices.* *• communicant : celui-ci indique le goût des contacts humains, des talents d'expression et de pédagogue. Il caractérise les individus émotifs, sensibles, serviables, doux et amicaux.*

Test n° 4 : Le BUR	
Principe	*Ce test vise à évaluer les compétences d'un individu dans les activités administratives et de secrétariat.*
Description	*Le test est divisé en 8 parties :* • *le calcul : il s'agit d'effectuer des opérations simples se composant d'additions, de soustractions, de multiplications et de divisions.* • *l'orthographe et la conjugaison : il convient de corriger les fautes d'un texte, de changer les temps d'une phrase, de remplacer le singulier par le pluriel…* • *l'attention : l'objet de l'exercice est de déceler des différences entre plusieurs suites de chiffres et de noms presque identiques.* • *l'attention : l'objet de l'exercice est de déceler des différences entre plusieurs suites de chiffres et de noms presque identiques ;* • *le classement alphabétique : l'individu évalué doit ajouter 22 noms à une liste de 70 en respectant le critère de classement initial (ordre alphabétique).* • *le classement à critères multiples : il s'agit de classer les informations d'un fichier telles que celles relatives à des sociétés en combinant plusieurs critères : la nature des activités, la localisation, la structure juridique…* • *les « assurances » : le but de l'exercice est de cocher dans une liste de polices d'assurances celles qui répondent simultanément à 3 critères donnés portant sur l'objet du contrat, la nature des garanties, la date de souscription.* • *le « secrétariat analyse » : suite à la lecture d'une vingtaine de lignes, il convient de cocher, parmi 12 propositions, les 3 idées principales.* • *le « secrétariat synthèse » : l'exercice consiste à remettre dans l'ordre 14 phrases de sorte à reconstituer la biographie d'un auteur célèbre.* *La durée du test n'est pas limitée. Cependant l'évaluation des résultats tient compte du temps passé en plus du nombre de réponses exactes.*

Test n° 5 : La gestion du temps	
Principe	*Ce test vise à identifier les pratiques chronophages indésirables d'un individu, autrement dit « ses bouffes temps » et à évaluer leurs proportions.*
Description	*Le candidat s'autoévalue en cochant, parmi les causes de perte de temps les plus fréquemment citées dans la vie personnelle et dans la vie professionnelle, celles qui s'appliquent à lui. Ensuite, il affecte une fréquence à chaque proposition cochée. Enfin, le candidat désigne pour chaque proposition le responsable de la perte de temps. Les causes de pertes de temps mentionnées dans ce test proviennent principalement des travaux d'Alec Mac Kensie. Quant à l'exploitation des résultats du test, elle se fait surtout à partir des travaux de Peter Drucker. Selon ce spécialiste, les causes de pertes de temps qu'un individu attribue à son environnement, sont, en fait, dans la plupart des cas, des causes internes et personnelles. Si l'individu ne les identifie pas comme telles, c'est à cause d'une conscience de soi insuffisamment aiguisée. En effet, selon Drucker, les deux principales causes du manque de temps sont l'incapacité à dire non et une délégation insuffisante. Le manque de temps peut également résulter d'une insuffisante focalisation sur le cœur des activités. Autrement dit, un individu peut ne pas bien percevoir et gérer les activités qui sont les plus importantes dans le cadre de sa fonction.*

- *Pourquoi le choix du CV placé en exemple est-il judicieux ?*
- *Quel(s) test(s) choisiriez-vous ? Pourquoi ?*

CORRIGÉ

1 – Le choix du CV

Le choix du CV placé en exemple est judicieux dans la mesure où la candidate dispose d'expériences significatives et des compétences requises pour la plupart des tâches qui lui seront confiées :

Missions confiées	Compétences	Expériences préalables
Le secrétariat de Direction • Prise de rendez-vous • Gestion des déplacements • Filtrage des appels • Réception et tri du courrier • Préparation d'événements • Rédactions de documents commerciaux et de courriers • Établissement des devis et factures • Élaboration et suivi de tableaux de facturation • Suivi des règlements clients et fournisseurs • Préparation des pièces comptables, calcul, établissement de la déclaration de TVA…	/ / / / / Administration des ventes Idem Idem Supposées (petite comptabilité)	Assistante de direction quadrilingue (N - 2/N) Assistante commerciale quadrilingue (N - 4/N - 2)
La GRH • Contrôle des bulletins de salaire • Virement des paies des autres assistantes • Contrôle des contrats de sous-traitance	**Compétences à acquérir.** Toutefois, il s'agit d'aspects administratifs de la GRH, assez proches de la comptabilité, du commercial et du secrétariat et assez faciles à apprendre et à maîtriser.	/
Compétences mises en exergue • Trilinguisme anglais/français/chinois • Excellente maîtrise des outils informatiques • Aisance d'expression orale et écrite • Bonne gestion des priorités	Langues maternelles Niveau annoncé courant en mandarin Connaissances du vocabulaire des affaires Maîtrise de nombreux logiciels et goût pour les nouvelles technologies annoncés *à vérifier* Supposée mais *à vérifier* *S'en assurer*	Fille au pair pendant un an en Chine

La candidate dispose également des atouts suivants : une expérience dans le secteur du conseil en management (donc la connaissance des défis et des contraintes de ce secteur), le goût pour les nouvelles technologies.

2 – Le choix des tests de recrutement

Le choix des tests de recrutement doit être orienté par :

- la recherche de la connaissance des motivations des candidats à exercer l'emploi proposé ;
- la vérification de certaines compétences, principalement l'aisance d'expression (écrite) et la gestion des priorités.

Tests sélectionnés	Justification
Le questionnaire de personnalité issu des travaux d'Hermann	Il permettra de montrer à quel point : • les candidats apprécient le mode organisateur, mode dominant dans les activités de secrétariat ; • les candidats apprécient le mode communicant, mode associé aux talents d'expression et au sens du service. Ce mode peut également traduire une émotivité et une sensibilité peu susceptibles de résister à la pression exercée par des consultants pressés et en concurrence.
Le BUR	Il permet d'évaluer les compétences du personnel administratif. Il permettra donc de mettre à l'épreuve les compétences mentionnées dans les CV. Vu le contenu de sa deuxième partie, il rassurera les dirigeants du cabinet sur les capacités d'expression écrite du candidat choisi.
Le test sur la gestion du temps	Il permet de mesurer la capacité des candidats à éliminer les « bouffes temps » donc à gérer et à mener à bien les tâches prioritaires. Néanmoins, il repose sur l'auto-évaluation. Il conviendra donc de veiller à ce que les résultats du candidat choisi corroborent ceux du test que constitue la période d'essai.

Il serait également utile de tester la candidate en mandarin à l'écrit comme à l'oral et d'utiliser ses références pour croiser des informations issues de diverses sources.

Exercice 8 Diversité et recrutement

L'entreprise Beauty First *est une très grande entreprise, leader mondial dans le secteur des cosmétiques*[2]*. Cette entreprise se dit socialement responsable.* Beauty First *a décidé de promouvoir la diversité et d'en faire un pilier de sa Gestion des Ressources Humaines. Voici quelques extraits relatifs à la diversité de son site Internet institutionnel :*

> *« Depuis sa création* Beauty First *a fait de la diversité une de ses valeurs fondatrices. Qu'il s'agisse de la composition de ses équipes ou qu'il s'agisse des produits qu'il développe,* Beauty First *a toujours placé la diversité au cœur de ses préoccupations.*
> *La diversité des équipes, la mixité, le mélange des talents sont une des clés du succès de* Beauty First*. Des équipes diversifiées à tous les niveaux et dans tous les domaines apportent plus de créativité et une meilleure compréhension de tous les consommateurs. Le Groupe entend donc continuer à s'enrichir de collaborateurs divers et rejette donc toute idée et pratique de discrimination entre les personnes notamment en raison du sexe, de l'âge, d'un handicap, de l'origine ethnique, de l'origine sociale, des convictions religieuses, nationale ou culturelle... Cette conviction est au cœur de la Charte Éthique du Groupe.*
> *Chez* Beauty First*, beauté rime avec diversité : des marques de toutes origines culturelles pour des produits qui répondent aux attentes des consommateurs du monde entier. Pour cela, nous avons développé depuis des années des laboratoires sur tous les continents.*
> *Nous avons la conviction que notre richesse réside dans la diversité de nos équipes. C'est donc dès la constitution de ces équipes, dès la phase de recrutement, qu'il faut être véritablement « obsédé » par la diversité : nous devons tous avoir un « réflexe » diversité, que ce soit dans notre travail quotidien ou, en amont, sur les campus.*
> *Composer des équipes diverses, c'est anticiper et intégrer les attentes de nos clients, de plus en plus divers, c'est accroître la créativité et l'innovation, c'est renvoyer l'image d'une entreprise ouverte sur le monde dans lequel elle évolue et ouverte aux talents les plus divers.*
> *Pour autant, nous n'entendons pas transiger sur nos exigences en matière de compétences et de performances individuelles. Œuvrer pour la diversité, c'est donner à chacun les mêmes chances de réussite. Par conséquent, il nous faut inlassablement rechercher et attirer une mosaïque de personnalités différentes et les convaincre que, chez* Beauty First*, on ne leur demandera pas de transiger sur leur personnalité, on ne leur demandera pas de rentrer dans un moule mais que, bien au contraire, on leur demandera d'aller au bout de leurs idées et de leur différence.*

2. Ce cas est inspiré de L'Oréal et s'appuie sur le site institutionnel de cette société. Néanmoins, dans un souci pédagogique, de nombreux éléments ont été modifiés.

Les principes sous-tendant l'action du Groupe :

– le respect de ses exigences d'excellence en termes de compétences et de performances individuelles,

– l'attrait de collaborateurs au-delà de ses bassins d'emploi habituels et l'identification de profils diversifiés ouvrant de nouvelles perspectives,

– une culture managériale qui promeut l'inclusion de tous les salariés et tire le meilleur parti de la diversité des équipes.

Beauty First *concentre son action sur deux dimensions prioritaires : l'origine socioculturelle et le sexe ».*

- *Qu'est-ce que la diversité ? Comment l'entreprise* Beauty First *conçoit-elle la diversité ?*
- *De quels indicateurs l'entreprise devrait-elle se doter pour suivre l'évolution de la diversité ?*
- *Proposez des actions en faveur de la diversification du recrutement.*

CORRIGÉ

1 – Conception de la diversité

La diversité est fréquemment définie par ses dimensions. Elle consiste ainsi dans les différences visibles et invisibles telles que le sexe, l'âge, l'origine socioculturelle, les handicaps… La loi française intègre un grand nombre de critères en matière de protection contre la discrimination, critères qui peuvent s'appréhender comme autant de facteurs de diversité. Généralement, les entreprises se focalisent sur un nombre réduit de critères. Le management traditionnel de la diversité se caractérise par le recrutement et la fidélisation des personnes des groupes d'identité sous représentés dans l'entreprise.

Une nouvelle approche de la diversité souligne que celle-ci renvoie avant tout à la reconnaissance, l'acceptation et la valorisation des différences. La diversité se comprend comme les perspectives et approches variées au travail que les membres de différents groupes d'identité apportent à l'organisation. Le management de la diversité a alors pour but que chaque employé maximise son potentiel et sa contribution à l'entreprise.

L'entreprise *Beauty First* met en avant une conception inclusive de la diversité. Elle promeut la valorisation des différences qui apparaît comme une raison du succès de l'entreprise (meilleure compréhension des consommateurs, plus grande créativité…). La diversité est donc vue comme une ressource, une source de création de valeur. En matière de management de la diversité, l'entreprise s'appuie sur un management plus traditionnel en choisissant de travailler sur des dimensions précisément identifiées de la diversité (sexe et origine socioculturelle) et de mettre l'accent sur un processus particulier de GRH, le processus de recrutement.

2 – Évaluer l'évolution de la diversité

Beauty First a choisi de mettre l'accent sur deux dimensions de la diversité, à savoir le sexe et l'origine socioculturelle.

Concernant le sexe, l'entreprise pourrait suivre *a minima* les indicateurs suivants : part des femmes dans l'effectif, part des femmes parmi les cadres, part des femmes dans les comités de direction.

Si l'entreprise souhaite augmenter la féminisation, elle veillera à recruter des femmes dans une proportion supérieure à ses effectifs actuels. Elle s'intéressera donc à la part des femmes parmi les recrutements (et la comparera à la part des candidatures féminines dans l'ensemble des candidatures).

Pour atteindre ses objectifs de féminisation, il sera aussi important de suivre les promotions féminines et de voir si les femmes ont accès à la formation.

L'entreprise pourra s'appuyer sur son rapport relatif à l'égalité professionnelle entre les hommes et les femmes pour la collecte des données.

Concernant l'origine socioculturelle, l'entreprise va se heurter à l'interdiction en France de collecter des informations sur l'origine ethnique des salariés ou candidats. Elle pourra néanmoins suivre ces indicateurs pour les pays où la collecte de ces informations est autorisée en calculant la proportion de salariés de certaines origines et en comparant cette proportion avec la moyenne du pays pour veiller à refléter la diversité du pays d'implantation. En France, il sera possible de collecter des informations sur la nationalité et donc de suivre la part des salariés de nationalité non française dans les effectifs. L'entreprise pourra également se fonder sur les adresses des candidats pour veiller à recruter des personnes issues de quartiers moins favorisés et donc favoriser la diversité sociale.

3 – Diversifier le recrutement

Le processus de recrutement est perçu comme central par *Beauty First* pour promouvoir la diversité (référence à l'obsession de la diversité en phase de recrutement). Par ailleurs, c'est une entreprise qui dispose de beaucoup de moyens (leader mondial des cosmétiques) et est soucieuse de son image (politique de développement durable). Elle peut donc mener une politique de grande envergure en matière de diversité et s'appuyer sur une équipe compétente en interne ou, si nécessaire, recourir à des conseils externes.

Voici un certain nombre d'actions (liste non limitative) que l'entreprise pourrait envisager pour diversifier son recrutement :

En matière de communication :

- veiller à ce que les supports utilisés pour le recrutement ne comportent aucune mention discriminatoire et soient de nature à encourager toutes les personnes à candidater : veiller aux annonces et aux visuels des annonces en s'assurant qu'ils représentent des personnes diverses ;
- mettre à jour le site Internet de l'entreprise et notamment la rubrique recrutement en veillant à mentionner l'importance de la diversité pour l'entreprise et à mettre en avant des profils divers pour inciter les candidats à déposer leurs CV ;
- mener une campagne de sensibilisation en interne sur le sujet de la diversité ;
- signer la Charte de la diversité ;
- signer la Charte de la parentalité ;
- engager un processus de labélisation pour la diversité et pour l'égalité professionnelle.

En matière de sélection des candidats :

- Former, dans un premier temps, les recruteurs à la question des discriminations et de la diversité ;
- élargir, ensuite, la formation aux managers participant au recrutement ;
- veiller à la diversité des profils des recruteurs ;
- pour s'assurer d'un traitement objectif des candidatures, anonymisation des CV reçus par internet en supprimant des champs potentiellement discriminatoires, comme le genre ou la nationalité et le lieu de résidence.

En matière de « *sourcing* » (élargissement des viviers de recrutement) :

L'entreprise va devoir dépasser ses viviers de recrutement traditionnels si elle souhaite cibler de nouveaux publics. Elle peut :

- s'appuyer sur des cabinets de recrutement spécialisés dans la diversité ;
- nouer des partenariats avec des associations investies dans la promotion de la diversité ;
- organiser et participer à des forums de recrutement dédiés à la promotion de la diversité ;
- nouer des partenariats avec des Écoles et Universités pour aider les étudiants issus de milieux défavorisés à financer leurs études, inciter les jeunes femmes à s'orienter vers les sciences dures (prix pour les femmes scientifiques)…

Exercice 9 L'intégration des nouveaux collaborateurs

Welcome to the jungle soigne l'accueil de ses nouvelles recrues

La jeune pousse, créée en 2015, accorde une attention toute particulière à l'intégration de ses nouveaux collaborateurs. Elle a mis en place un processus d'onboarding qui permet aux salariés fraîchement embauchés de démarrer leur mission sur de bonnes bases.

Dernière étape du recrutement, l'onboarding est un processus clé qu'il convient de soigner. Un enjeu que la start-up parisienne Welcome to the Jungle a bien saisi. L'entreprise, qui développe une plateforme pour réinventer l'expérience de recherche d'emploi pour les candidats et les entreprises, a mis en place une feuille de route précise pour faciliter l'intégration de ses nouvelles recrues. « *Le processus d'onboarding a été lancé fin 2016. Une cinquantaine de collaborateurs ont déjà pu en bénéficier* », informe Camille Fauran, responsable des opérations chez Welcome to the jungle. Un processus qui fait visiblement mouche. « *La plupart de nos collaborateurs nous disent qu'ils n'ont jamais été aussi bien accueillis. Il est vraiment dommage de perdre un salarié parce que l'entreprise n'a pas su l'intégrer correctement* », estime Camille Fauran. Pourtant, il est encore fréquent, dans certaines entreprises, qu'un nouveau venu n'ait pas de bureau attitré, que l'équipe ne soit pas informée de son arrivée ou que le manager ne soit pas présent lors de son premier jour. Autant de couacs qui ternissent l'expérience du collaborateur et rendent difficile son intégration. Chez Welcome to the Jungle, l'accueil des nouveaux arrivants était pris en charge par une équipe de quatre personnes volontaires, dont Camille Fauran faisait partie, jusque fin 2018. Elle a passé le relai en octobre dernier à Talal Rahoui, qui a rejoint la start-up pour occuper le poste de responsable de recrutement. « *La société est en pleine croissance et doit embaucher. Nous avons actuellement une vingtaine de postes ouverts et nous prévoyons une trentaine de créations de poste supplémentaire en France et une dizaine en Europe au cours de l'année. Il était donc devenu difficile pour les collaborateurs de prendre en charge l'onboarding, en plus de leurs missions opérationnelles* », explique Talal Rahoui.

Source : Workplace Magazine (1 mars 2019)

- *Quels sont les enjeux associés à l'intégration des nouveaux collaborateurs (ou onboarding) pour les entreprises ?*
- *Quelles pratiques d'intégration peuvent être mises en place par les entreprises ? Qui est impliqué dans le processus d'intégration ?*

CORRIGÉ

1 – Enjeux associés à l'intégration des nouveaux collaborateurs dans l'entreprise

L'intégration (ou *onboarding*) représente la dernière étape du processus de recrutement. Le début du processus de recrutement est consacré à l'expression du besoin de recrutement pour faciliter ensuite la recherche de candidatures et la sélection des candidats. Une fois ces étapes franchies, l'accueil et l'intégration dans l'entreprise du nouveau collaborateur constituent des moments clés qui visent à préparer l'arrivée du nouveau salarié dans l'entreprise et à faciliter son insertion dans l'organisation, dans ses nouvelles fonctions et dans son équipe de travail. Certaines entreprises ne mettent pas en place de processus d'intégration. Pourtant, l'existence d'un tel processus favorise, à court terme, l'engagement des collaborateurs et le sentiment d'appartenance et limite, à long terme, l'absentéisme et le turnover. En mettant en œuvre un programme d'intégration formalisé, l'objectif est d'éviter l'échec d'une intégration qui peut coûter cher à l'entreprise. Dans un contexte de guerre des talents, cette étape apparaît comme cruciale pour réussir à garder les nouvelles recrues.

L'objectif d'un programme d'intégration est de permettre aux salariés nouvellement embauchés de disposer d'une information complète sur :

- l'histoire, la culture, les valeurs mais aussi le vocabulaire (sigles, par exemple) de l'entreprise ;
- l'organisation de l'entreprise et du service auquel il est affecté ;
- les procédures de l'entreprise (règlement intérieur, par exemple) et les démarches administratives ;
- la rémunération, les avantages sociaux, la convention collective dont il dépend ;
- les contacts immédiats du poste : description de fonction et personnalité du titulaire ;
- les contacts de l'environnement du poste : clients, fournisseurs, administrations... ;
- la familiarisation avec l'exercice du travail dans le poste.

2 – Processus d'intégration et actuels impliqués

Selon les entreprises, le processus d'intégration s'appuie sur des outils plus ou moins variés. Les outils les plus couramment utilisés sont les suivants :

- matinée ou journée d'intégration, petit-déjeuner ou déjeuner avec tous les nouveaux arrivants ;
- visite des locaux ;
- présentation de l'entreprise, par un membre de la direction par exemple ;
- présentation du poste ;
- temps d'immersion pour découvrir les principaux métiers de l'entreprise ;
- formation...

Le digital contribue à faire évoluer les pratiques d'intégration avec, pour certaines entreprises, le développement d'applications d'intégration ludiques qui présentent l'historique et l'identité de l'entreprise et qui peuvent être accompagnées de quizz et de jeux et, pour d'autres entreprises, la mise en place d'*escape game* d'intégration, moyen ludique de plonger les nouvelles recrues dans l'histoire et les valeurs de l'entreprise tant en faisant passer des messages et des connaissances.

Certaines entreprises remettent au nouveau collaborateur un kit d'intégration constitué de différents éléments (trombinoscope de l'équipe, livret d'accueil, document expliquant les valeurs de l'entreprise…) ou lui offrent des cadeaux personnalisés (cartes de visite, vêtements, agenda, crayon…) qui reflètent la culture de l'entreprise.

Les entreprises peuvent également prévoir des dispositifs tels que le parrainage du nouveau embauché par un salarié de l'entreprise faisant partie d'une autre équipe pour favoriser la proximité et la compréhension du fonctionnement de l'entreprise ou organiser des événements (séminaires d'intégration, challenges, *afterworks* par exemple) pour développer la cohésion d'équipe et apprendre à connaître ses collègues dans un autre cadre.

Dans le cadre du processus d'intégration, différents acteurs peuvent être impliqués : direction de l'entreprise et service RH ; manager du nouveau collaborateur ; service et équipe du nouveau collaborateur (voire toute l'entreprise) qui seront informés en amont de l'arrivée du nouveau salarié.

Au-delà des premiers jours suivant l'arrivée du nouveau collaborateur, l'intégration peut se poursuivre durant la période d'essai avec la mise en place d'entretiens de mi-parcours de manière à identifier d'éventuels problèmes ou points de blocage et à trouver des solutions pour y remédier. Le même type d'entretien peut être prévu à la fin de la période d'essai. Il peut également être demandé au nouveau salarié de rédiger un rapport d'étonnement sur sa nouvelle organisation de manière à bénéficier d'un regard neuf et d'idées pour faire évoluer le fonctionnement de l'organisation.

THÈME 3

La gestion des carrières

EXERCICE 10 Questions à choix multiple

1 – *La notion de carrière renvoie à l'idée (une seule réponse possible) :*

- ❒ a. que l'entreprise adapte les ressources futures aux emplois futurs
- ❒ b. que chaque individu progresse jusqu'à son niveau d'incompétence
- ❒ c. qu'un individu va occuper successivement différents emplois dans l'organisation
- ❒ d. que le salarié va rester toute sa vie professionnelle dans la même entreprise

2 – *Associer les termes à leur définition :*

- ❒ a. mobilité verticale
- ❒ b. mobilité latérale
- ❒ c. mobilité horizontale
- ❒ d. plateau de carrière objectif
- ❒ e. plateau de carrière subjectif

- ❒ 1. changement de fonction sans changement hiérarchique
- ❒ 2. stabilité d'un individu dans le poste ou dans le niveau hiérarchique depuis plusieurs années
- ❒ 3. rapprochement de l'individu d'une position centrale dans l'organisation
- ❒ 4. sentiment d'un individu d'être bloqué dans son évolution de carrière
- ❒ 5. franchissement de frontières hiérarchiques

3 – *Les « hauts potentiels » sont (une seule réponse possible) :*

❒ a. les salariés qui gèrent des équipes de travail
❒ b. tous diplômés d'HEC ou de Polytechnique
❒ c. l'homme et la femme dans un couple à double carrière
❒ d. des cadres ayant une capacité à manager et pour lesquels l'entreprise fait le pari qu'ils deviendront dirigeants
❒ e. uniquement des hommes

4 – *Les hauts potentiels sont repérés (une seule réponse possible) :*

❒ a. dès le plus jeune âge par leurs parents
❒ b. dès le premier entretien de recrutement
❒ c. grâce à des tests de quotient intellectuel
❒ d. par leurs supérieurs et un comité de carrière

5 – *Parmi ces outils, quels sont ceux qui servent dans la gestion de carrière ?*

❒ a. l'entretien de recrutement
❒ b. le comité de carrière
❒ c. le CPF
❒ d. la bourse d'emplois
❒ e. l'entretien annuel
❒ f. le plan de carrière
❒ g. la déclaration préalable d'embauche
❒ h. le plan de préretraite
❒ i. le bilan de compétences
❒ j. le plan d'épargne salariale

Corrigé

1 – Bonne réponse : ❒ c

La carrière correspond à la succession des emplois occupés par un individu au cours du temps. La notion de carrière renvoie à la fois au passé, au présent et à l'avenir du salarié dans l'entreprise.

2 – Bonnes réponses :

a – 5 ; b – 3 ; c – 1 ; d – 2 ; e – 4

3 – Bonne réponse : ❒ d

Un cadre à haut potentiel est un cadre ayant une capacité à manager et dont l'entreprise pressent qu'il va évoluer plus vite que les autres et pour lequel elle fait le pari qu'il deviendra dirigeant. Les hauts potentiels représentent moins de 10 % de la population cadre.

4 – Bonne réponse : ❒ d

La détection se fait parmi les cadres qui ont entre 30 et 45 ans. Néanmoins, la détection des hauts potentiels chez les femmes cadres intervient généralement plus tard, vers 40-45 ans, après la maternité. En France, dans plus de 80 % des cas, les hauts potentiels sont des hommes, généralement mobiles à l'international.

La détection est le plus souvent décentralisée : ce sont les opérationnels (N+1 ou N+2 du salarié) qui signalent certains cadres. Le comité de carrière composé de responsables RH, de la Direction Générale et des directions fonctionnelles établit ensuite la liste des hauts potentiels. L'inscription sur la liste n'est pas définitive : au bout de trois à cinq ans, un cadre peut être supprimé de la liste.

5 – Bonnes réponses : ❒ b ❒ d ❒ e ❒ f ❒ i

Des outils individuels ou collectifs servent de base à la gestion de carrière :

- les outils individuels sont : l'entretien annuel et l'entretien de carrière, la bourse d'emplois, le *coaching,* le bilan de compétences, le parrainage, l'*assessment center*, le contrat de développement ;
- les outils collectifs sont : l'organigramme de remplacement, le comité de carrière, le plan de carrière, la courbe de carrière, la carte des emplois, la courbe des emplois.

EXERCICE 11 Le plafond de carrière

En 1977, les chercheurs Ference, Stoner et Warren[3] ont proposé un modèle d'analyse de la carrière des cadres croisant la dimension du potentiel avec celle de la performance. Le tableau suivant montre la typologie qui en résulte :

Le modèle du plafond de carrière de Ference et al. (1977)

		Potentiel	
		Faible	Élevé
Performance	Faible	*Branches mortes*	*Réserves*
	Élevée	*Piliers*	*Étoiles*

Voici le portrait de quatre cadres de la grande entreprise Madilor spécialisée dans l'optique :

Nom/Âge	***Situation***
Jeanne 33 ans	*Issue d'une Grande École de commerce, elle a passé un an à l'étranger pendant ses études. Depuis deux ans, elle est acheteur senior. Malgré de bons résultats à ses entretiens d'évaluation, aucune perspective d'évolution ne lui a été donnée par son supérieur hiérarchique.*
Geoffroy 52 ans	*Titulaire d'un BTS technico-commercial, il a fait toute sa carrière dans l'entreprise. Depuis 7 ans, il est responsable du pôle achats de consommables. Son directeur, âgé de 45 ans et titulaire d'un Bac + 5 en gestion, est satisfait de ses performances à ce poste.*
Julien 47 ans	*Sans diplôme, Julien a été embauché comme ouvrier par Madilor. Il est chef d'atelier depuis quelques mois. Dans ce poste, il doit maintenant rédiger des rapports ce qui lui pose problème car la paperasse n'est pas son point fort.*
Latifa 28 ans	*Issue d'une École d'ingénieurs, elle a commencé chez Madilor comme chargée d'études au siège et elle vient d'être nommée chef de projet. L'équipe projet a du mal à se mettre en place et accumule du retard.*

3. FERENCE T.P., STONER J.A. et WARREN E.K. (1977), "Managing the career plateau", *Academy of Management Review*, vol. 2, n° 4, p. 602-612.

Informations complémentaires sur quelques métiers représentés au sein de la société Madilor :

Exemples de fonctions de la société Madilor	Exemples de profils des collaborateurs de la fonction	
Fonction achats	• Directeurs de département achats • Responsables de pôles achats • Acheteurs seniors • Acheteurs	
Fonction production	• Directeur d'usine • Responsable de production • Chef d'atelier • Agent de maîtrise • Ouvrier • Responsable qualité • Responsable méthodes	• Ingénieur/Responsable process • Ingénieur/Responsable industrialisation • Responsable service engineering • Chef de projet • Chargé d'études

- *Parmi les branches mortes, les piliers, les réserves et les étoiles, quelles sont les catégories de cadres plafonnés ?*
- *Classez les cadres dont le portrait a été esquissé dans la typologie de Ference.*
- *En vous appuyant sur le troisième tableau, quel est le prochain poste que ces cadres pourraient occuper si une promotion leur était proposée ?*

CORRIGÉ

1 – Catégories de cadres plafonnés

Les cadres plafonnés sont ceux qui ont atteint un plateau de carrière objectif, c'est-à-dire qu'ils sont stables dans leur poste et leur niveau hiérarchique depuis plusieurs années sans perspective d'évolution.

Les catégories de cadres plafonnés sont les branches mortes et les piliers, car leur potentiel est faible. Ils n'ont donc pas de perspectives d'évolution.

2 – Mobilisation de la typologie de Ference

		Potentiel	
		Faible	***Élevé***
Performance	***Faible***	Branches mortes : Julien : sa formation initiale ne lui permettra plus de progresser, il a des difficultés à prendre en main son nouveau poste obtenu par promotion interne.	Réserves : Latifa : elle occupe un nouveau poste dans lequel elle n'est pas encore performante, mais son expérience de chargée d'études, comme ses études d'ingénieurs lui donnent de bonnes perspectives de promotion si elle arrive à faire ses preuves.
	Élevée	Piliers : Geoffroy : il est en poste depuis 7 ans et donne satisfaction. Son niveau scolaire et son âge, en comparaison avec le profil de son directeur, constituent probablement un frein pour une évolution future.	Étoiles : Jeanne : bon cursus scolaire, jeune, dans son poste depuis deux ans seulement, jugée performante.

3 – Possibilités de promotion

Dans l'hypothèse où ces salariés auraient encore des possibilités d'évolution chez Madilor, ils pourraient, par exemple, occuper les postes suivants :

Nom	Poste actuel	Évolution possible
Jeanne	Acheteur senior	Responsable de pôles achats
Geoffroy	Responsable de pôle achats	Directeur de département achats
Julien	Chef d'atelier	Responsable de production
Latifa	Chef de projet	En fonction de son expertise, évolution possible vers un poste de responsable : - Responsable Qualité - Responsable Méthodes - Ingénieur/Responsable Process - Ingénieur/Responsable Industrialisation - Responsable Service Engineering

EXERCICE 12 Les difficultés inhérentes aux postes de direction

Témoignages de dirigeants, cadres supérieurs et de hauts potentiels

Témoignage n° 1 :

« J'avais toujours et j'ai encore un problème de légitimité avec l'autorité, c'est-à-dire que j'ai du mal à reconnaître la légitimité de l'autorité. Les chefs que j'ai eus, je ne les ai jamais trouvés très légitimes dans leur exercice de l'autorité à mon encontre, mais d'une certaine façon aussi, ma légitimité vis-à-vis de mes collaborateurs me pose problème sachant que, par ailleurs, avec les retours que j'ai eus, 360° ou autres, j'apparais avec un comportement charismatique et eux ne questionnent pas ma légitimité en tant que chef. [...] Je me disais : « Est-ce que je n'entraîne pas non plus les autres dans certaines directions malgré eux ? ». [...] J'arrive tout de suite à la conclusion : finalement, si les gens se laissent entraîner, c'est qu'ils ont bien envie de se laisser entraîner. [...] J'avais le sentiment d'être un peu manipulateur avec les gens qui m'entouraient et ça ne me plaisait pas. Une des conclusions, c'était que je ne manipulais pas. [...] C'est la perception de mon comportement qui a changé. Après tout, c'est légitime. C'est-à-dire que c'est ce qu'on me demande et je le fais. [...] J'étais Directeur Général Adjoint. Ensuite, le patron de la filiale française a été nommé à Londres. J'ai assuré l'intérim de la Direction Générale de l'entreprise pendant à peu près six mois. Un processus d'embauche a été enclenché pour remplacer le Directeur Général. J'étais candidat. J'étais dans les deux derniers mais je n'ai pas été retenu. [...] Un nouveau patron est arrivé. Moi, je suis revenu à mon job précédent. Dans ma tête, il était clair que je n'allais pas rester longtemps. [...] J'ai eu une discussion avec lui. Il m'a demandé quand je voulais partir. Je lui ai dit que pour l'instant non, mais qu'à terme, c'était très probable. Et puis, on a discuté et c'est lui qui m'a recommandé de faire du coaching parce qu'il m'a dit : « Tu sais, ça m'est arrivé ce genre de situation et c'est à cette occasion-là que j'ai fait du coaching et j'ai trouvé que c'était très intéressant ». [...] Moi, j'étais acquis au coaching depuis longtemps. Il m'a fait cette suggestion, je la trouvais très bonne. Je me suis dit : c'est génial, je vais le faire ! »[4].

Témoignage n° 2 :

« Comme je vous disais : passer de 4 personnes à 100 à 25 ans, bon déjà, ce n'est pas évident, mais c'est aussi se positionner entre mes 3 adjoints, sachant qu'il y en avait

4. Cloet H. (2007), « Le recours au coaching externe : prise de recul », *Revue de Gestion des Ressources Humaines*, n° 65, juillet/août/septembre, p. 17-41.

un qui visait ma place et se positionner vis-à-vis de mon N+1... Et puis également se positionner avec les 2 collatéraux et puis les chefs de centres de l'ensemble des agences avec qui je suis en contact »[4].

Témoignage n° 3 :

« En fait, on arrive à des niveaux où c'est plus des patrons. Comment vous expliquer ? Bon sincèrement, si ça se passe mal, vous sautez très vite. C'est clair. Si ça se passe bien, vous n'êtes pas dans une relation patron/collaborateur. Donc, si vous voulez, vous n'avez plus les moyens de demander un certain nombre de points soit d'ajustement, soit de mode de fonctionnement avec vos collaborateurs. Vous n'avez plus ce miroir-là, que vous aviez quand vous étiez N-3, N-4. Je pense qu'un coach, justement, vous aide dans des secteurs où votre patron ne vous aide plus, notamment dans le management, dans le choix de vos collaborateurs, dans la gestion des situations complexes. Vous ne demandez plus à votre patron, parce que si vous demandez à votre patron, dans ce genre de situations, franchement, il se pose des questions sur vous. Moi je le perçois, je ne me sens plus du tout managé par mon patron. J'ai un certain nombre de missions, je les mène à bien et puis voilà... à la limite, c'est à moi d'anticiper. Moi, dans le domaine industriel, je présente mon plan. J'ai une fiche de route sur laquelle je me suis engagé, des résultats et je dois répondre aux résultats. Et globalement, je crois surtout que ce qu'il faut, c'est que tous vos collègues apprécient le travail que vous réalisez, qu'il n'y ait pas de tensions entre vous. Votre patron en tant que tel, il va jouer sur des arbitrages politiques entre vous et vos collègues, voilà. On n'est plus dans un mode managérial. Je pense que là, le coach, il vous aide beaucoup plus »[4].

Témoignage n° 4 :

« Chers collègues,

Je m'adresse à vous pour la troisième fois depuis le début de cette crise. Nous avons désormais une meilleure compréhension de la profondeur et de l'ampleur de la pandémie Covid-19 ainsi que ses implications pour la société, pour Airbus et pour nous tous en tant que personnes. Il s'agit d'une crise mondiale d'une magnitude jamais connue par notre génération. Le monde continue de payer un lourd tribut à mesure que le virus se propage. De nombreux gouvernements ont pris des mesures radicales pour protéger leurs citoyens et limiter autant que possible le nombre de victimes. Néanmoins, le nombre de décès est élevé et continue de croître, cependant à un rythme plus réduit. Cette tragédie nous touche malheureusement directement, chez Airbus. C'est avec une profonde tristesse que je vous informe aujourd'hui que certains de nos collègues nous ont quittés des suites de ce virus. Écrire ces mots me bouleverse. Je sais que, comme moi, toutes vos pensées vont vers leurs familles, amis *et collègues. (...)*

Veuillez continuer à appliquer strictement toutes les mesures de santé et de sécurité au travail comme dans votre vie privée. Nous devons faire tout notre possible pour juguler cette pandémie et ses conséquences tragiques (…) Au fur et à mesure de cet apprentissage, nous nous protégeons et espérons retrouver un semblant de normalité dans notre vie quotidienne. Nous devons également préparer la reprise économique. En effet, de nombreux gouvernements réfléchissent en ce moment même à la manière de lever les mesures de confinement qu'ils ont mises en place, tout comme le secteur des entreprises regarde au-delà de la crise immédiate vers le monde de demain. Malheureusement, l'industrie aéronautique se relèvera beaucoup plus faible et plus vulnérable qu'avant le début de la crise. Notre défi chez Airbus est de s'adapter le plus rapidement possible à cette nouvelle réalité et de limiter l'ampleur des dégâts. Il y a deux semaines, nous avons annoncé de nouveaux plans de production sur la partie aviation commerciale. Ils reflètent la gravité de l'impact de la crise sur nos clients et l'ampleur des risques encourus par Airbus et par nos fournisseurs. Les taux de production de nos avions sont maintenant de 30 à 35 % inférieurs à nos plans précédents. En d'autres termes, en seulement quelques semaines, nous avons perdu environ un tiers de notre activité. Oui, un tiers. Et, franchement, nous devons nous préparer à ce que cela puisse encore empirer. C'est peut-être dur à entendre, mais je veux être honnête avec vous : il y a encore de nombreuses inconnues. Ce nouveau planning de production restera valable le temps de finaliser notre évaluation de la situation et d'en tirer les conséquences. Cela prendra probablement entre deux et trois mois.

Alors que fait-on d'ici là ? Nous travaillons en étroite collaboration avec tous nos clients, toutes nos compagnies aériennes et loueurs d'avion pour mieux comprendre leur situation individuelle et leurs besoins de livraison à court et moyen terme. En parallèle, nous évaluons le marché des nouveaux avions à plus long terme. Nous collectons de nombreuses données pour alimenter nos simulations et nos modèles prospectifs et ainsi, essayer d'estimer la nature et la vitesse de la reprise du trafic aérien. Bien sûr, la réduction importante de notre production a déjà des conséquences majeures pour notre entreprise. Je développerai ici deux des plus importantes : nos revenus et notre charge de travail industrielle.

Tout d'abord, les revenus : nous sommes confrontés à un déséquilibre important et immédiat entre nos revenus et nos coûts (…). Nous devons maintenant agir de toute urgence pour réduire nos dépenses, rétablir notre équilibre financier et, au final, reprendre le contrôle de notre destin.

D'autre part, nous rencontrons des difficultés sur notre charge de travail industrielle (…) Nous avons mis en place de nouvelles mesures d'hygiène, de nettoyage et de distanciation sociale, et mis à disposition des masques et autres équipements de protection individuelle à grande échelle. Nous avons également fermé temporairement des installations, réduit le nombre d'employés présents sur nos sites et bureaux et demandé à nombre de nos collègues de télétravailler lorsque cela était possible.

Pour améliorer notre flexibilité, nous déployons toutes les mesures RH disponibles au sein d'Airbus, en demandant par exemple aux employés, dans certains cas, de prendre jusqu'à dix jours de congés d'ici mi-mai. Après avoir épuisé ces possibilités, nous avons commencé à recourir à de nouveaux dispositifs gouvernementaux de chômage partiel qui permettent, dans plusieurs pays, d'aider les entreprises à ajuster leurs effectifs tout en soutenant les revenus des employés touchés par les changements. Nous y sommes parvenus en coordination avec nos partenaires sociaux, et je les remercie d'avoir répondu rapidement. Mais nous devrons peut-être aussi prévoir des mesures de plus grande envergure à cause de l'ampleur de cette crise et de sa durée probable (…) La survie d'Airbus est en jeu si nous n'agissons pas maintenant. Il nous appartient de trouver les moyens de sortir de cette crise et d'en émerger, certes blessés mais vivants, et toujours prêts à servir notre raison d'être : être les pionniers d'une industrie aéronautique et spatiale durable. Pour prendre ces décisions, un facteur sera déterminant : la forme et la durée de cette crise, pour le secteur aérospatial dans son ensemble et pour les constructeurs comme Airbus. (…) Bien entendu, nous continuerons de coordonner tout nouveau plan pour faire face à cette situation difficile en étroite collaboration avec nos partenaires sociaux. Je sais que cette incertitude crée beaucoup d'anxiété pour vous et vos familles. Je ferai de mon mieux pour continuer à communiquer avec vous de manière aussi ouverte et transparente que possible.

Dans les semaines et les mois à venir, nous comptons sur nos valeurs et notre professionnalisme pour nous guider au travers de ces moments difficiles. (…). Comme je vous l'ai dit dans ma première lettre Covid-19, nous ne sommes jamais aussi forts que lorsque nous faisons face, ensemble, à une crise. Je reste confiant que nous trouverons notre chemin à travers celle-ci (…) », Guillaume Faury, CEO d'Airbus[5].

À partir des extraits de témoignages et de discours précédents :

- *Préciser le niveau hiérarchique de chaque locuteur.*
- *Lister les difficultés inhérentes aux carrières de dirigeants, de cadres supérieurs et de hauts potentiels.*

5. Extraits de la lettre du patron d'Airbus, Guillaume Faury, aux salariés qui alertent sur la survie du groupe, document interne repris par la presse, *L'Usine Nouvelle*, 8 avril 2020.

Corrigé

1 – Niveaux hiérarchiques et statuts des locuteurs

a) Rappels de définitions

– La notion de *dirigeant* recouvre une catégorie de personnes qui ont pour point commun de faire partie du Comité de direction, éventuellement élargi. Ces personnes sont investies par le Conseil d'administration ou le Président d'une responsabilité dans le développement stratégique de l'organisation. Elles jouissent d'un haut degré d'autonomie et d'une réelle capacité de décision. Elles relèvent généralement aussi d'un mode de désignation et de rémunération spécifique. Dans les grandes entreprises, elles correspondent au Président ainsi qu'aux personnes qui sont N-1 et N-2 par rapport à lui : directeur de grande fonction, responsable de zone géographique, directeur de filiale, directeur de grandes unités de production…

– Un *cadre à haut potentiel* est un cadre ayant une capacité à manager et dont l'entreprise pressent qu'il va évoluer plus vite que les autres et pour lequel elle fait le pari qu'il deviendra dirigeant[6].

– Les *cadres supérieurs* ont des fonctions hiérarchiquement inférieures à celles des dirigeants. Tous ne sont pas forcément amenés à le devenir.

b) Résultats

Témoignage	Niveaux hiérarchiques/Statuts	Justifications
1	Dirigeant	Ce locuteur a été Directeur général adjoint, puis il a assuré l'intérim de la Direction générale de la filiale française.
2	Manager, *a priori* haut potentiel	À 25 ans, manager une centaine de personnes est une chose rare. La progression de cet individu semble donc beaucoup plus rapide que celle de la plupart des jeunes cadres.
3	Dirigeant	Ce locuteur est soit N-1, soit N-2 par rapport au PDG.
4	CEO d'Airbus	Lettre signée Guillaume Faury

6. Guillot-Soulez C. (2021), *La Gestion des Ressources Humaines*, Gualino, 14e édition.

2 – Les difficultés inhérentes aux carrières des dirigeants, des cadres supérieurs et des hauts potentiels

L'exercice des plus hautes responsabilités au sein des entreprises engendre des difficultés spécifiques.

Parmi elles, les précédents témoignages mettent en exergue :

- la nécessité d'un haut niveau de développement personnel pour bien vivre les relations d'influence et les positions de pouvoir (locuteur n° 1) ;
- les difficultés de positionnement vis-à-vis des pairs, des subordonnés et des hiérarchiques (locuteur n° 2) ;
- la solitude dans l'exercice des fonctions (locuteur n° 3) ;
- l'accident de carrière (locuteur n° 1).
- -la nécessité d'incarner un management et une communication de crise si besoin (locuteur n° 4). Il faut prendre en compte l'écosystème dans son ensemble (salariés, gouvernements, fournisseurs, clients…), se montrer empathique envers les salariés, leur expliquer la situation économique de l'entreprise, accepter les incertitudes, les communiquer, préparer les salariés à des mesures économiques et sanitaires anxiogènes tout en essayant de les garder motivés, mobilisés notamment par un message d'espoir. Le discours est solennel exhorte à une forme de solidarité en alliant crise sanitaire et économique mondiale, le cas spécifique d'Airbus et les préoccupations individuelles.

Exercice 13 La mobilité internationale, une aventure à manager

Présentation de CHANEL (careers.chanel.com)

« CHANEL est une entreprise privée dont les valeurs s'attachent à créer des conditions de travail offrant à chacun la possibilité de se dépasser, de s'épanouir et de se sentir en confiance.

Extrêmement soucieuse de ses collaborateurs, la Maison s'efforce de créer un environnement favorable, qui valorise l'humain et la singularité des individus.

Nous offrons un environnement de travail unique où les collaborateurs sont invités à mieux comprendre la marque, la Maison et leurs propres motivations pour démultiplier leurs opportunités de carrière chez CHANEL.

Notre Maison place les valeurs humaines au cœur de son activité : nous souhaitons inspirer nos talents en nouant délibérément des liens solides et bienveillants, favoriser les environnements afin d'encourager et permettre l'inclusion de tous, investir dans des métiers et des lieux assurant la collaboration et le bien-être. Cette démarche est essentielle pour le succès à long terme de Chanel.

Notre philosophie de développement repose sur le principe suivant : nous pensons que tous les collaborateurs doivent être accompagnés dans l'épanouissement de leurs talents et de leur carrière. Nous nous efforçons de favoriser l'autonomie de nos employés afin qu'ils atteignent leur plein potentiel professionnel et personnel et qu'ils réalisent leurs ambitions, grâce à une culture axée sur l'optimisation de leurs capacités d'apprentissage, de croissance et d'innovation. En outre, nous croyons que le développement est nourri par la vocation et la motivation personnelle et qu'il peut se manifester sous de nombreuses formes : programmes de formation et d'apprentissage de compétences, missions en interne, mobilité internationale ou encore défis motivants à relever et qui contribuent au bien de l'entreprise. Nous incitons nos collaborateurs à découvrir différents postes au sein de leur carrière chez CHANEL, afin qu'ils apprennent toujours plus au contact de divers managers, missions, environnements et équipes.

La politique de gestion des ressources humaines de Chanel vise à accompagner les collaborateurs dans le développement de leurs talents et leur évolution de carrière en leur proposant notamment une expérience de travail à l'international. En termes de mobilité internationale, pour cette entreprise comme pour d'autres, la réussite de la mobilité internationale implique notamment de connaître les déterminants de l'adaptation d'un expatrié. Sur ce point, les premiers travaux de Jean-Luc Cerdin (enseignant-chercheur à l'Essec), en la matière, demeurent éclairants. L'adaptation se définit comme un état de relation harmonieuse avec le milieu dans lequel l'individu peut satisfaire la plupart de ses besoins, mais aussi répondre aux demandes de ce milieu. Les principaux bénéfices qui en résultent pour l'entreprise et l'expatrié sont de bonnes performances au travail, une absence de retour anticipé et une bonne réintégration en France. L'adaptation semble, par ailleurs, pouvoir se décomposer en trois facettes dans le cadre d'une expatriation au sein d'un Groupe : l'adaptation générale (notamment les conditions de vie), l'adaptation à l'interaction avec les locaux et l'adaptation au travail. En voici une modélisation :

L'adaptation en situation d'expatriation au sein d'un groupe et ses déterminants

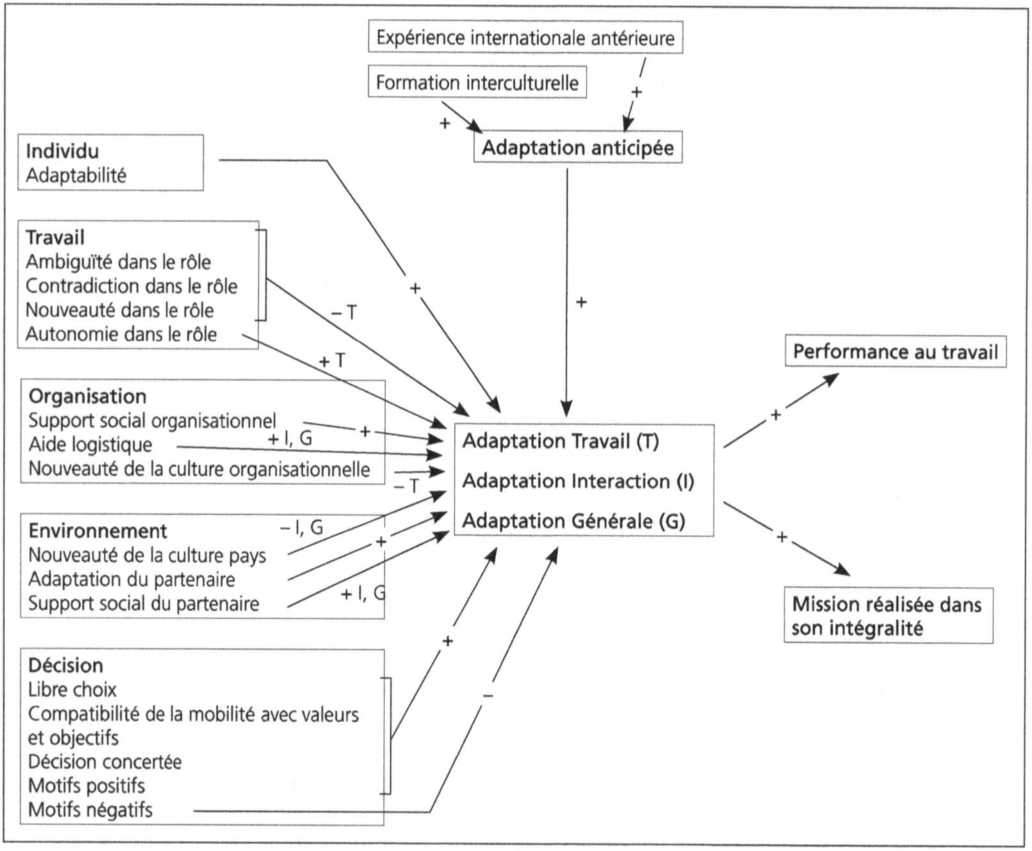

D'après Cerdin J.-L. (1999), La mobilité internationale : Réussir l'expatriation, *Éditions d'organisation, p. 48.*

- ***La GRH peut favoriser l'adaptation des expatriés en apportant une aide logistique et en jouant notamment sur le « support social organisationnel ». Selon vous, quelles réalités recouvrent ces termes ?***

- ***Les éléments présidant à la décision d'expatriation ainsi que le processus de décision ont un impact sur l'adaptation. Citer les freins et les motivations à l'expatriation et expliquer en quoi il est important que la décision d'expatriation soit concertée au sein d'un couple.***

CORRIGÉ

1 – L'aide logistique et le support social organisationnel

a) L'aide logistique

L'aide logistique décharge l'expatrié de tracasseries matérielles et administratives. Elle facilite l'arrivée, l'installation et le repérage des lieux. Elle correspond également à un complément salarial ou indemnitaire.

Elle comprend :

- l'aide au logement (la recherche et la fourniture) ;
- l'aide à l'accomplissement des formalités administratives dans le pays ;
- l'aide à la découverte de la zone d'affectation.

Par ailleurs, il faut veiller à ce que l'aide logistique fournie par l'organisation n'isole pas l'expatrié de la population locale. L'isolement nuirait à l'adaptation et à l'interaction puisqu'il inhiberait le processus d'acculturation, participerait au maintien, voire au renforcement des préjugés et des stéréotypes.

b) Le support social organisationnel

Le support social organisationnel peut être défini comme une aide provenant de l'existence ou de la disponibilité de personnes internes à l'organisation de départ et d'accueil sur lesquelles l'expatrié peut compter. Ces personnes s'occupent de lui et lui font savoir qu'elles l'apprécient.

Cette aide prend trois formes principales : l'une est affective (le support émotionnel), les deux autres sont instrumentales (le support tangible et le support informationnel) :

- *le support émotionnel* consiste en la possibilité, pour l'expatrié, de compter sur quelqu'un, de lui faire part de ses préoccupations ;

– *le support tangible* comme son nom l'indique est concret, matérialisé. Il peut concerner tant le travail que tout autre élément propre au pays d'affectation ;
– *le support informationnel* peut prendre la forme d'informations directes, de *feedback* ou de conseils.

2 – L'importance d'une décision concertée

Les éléments présidant à la décision d'expatriation ainsi que le processus de décision ont un impact sur l'adaptation. Parmi les éléments présidant à la décision d'expatriation, on distingue les motivations des freins et, au sein des motivations, on distingue les motivations positives des motivations négatives, souvent assimilables à des stratégies de fuite.

Les principales motivations des cadres à l'égard de l'expatriation sont :
– de meilleures conditions économiques à l'étranger ;
– le désir de nouvelles expériences ;
– l'augmentation de perspectives de promotion avec le « bagage étranger » ;
– l'emploi à l'étranger signifie une promotion immédiate ;
– l'emploi à l'étranger donne des possibilités de progresser dans son domaine ;
– le désir d'échapper à des problèmes personnels dans le pays d'origine ;
– l'insatisfaction avec les conditions en vigueur dans le pays d'origine ;
– des possibilités de carrière réduites dans la société mère.

Les quatre premiers motifs apparaissent comme positifs, c'est-à-dire comme jouant en faveur de l'adaptation, les trois derniers comme négatifs.

Les freins, s'ils ne sont pas pris en compte, jouent eux aussi en défaveur de l'adaptation. Ils peuvent être regroupés au sein de quatre rubriques :
– la famille : le non-désir du conjoint (motifs hors travail), le travail ou la carrière du conjoint, la scolarisation des enfants ;
– la carrière : la peur du retour ;
– la communauté : le refus de rompre les liens affectifs (amis, famille, maison…) ;
– les langues : l'absence de maîtrise.

Le non-désir du conjoint apparaît comme un frein d'où l'importance de prendre une décision concertée au sein d'un couple. Pour certains chercheurs, il s'avère même que la simple concertation demeure insuffisante. Il faut que les deux individus pris séparément soient pour. En effet, selon eux, si le conjoint fait un sacrifice, celui-ci risque de peser sur son adaptation et, par ricochet, sur celle de celui qui voulait s'expatrier.

THÈME 4

L'évaluation

Exercice 14 Questions à choix multiple

1 – *L'évaluation à 180° est une méthode de* forced ranking *(une seule réponse possible) :*

- ❒ a. vrai
- ❒ b. faux

2 – *À quels autres domaines de l'activité RH est liée l'évaluation du personnel (plusieurs réponses possibles) ?*

- ❒ a. la gestion de carrière
- ❒ b. la gestion des rémunérations
- ❒ c. la politique de formation
- ❒ d. la gestion des effectifs
- ❒ e. la gestion de la mobilité

3 – *L'entretien d'évaluation se confond avec (une seule réponse possible) :*

- ❒ a. l'entretien préalable au licenciement
- ❒ b. l'entretien professionnel
- ❒ c. l'entretien d'embauche
- ❒ d. aucun des trois précédents

4 – ***L'entretien d'évaluation permet (plusieurs réponses possibles) :***

❒ a. de faire le point sur l'atteinte des objectifs fixés au salarié
❒ b. à un salarié de déposer sa demande de congé paternité
❒ c. de connaître les souhaits du salarié en matière de formation
❒ d. de connaître les souhaits du salarié en matière de mobilité professionnelle
❒ e. de connaître les préférences syndicales du salarié

5 – ***L'*assessment center *est une méthode utilisée (une seule réponse possible) :***

❒ a. pour l'évaluation des candidats lors d'un recrutement
❒ b. pour l'évaluation des salariés
❒ c. dans les deux situations précédentes
❒ d. dans aucune des deux situations précédentes

CORRIGÉ

1 – Bonne réponse : ❒ b

L'évaluation à 180° est une variante du 360°. Le 360° est une méthode d'évaluation des compétences managériales d'un cadre faite par son entourage professionnel : le salarié commence par s'auto-évaluer puis ses collaborateurs (collègues, subordonnés, N+1) l'évaluent. Ce type d'évaluation s'effectue à partir d'un formulaire distribué au maximum à une vingtaine de personnes et comprenant jusqu'à 200 questions. L'évaluation se fait au moyen de notes sur des items variés. Cette méthode se décline aussi en 180° (évaluation par un nombre plus restreint de collaborateurs) ou 540° (les clients et les fournisseurs sont également impliqués dans l'évaluation).

Le *forced ranking* est une procédure qui consiste à classer les salariés dans différentes cases à la grandeur prédéfinie de manière à identifier les 10 % de salariés les plus performants.

2 – Bonnes réponses : Toutes

L'évaluation est utile aux autres dimensions de la politique de Gestion des Ressources Humaines de l'entreprise (gestion des carrières, gestion des rémunérations, gestion de la formation…).

3 – Bonne réponse : ❒ d

L'entretien d'évaluation est un entretien en face-à-face entre le salarié et son supérieur hiérarchique (N+1). Le rythme de cet entretien est le plus souvent annuel, l'objectif étant de faire un bilan de l'année passée (points positifs et négatifs) et de fixer des objectifs pour l'année à venir.

L'entretien préalable au licenciement sert à l'employeur à indiquer le (ou les) motif(s) du licenciement envisagé et permet de recueillir les explications du salarié.

L'entretien professionnel est un droit pour tout salarié ayant au moins deux ans d'ancienneté dans la même entreprise. Il est distinct de l'entretien d'évaluation. L'entretien professionnel doit être réalisé tous les deux ans et vise à aborder les questions relatives à la formation professionnelle du salarié.

L'entretien d'embauche intervient avant l'entrée du salarié dans l'entreprise.

4 – Bonnes réponses : ❒ a ❒ c ❒ d

L'entretien d'évaluation permet de faire le point sur la performance du salarié, ses besoins de formation ou encore ses souhaits d'évolution.

La demande de congé paternité doit être faite par le salarié par lettre recommandée avec accusé de réception un mois minimum avant la date choisie de début de congé paternité.

Les préférences syndicales du salarié n'ont pas à être connues par son employeur.

5 – Bonne réponse : ❒ c

L'*assessment center* est une méthode d'évaluation des compétences utilisée aussi bien pour le recrutement que pour l'évaluation des salariés de l'entreprise.

EXERCICE 15 L'évaluation des résultats

Vous travaillez au sein du service RH d'un des principaux groupes français de la grande distribution. La pratique de l'évaluation des salariés y est bien implantée : les salariés sont évalués très régulièrement, une partie de leur rémunération est liée à leur performance individuelle et les managers utilisent les grilles d'évaluation réalisées par la DRH.

Les grilles d'évaluation pour les salariés du groupe se décomposent en trois grandes catégories : 1) maîtrise des pratiques professionnelles ; 2) atteinte des résultats ; 3) savoir être. Chaque catégorie est ensuite divisée en sous-critères et l'évaluateur attribue, pour chaque critère, une note entre 1 et 3 (3 étant le maximum). La note finale du salarié est la somme de toutes ces notes intermédiaires.

Cependant, la grille d'évaluation construite pour évaluer les employés libre-service des magasins fait l'objet de nombreuses critiques :

- *les employés libre-service estiment qu'elle ne reflète pas l'étendue de leurs « pratiques professionnelles » ;*
- *les managers estiment, pour leur part, que la grille n'est pas assez opérationnelle et se demandent comment différencier objectivement un niveau 1 d'un niveau 2 et un niveau 2 d'un niveau 3.*

Annexe 1 : Descriptif des missions d'un employé libre-service

Vos missions d'employé libre-service :

- *vous approvisionnez votre rayon en respectant les implantations ;*
- *vous veillez au rangement des stocks et de la réserve ;*
- *vous renseignez les clients et assurez l'information du juste prix ;*
- *vous avez à cœur de rendre votre rayon encore plus attractif par sa propreté, la qualité et la variété de vos produits et la mise en valeur des offres promotionnelles.*

Annexe 2 : Grille actuelle d'évaluation des employés libre-service

Thèmes	***Sous-thèmes***	***Évaluation***		
		1	***2***	***3***
1. Maîtrise des pratiques professionnelles	*Mise en rayon (remplissage)*			
	Propreté du rayon			
	Propreté et organisation des réserves			
	Accompagnement des promotions			
2. Atteinte des résultats	*Information sur les prix (balisage)*			
	Prévention de la démarque (casse, perte, vol...)			
	Taux de remplissage			
	Aide à la gestion des approvisionnements			
3. Savoir être	*Esprit d'équipe*			
	Dynamisme			
	Disponibilité			
	Prise d'initiatives			
	Organisation			

- *Quelles pratiques professionnelles ne vous paraissent pas assez représentées dans la grille d'évaluation ?*
- *Proposez un outil pour aider les managers à attribuer une note au regard des différents critères d'évaluation.*

CORRIGÉ

1 – Évaluation des pratiques professionnelles

La grille d'évaluation des employés libre-service recense actuellement quatre critères relatifs aux pratiques professionnelles : la mise en rayon, la propreté du rayon, la propreté et l'organisation des réserves et l'accompagnement des promotions. Cependant, le descriptif des missions des employés libre-service met l'accent sur deux autres pratiques qui semblent oubliées ou, tout du moins, mésestimées dans la grille actuelle. Il s'agit de leur rôle dans l'information des clients (« *Vous renseignez les clients et assurez l'information du juste prix* ») et dans l'implantation des rayons (« *respectant les implantations* », « *Vous avez à cœur de rendre votre rayon encore plus attractif* »).

La grille pour la partie relative aux pratiques professionnelles pourrait être complétée ainsi :

Thèmes	Sous-thèmes	Évaluation		
		1	2	3
1. Maîtrise des pratiques professionnelles	Mise en rayon (remplissage)			
	Implantation du rayon			
	Propreté du rayon			
	Propreté et organisation des réserves			
	Accompagnement des promotions			
	Information des clients			

2 – Notation des salariés et critères d'évaluation

Pour aider les managers à attribuer une note aux salariés au regard des différents critères, il apparaît nécessaire de détailler chacun des critères en fonction du niveau de réalisation atteint ce qui permettra de dire à quoi correspond une note 1, 2 ou 3 pour chacune des deux premières catégories de critères.

Pour la catégorie du savoir être, un référentiel est proposé : l'avantage est non seulement de faciliter la notation pour le manager mais aussi de permettre aux employés libre-service de comprendre leur note et les points à améliorer de façon concrète pour l'augmenter.

Thème 1 : Maîtrise des pratiques professionnelles
Mise en rayon (remplissage) 1) les produits sont parfois présents en réserve et absents en rayon 2) le rayon est rempli quotidiennement de façon optimale et respecte la rotation, la qualité et la fraîcheur des produits 3) en plus de 2, le salarié fait des propositions pour améliorer la qualité ou la rapidité du remplissage
Implantation des rayons 1) l'implantation nécessite un accompagnement et un contrôle 2) réalisation efficace et autonome de l'implantation (bon savoir-faire de montage) 3) participe à l'élaboration des plans d'implantation et propose des suggestions de théâtralisation
Propreté du rayon 1) le planning de nettoyage n'est pas respecté systématiquement 2) le rayon est propre en permanence et les articles sales et abîmés retirés en cours de journée du linéaire 3) en plus de 2, les linéaires sont propres
Propreté et organisation des réserves 1) la réserve n'est pas toujours propre et bien rangée 2) la réserve est propre et bien rangée en permanence, les zones spécifiques de réserve sont respectées 3) en plus de 2, sait anticiper et ranger les réserves en fonction des offres promotionnelles
Accompagnement des promotions 1) rupture en rayon sur des offres promotionnelles pour des produits présents en réserve 2) les offres promotionnelles sont présentes en rayon et bien balisées pendant toute l'opération 3) pas de rupture et prend des initiatives si besoin est
Information des clients 1) ne fait pas toujours l'effort de répondre aux demandes des clients 2) répond aux demandes des clients relatives à son rayon 3) en plus de 2, oriente et donne aux clients des informations sur tout le magasin

Thème 2 : Atteinte des résultats
Information sur les prix (balisage) 1) le taux de balisage est inférieur à la norme fixée, a besoin d'accompagnement pour effectuer les changements de prix avant l'ouverture du magasin 2) le balisage est fiable en permanence, les anomalies de balisage sont détectées quotidiennement 3) de plus, le taux de balisage est supérieur à la norme

Prévention de la démarque (casse, perte, vol...)
1) maîtrise incomplète des procédures relatives à la démarque, taux de démarque supérieur à l'objectif fixé
2) la démarque est triée tous les jours et enregistrée, respect du taux de démarque
3) taux de démarque inférieur à l'objectif fixé, propositions de nouvelles actions pour limiter la démarque

Taux de remplissage
1) le remplissage est inférieur à la norme
2) le remplissage est conforme à la norme
3) le remplissage est supérieur à la norme

Aide à la gestion des approvisionnements
1) la fiche de liaison ne permet pas une bonne gestion des stocks
2) contribue à une bonne remontée des informations, la feuille de liaison est remplie de façon fiable et transmise tous les jours
3) de plus, par sa connaissance des stocks, contribue à l'amélioration des approvisionnements

Thème 3 : Savoir être

Esprit d'équipe
Il s'agit d'apprécier la capacité à travailler en équipe : le salarié se montre solidaire, s'implique dans les objectifs, sait écouter et communiquer, réagit de façon constructive aux critiques.
1) compétence à acquérir 2) compétence à développer 3) compétence maîtrisée

Dynamisme
Le salarié fait preuve de bonne volonté dans son travail et d'enthousiasme devant les tâches à accomplir. Il apprécie la nouveauté et le défi.
1) compétence à acquérir 2) compétence à développer 3) compétence maîtrisée

Disponibilité
Le salarié respecte les horaires, est joignable facilement et répond rapidement aux demandes qui lui sont faites.
1) compétence à acquérir 2) compétence à développer 3) compétence maîtrisée

Prise d'initiatives
Le salarié sait prendre du recul face aux situations et, par sa capacité d'analyse, propose des améliorations ou des solutions innovantes face aux problèmes rencontrés. Il sait aussi réagir en cas d'imprévu.
1) compétence à acquérir 2) compétence à développer 3) compétence maîtrisée

Organisation
Le salarié sait planifier son travail avec rigueur et réalisme. Il travaille dans le respect des délais.
1) compétence à acquérir 2) compétence à développer 3) compétence maîtrisée

EXERCICE 16 Talent management, *360° feedback* et *assessment center*

« Attractivité de la marque employeur, fidélisation des collaborateurs, développement de la prochaine génération de leaders... La gestion des talents est devenue un pilier de l'efficience RH... » (Le Bolzer J., « Le Talent Management, levier de performance pour l'organisation », Les Échos, 16/05/2014). Dans ce cadre, les compétences techniques et les compétences comportementales ont de l'importance. Les 360° feedback et les assessment centers aident à les évaluer.

- *Rappelez les principes, les avantages et les inconvénients du 360° feedback et donnez-en une illustration.*
- *Faites de même au sujet des assessment centers.*

CORRIGÉ

1 – Le 360° feedback

Principes	Le 360° est une démarche engageante pour l'évalué et pour l'entreprise. Il s'agit d'une méthode d'auto évaluation et d'évaluation des compétences managériales d'un manager par son entourage professionnel (N+1, pairs, subordonnés). Cette évaluation s'effectue à partir d'un formulaire distribué au maximum à une vingtaine de personnes et comprenant jusqu'à 200 questions. L'évaluation se fait au moyen de notes sur différents items. Les résultats sont restitués au manager par un consultant, un coach ou un psychologue.
Avantages	• la prise en compte des compétences « soft » jugées de plus en plus importantes pour devenir dirigeant • une photographie complète de la réalité perçue par l'entourage • une évaluation multi sources
Inconvénients	la subjectivité des réponses

Illustration

Réponse du supérieur hiérarchique : ✓ des pairs : ● des subordonnés : ✦

	Tout à fait d'accord	**Plutôt d'accord**	**Plutôt pas d'accord**	**Pas du tout d'accord**	**Ne sait pas**
C'est une personne vivante et dynamique	✓ ●●●● ✦✦✦✦	●			
Il/elle valorise mes opinions	●●● ✦	●● ✦✦	✦		✓
Il/elle s'assure que les choses sont bien faites	●● ✦	✓ ● ✦✦	●● ✦		
Il /elle s'assure que les choses sont bien organisées	●	●● ✦✦	✓ ●● ✦✦		
Il/elle explique ses décisions de façon suffisamment claire	●	●●● ✦✦	✓ ● ✦✦		

2 – L'*assessment center*

L'*assessment center* permet d'évaluer la performance, les comportements, les compétences et le potentiel des individus. Des simulations sont organisées en face-à-face ou en groupe mais l'évaluation est individuelle. L'évaluation donne lieu à un rapport de restitution remis à l'évalué puis à l'entreprise. L'évalué peut être confronté à différents types de simulations : entretien conflictuel, directives à donner à une équipe, analyse de situations complexes, gestion de crise, prise de décision, communication de décisions difficiles…

Avantages	**Inconvénients**
• une évaluation par un regard externe • une évaluation objective • des simulations proches des situations de travail réelles • des résultats consolidés grâce à différents outils et différents observateurs	• des résultats qui parfois ne convergent pas du fait des différents outils utilisés • des simulations parfois artificielles • une mobilisation d'une demi-journée à une semaine

EXERCICE 17 L'évaluation dans la Fonction publique d'État

Le décret du 28 juillet 2010 (cf. extraits ci-dessous) relatif aux conditions générales de l'appréciation de la valeur professionnelle des fonctionnaires de l'État modifie la procédure d'évaluation dans la Fonction publique d'État.

Chapitre I : De l'entretien professionnel

***Article 1** : Le présent décret s'applique à tous les corps de fonctionnaires de l'État dotés d'un statut particulier. Toutefois, les statuts particuliers peuvent prévoir, après avis du Conseil supérieur de la fonction publique de l'État, un système de notation pour apprécier la valeur professionnelle des fonctionnaires, dont ils fixent les modalités.*

***Article 2** : Le fonctionnaire bénéficie chaque année d'un entretien professionnel qui donne lieu à compte rendu. Cet entretien est conduit par le supérieur hiérarchique direct. La date de cet entretien est fixée par le supérieur hiérarchique direct et communiquée au fonctionnaire au moins huit jours à l'avance.*

***Article 3** : L'entretien professionnel porte principalement sur :*

1. Les résultats professionnels obtenus par le fonctionnaire eu égard aux objectifs qui lui ont été assignés et aux conditions d'organisation et de fonctionnement du service dont il relève ;

2. Les objectifs assignés au fonctionnaire pour l'année à venir et les perspectives d'amélioration de ses résultats professionnels, compte tenu, le cas échéant, des perspectives d'évolution des conditions d'organisation et de fonctionnement du service ;

3. La manière de servir du fonctionnaire ;

4. Les acquis de son expérience professionnelle ;

5. Le cas échéant, la manière dont il exerce les fonctions d'encadrement qui lui ont été confiées ;

6. Les besoins de formation du fonctionnaire eu égard, notamment, aux missions qui lui sont imparties, aux compétences qu'il doit acquérir et à son projet professionnel ;

7. Ses perspectives d'évolution professionnelle en termes de carrière et de mobilité.

Les arrêtés ou les décisions mentionnés à l'article 5 des ministres intéressés ou des autorités investies du pouvoir de gestion des corps concernés, pris après avis des comités techniques paritaires compétents, fixent, le cas échéant, les autres thèmes sur lesquels peut porter l'entretien professionnel, en fonction de la nature des tâches confiées aux fonctionnaires et du niveau de leurs responsabilités.

***Article 4** : Le compte rendu de l'entretien professionnel est établi et signé par le supérieur hiérarchique direct du fonctionnaire. Il comporte une appréciation générale exprimant la valeur professionnelle de ce dernier. Il est communiqué au fonctionnaire qui le complète, le cas échéant, de ses observations. Il est visé par l'autorité hiérarchique qui peut formuler, si elle l'estime utile, ses propres observations. Le compte rendu est notifié au fonctionnaire qui le signe pour attester qu'il en a pris connaissance puis le retourne à l'autorité hiérarchique qui le verse à son dossier. (...)*

Chapitre II : De la reconnaissance de la valeur professionnelle

***Article 7** : Au vu de leur valeur professionnelle appréciée dans les conditions prévues au chapitre Ier du présent décret, il peut être attribué aux fonctionnaires, dans chaque corps, des réductions ou des majorations d'ancienneté par rapport à l'ancienneté moyenne exigée par le statut du corps pour accéder d'un échelon à l'échelon supérieur, selon les modalités définies aux articles suivants. Il ne peut être attribué chaque année au même agent plus de trois mois de réduction ou de majoration d'ancienneté. L'attribution ou non de réductions d'ancienneté est notifiée à l'agent. De la même manière, il lui est notifié l'application de majorations d'ancienneté.*

***Article 8** : Après avis de la commission administrative paritaire compétente, il est réparti annuellement, entre les fonctionnaires appartenant à un même corps, un ou plusieurs mois de réduction d'ancienneté par rapport à la durée moyenne des services requise pour accéder d'un échelon à l'échelon supérieur, sur la base de quatre-vingt-dix mois pour un effectif de cent agents. Les fonctionnaires ayant atteint l'échelon le plus élevé de leur classe ou de leur grade n'entrent pas dans cet effectif. Le nombre des mois de majoration appliqué en vertu des dispositions de l'article 10 est ajouté au nombre de mois de réduction d'ancienneté à répartir. Les mois de réduction d'ancienneté non répartis entre les membres d'un corps peuvent être reportés sur l'exercice suivant. Le nombre de mois de réduction d'ancienneté à répartir au sein d'un même corps peut être fractionné entre les grades du corps, au prorata de l'effectif de chaque grade, compte non tenu des fonctionnaires ayant atteint l'échelon le plus élevé de leur classe ou de leur grade.*

***Article 9** : Les réductions d'ancienneté sont attribuées sur décision du chef de service qui les module compte tenu des propositions formulées par les supérieurs hiérarchiques directs des agents. Des arrêtés des ministres intéressés ou des décisions des autorités investies du pouvoir de gestion des corps concernés déterminent également, après avis du comité technique paritaire compétent, les modalités de répartition des réductions d'ancienneté. Ils fixent la liste des chefs de service auxquels les contingents de réductions sont attribués, désignés à un niveau permettant d'établir, compte tenu des effectifs, une comparaison de la valeur professionnelle des agents de chaque corps concerné.*

***Article 10** : Des majorations de la durée de service requise pour accéder d'un échelon à un échelon supérieur peuvent, après avis de la commission administrative paritaire compétente, être appliquées aux fonctionnaires dont la valeur professionnelle est insuffisante, par décision du chef de service. Des arrêtés des ministres intéressés ou des décisions des autorités investies du pouvoir de gestion des corps concernés, pris après avis du comité technique paritaire compétent, fixent les modalités d'application des majorations d'ancienneté.*

***Article 11** : Pour chaque avancement d'échelon, la réduction ou la majoration totale applicable à un fonctionnaire résulte des réductions ou majorations partielles n'ayant pas encore donné lieu à avancement. Les fonctionnaires ne conservent, en cas d'avancement de grade, le bénéfice des réductions non prises en compte pour un avancement d'échelon que dans la limite de la réduction maximale susceptible d'être accordée dans l'échelon de reclassement du nouveau grade.*

***Article 12** : Le tableau d'avancement prévu à l'article 58 de la loi du 11 janvier 1984 susvisée est préparé, chaque année, par l'administration en tenant compte notamment de :*

1. Des comptes rendus d'entretiens professionnels ou des notations pour les agents soumis au régime de la notation ;

2. Des propositions motivées formulées par les chefs de service, notamment au regard des acquis de l'expérience professionnelle des agents au cours de leur carrière ;

3. Pour les périodes antérieures à l'entrée en vigueur du présent décret, des comptes rendus d'entretien professionnel ou des notations et, pour les agents qui y étaient soumis, des évaluations retracées par les comptes rendus de l'entretien d'évaluation.

Il est soumis aux commissions administratives paritaires, qui fonctionnent alors comme des commissions d'avancement.

***Article 13** : Les fonctionnaires sont inscrits au tableau par ordre de mérite. Les candidats dont le mérite est jugé égal sont départagés par l'ancienneté dans le grade.*

***Article 14** : Le tableau d'avancement doit être arrêté le 15 décembre au plus tard de l'année précédant celle pour laquelle il est établi. Il cesse d'être valable à l'expiration de cette même année. En cas d'épuisement du tableau, il est procédé à l'établissement d'un tableau complémentaire, qui doit être arrêté le 1er décembre au plus tard de l'année pour laquelle il est dressé. Il cesse d'être valable à l'expiration de cette même année.*

***Article 15** : Les tableaux d'avancement doivent être portés à la connaissance du personnel dans un délai de trois jours suivant la date à laquelle ils ont été arrêtés. (...)*

***Article 26** : Les dispositions du présent décret entrent en vigueur à compter du 1er janvier 2012. (...)*

- *Le décret du 28 juillet 2010 instaure un entretien professionnel pour l'évaluation des fonctionnaires appartenant à la Fonction Publique d'État. Sur quels thèmes porte cet entretien ?*
- *À quelle date le décret du 28 juillet 2010 est-il rentré en application ? À quelle fréquence doit avoir lieu l'entretien professionnel ? Qui le réalise ?*
- *Quelles peuvent être les conséquences de l'entretien professionnel pour le fonctionnaire évalué ?*
- *Quel était le système d'évaluation utilisé avant la mise en place de l'entretien professionnel ? Pourquoi a-t-il été abandonné ?*
- *D'après vous, en quoi l'entretien professionnel est-il plus adapté ?*

CORRIGÉ

1 – Le contenu de l'entretien professionnel

L'article 3 du décret du 28 juillet 2010 précise les sept thèmes abordés lors de l'entretien professionnel :

- les résultats professionnels obtenus par le fonctionnaire eu égard aux objectifs qui lui ont été assignés et aux conditions d'organisation et de fonctionnement du service dont il relève ;
- les objectifs assignés au fonctionnaire pour l'année à venir et les perspectives d'amélioration de ses résultats professionnels, compte tenu, le cas échéant, des perspectives d'évolution des conditions d'organisation et de fonctionnement du service ;
- la manière de servir du fonctionnaire ;
- les acquis de son expérience professionnelle ;
- le cas échéant, la manière dont il exerce les fonctions d'encadrement qui lui ont été confiées ;
- les besoins de formation du fonctionnaire eu égard, notamment, aux missions qui lui sont imparties, aux compétences qu'il doit acquérir et à son projet professionnel ;
- ses perspectives d'évolution professionnelle en termes de carrière et de mobilité.

D'autres thèmes peuvent éventuellement être abordés en fonction de la nature des tâches confiées aux fonctionnaires et du niveau de leurs responsabilités.

2 – Mise en place de l'entretien professionnel

L'entretien professionnel est devenu le système d'évaluation applicable aux fonctionnaires appartenant à la Fonction Publique d'État depuis le 1er janvier 2012 (article 26).

Après des périodes d'expérimentation, l'entretien professionnel concerne désormais aussi la fonction publique territoriale et la fonction publique hospitalière. L'entretien professionnel a lieu chaque année et est réalisé par le supérieur hiérarchique direct du fonctionnaire. L'entretien donne ensuite lieu à compte rendu.

3 – Les conséquences de l'entretien professionnel pour le fonctionnaire

L'entretien professionnel sert à apprécier la valeur professionnelle des fonctionnaires qui est prise en considération pour leur avancement : cela permet d'accélérer ou, au contraire, de ralentir, la carrière des fonctionnaires. La procédure d'évaluation sert à décider, pour les fonctionnaires, de réductions ou de majorations par rapport à l'ancienneté moyenne exigée par le statut du corps pour accéder d'un échelon à l'échelon supérieur (article 7) :

- ***accélérer l'avancement*** : l'avancement des fonctionnaires donne lieu à l'établissement du tableau d'avancement décidé après examen approfondi de la valeur professionnelle des agents en tenant compte (article 12) :
  - des comptes rendus d'entretiens professionnels ou des notations pour les agents soumis au régime de la notation,
  - des propositions motivées formulées par les chefs de service, notamment au regard des acquis de l'expérience professionnelle des agents au cours de leur carrière,
  - pour les périodes antérieures à l'entrée en vigueur du présent décret, des comptes rendus d'entretien professionnel ou des notations et, pour les agents qui y étaient soumis, des évaluations retracées par les comptes rendus de l'entretien d'évaluation ;
- ***ralentir l'avancement*** : des majorations de la durée de service requise pour accéder à un échelon supérieur peuvent, après avis de la commission administrative paritaire compétente, être appliquées aux fonctionnaires dont la valeur professionnelle est insuffisante.

L'évaluation professionnelle peut aussi être prise en compte pour la fixation du montant de certaines primes.

4 – Le système d'évaluation antérieur

La procédure de notation a été au cœur du dispositif de reconnaissance de la valeur professionnelle des fonctionnaires jusqu'en 2002. Cette procédure de notation des fonctionnaires a été rénovée par le décret du 29 avril 2002 du fait de nombreuses dérives (par exemple, l'inflation de très bonnes notes rendait difficile l'octroi de réductions d'ancienneté aux fonctionnaires véritablement méritants). Le décret du 29 avril 2002 a introduit l'entretien d'évaluation comme complément indispensable à la procédure de notation pour l'appréciation de la valeur professionnelle des fonctionnaires. Toutefois, la lourdeur de la combinaison évaluation + notation a conduit à envisager un nouveau dispositif d'évaluation. L'entretien professionnel a donc été expérimenté entre 2007 et 2011 avant de remplacer définitivement la notation dans la Fonction Publique d'État en 2012.

5 – L'intérêt de l'entretien professionnel

L'instauration de l'entretien professionnel apparaît comme un acte de management, utile pour une gestion des ressources humaines plus personnalisée :

- l'entretien professionnel conforte le supérieur hiérarchique direct dans son rôle de manager de proximité et accroît ses responsabilités : le supérieur hiérarchique direct assure un rôle d'interlocuteur de premier plan pour les choix d'évolution professionnelle et de mobilité des agents (recueil des souhaits, orientation vers les personnes ressources, conseils…) ;
- l'entretien est l'occasion d'un véritable échange professionnel sur les résultats de l'agent et les objectifs qui lui sont assignés pour l'année suivante ;
- il permet de resituer l'agent dans son service et de donner du sens à son action (articulation entre ses objectifs et ceux du service) ;
- il permet d'aborder des questions plus matérielles, comme les conditions ou les horaires de travail ;
- il permet d'identifier les points forts et les points faibles de l'agent, de faire le point sur ses compétences (acquises et à acquérir) et de le conseiller dans ses choix de formation ;
- les résultats des entretiens professionnels ont vocation à servir les entretiens et bilans de carrière conduits aux moments clés de la carrière des agents ;
- l'entretien professionnel doit permettre à la DRH ministérielle de connaître plus finement les compétences, les savoir-faire et l'expérience de ses agents, dans une logique de constitution de vivier et de détection des hauts potentiels.

EXERCICE 18 L'entretien annuel d'évaluation

« Corvée », « routine », « procédure » mais aussi « indispensable », « point d'étape », « moment d'échange » : tels sont souvent les expressions associées à l'entretien annuel d'évaluation. En effet, l'entretien annuel n'a pas toujours bonne presse dans les entreprises. Par conséquent, l'impréparation règne bien souvent autour de ces rendez-vous tant du côté du manager que de celui de l'évalué. Or, pour ce dernier, l'exercice est capital : il permet de défendre ses réussites, expliquer ses déconvenues et annoncer ses ambitions lors d'un dialogue (normalement) constructif avec son responsable hiérarchique.

- ***Sachant que l'amélioration de l'efficacité de l'entretien annuel d'évaluation nécessite une approche systémique, quels conseils donneriez-vous, à ce sujet, aux acteurs suivants : (1) dirigeants, (2) responsables RH, (3) managers et (4) évalués ?***
- ***Face aux critiques adressées à l'entretien annuel d'évaluation, comment les entreprises peuvent-elles « réinventer » cette pratique ?***

Corrigé

1 – Les conseils à donner aux dirigeants

– Valoriser le management à travers le discours et les actes : évaluer le potentiel des collaborateurs en prenant également en compte les compétences « soft », valoriser le courage managérial… ;

– faire preuve d'exemplarité.

Objectif : que les managers prennent à cœur leurs tâches de management.

2 – Les conseils à donner aux responsables de la Gestion des Ressources Humaines

– Établir des liens entre l'évaluation, les promotions, la rémunération et la formation.

– Former les managers au management, ce qui comprend la passation d'entretiens d'évaluation et le fait d'aborder des sujets délicats avec ses collaborateurs (les relations N/N-1, l'évolution de carrière, la rémunération, la discussion des objectifs…).

– Établir une grille d'évaluation générique que les managers adapteront aux spécificités des métiers et des fonctions de leurs collaborateurs.

– Établir des fiches métiers et de postes, en faire un répertoire, les fournir aux managers.

– Informatiser l'évaluation et créer des bases de données tout en veillant au respect de la loi relative à l'informatique, aux fichiers et aux libertés.

3 – Les conseils à donner aux managers

– S'attacher à connaître le poste et les activités de ses collaborateurs.

– Consigner dans un journal de bord tout au long de l'année les réalisations de vos collaborateurs.

– Réaliser ses entretiens après avoir passé soi-même son entretien d'évaluation avec son N+1 afin de connaître la ligne de route pour l'année à venir.

– Préparer l'entretien : prévenir les collaborateurs au moins 15 jours à l'avance, prévoir un lieu calme, un temps où vous ne serez pas dérangé, relire votre journal de bord, prévoir le déroulement de l'entretien (introduction, mise en confiance, point sur les résultats et sur la façon dont ils ont été obtenus, fixation de nouveaux objectifs, évocation des aspects liés à l'évolution de carrière, à la rémunération, à la formation…) ;
– Connaître et prendre en compte l'ensemble des attentes des collaborateurs relatives à l'entretien d'évaluation.
– Faire preuve d'empathie.
– Respecter les règles de *feedback*.
– Fixer des objectifs SMART (S = spécifique, M = mesurable, A = attractif, R = réaliste, T = fixé dans le temps).
– Avoir conscience que la confiance nécessaire à la réalisation d'un entretien d'évaluation constructif dépend aussi et surtout du management quotidien.

4 – Les conseils à donner aux évalués

– Soyez conscient de ce que l'on attend de vous : utilisez les outils à votre disposition (descriptif de poste, compétences clés de votre fonction, objectifs annuels, critères d'évaluation…).
– Notez tout au long de l'année vos réalisations, les moyens mis en œuvre, les difficultés rencontrées en vous attachant à être factuel (chiffre d'affaires, nombre de contrats conclus, développement du portefeuille clients, délais de réalisation des projets, coûts…).
– Analysez les causes de vos échecs comme de vos réussites afin de pouvoir argumenter à leur sujet.
– Soyez à l'écoute des *feedbacks* que votre hiérarchique, vos pairs et vos subordonnés vous font tout au long de l'année.
– Faites attention aux informations qui circulent sur votre compte de façon informelle.
– Évaluez votre évaluateur (personnalité, attentes…).
– Essayez d'entretenir avec lui de bonnes relations toute l'année.
– Évitez de vous montrer trop agressif ou trop conciliant en gardant bien à l'esprit que votre hiérarchique est votre évaluateur et vous l'évalué.

5 – Les conseils pour réinventer l'entretien annuel d'évaluation

– Réfléchissez à la mise en place d'un système de feedback continu.
– Envisagez un système d'évaluation hybride (feedback continu et entretien d'évaluation).
– Questionnez la fréquence de ce type de rendez-vous (par exemple, rendez-vous plus fréquents en fonction de l'activité).
– Envisagez une révision des objectifs en cours d'année.
– Envisagez d'associer d'autres acteurs à l'évaluation du salarié (évaluation par les pairs, évaluation 360°…).

THÈME 5

La formation

EXERCICE 19 Questions à choix multiple

1 – *Omnika est une PME de 56 salariés. En 2021, elle verse une masse salariale de 4 000 000 €. À hauteur de quel montant doit-elle contribuer financièrement à la formation professionnelle (une seule réponse possible) ?*

❒ a. 20 000 €
❒ b. 22 000 €
❒ c. 40 000 €
❒ d. 64 000 €

2 – *Un salarié peut réaliser un bilan de compétences (plusieurs réponses possibles) ?*

❒ a. dans le cadre de l'entretien professionnel
❒ b. dans le cadre du plan de développement des compétences
❒ c. dans le cadre d'un congé de reclassement
❒ d. en mobilisant son compte personnel de formation
❒ e. dans le cadre du conseil en évolution professionnelle

3 – *L'entretien professionnel a lieu (une seule réponse possible) :*

- ❐ a. tous les ans
- ❐ b. tous les deux ans
- ❐ c. tous les cinq ans
- ❐ d. tous les dix ans
- ❐ e. quand le salarié atteint 45 ans

4 – *Pour un salarié à temps complet, le Compte Personnel de Formation (CPF) est alimenté chaque année à hauteur de (une seule réponse possible) :*

- ❐ a. 250 €
- ❐ b. 500 €
- ❐ c. 750 €
- ❐ d. 1 000 €

5 – *Le Conseil en Évolution Professionnelle (CEP) est (une seule réponse possible) :*

- ❐ a. un service payant à la charge de l'entreprise
- ❐ b. un service payant à la charge du salarié
- ❐ c. un service payant à la charge des OPCO
- ❐ d. un service gratuit

Corrigé

1 – Bonne réponse : ❒ c

L'effort de financement de la formation professionnelle prend la forme d'une contribution dont le montant dépend de la taille de l'entreprise : 0,55 % de la masse salariale pour les entreprises de moins de 11 salariés, 1 % pour les entreprises de 11 salariés et plus.

Pour Omnika, entreprise de 56 salariés, la contribution financière totale s'élève à 1 % de sa masse salariale = 4 000 000 € x 1 % = 40 000 €.

La contribution est collectée par un organisme uniquement : l'opérateur de compétences (OPCO). À compter du 1er janvier 2022, la collecte sera assurée par l'Urssaf (ou la MSA).

2 – Bonnes réponses : ❒ b ❒ c ❒ d

Un salarié peut réaliser un bilan de compétences dans le cadre du plan de développement des compétences de l'entreprise ou d'un congé de reclassement. Dans ce cas, le consentement du salarié est nécessaire, le bilan est réalisé sur le temps de travail et le coût est pris en charge par l'employeur (sauf si le CPF est mobilisé).

Les bilans de compétences sont également éligibles au compte personnel de formation (CPF). Si le bilan a lieu en totalité ou en partie pendant le temps de travail, le salarié doit demander l'accord de l'employeur. Si le bilan est réalisé hors temps de travail, l'employeur n'a pas à être informé.

L'entretien professionnel peut être l'occasion de solliciter un bilan de compétences.

À l'occasion d'un conseil en évolution professionnelle (CEP), un bilan de compétences peut être préconisé.

3 – Bonne réponse : ❒ b

Quelle que soit la taille de l'entreprise, chaque salarié bénéficie tous les deux ans d'un entretien professionnel à l'initiative de son employeur. Un accord collectif d'entreprise ou de branche peut prévoir une périodicité différente.

L'entretien professionnel est consacré aux perspectives d'évolution professionnelle du salarié, notamment en termes de qualifications et d'emploi. À cet effet, l'employeur informe ses salariés, en amont ou à l'occasion de cet entretien, de la possibilité de recourir à des services de conseil en évolution professionnelle (CEP) qui pourront l'aider à faire le point sur sa situation et ses compétences professionnelles ou encore l'accompagner dans ses projets professionnels.

L'entretien doit aussi renseigner le salarié sur les modalités d'activation du compte personnel de formation et les possibilités d'abondement que l'employeur est susceptible de financer.

Tous les six ans, l'entretien professionnel permet de faire un état des lieux récapitulatif du parcours professionnel du salarié.

4 – Bonne réponse : ❒ b

Depuis le 1er janvier 2019, chaque actif dispose d'un compte personnel de formation (CPF) crédité en euros et non plus en heures.

Les salariés ayant effectué une durée de travail supérieure ou égale à la moitié de la durée légale ou conventionnelle du travail sur l'ensemble de l'année acquièrent 500 euros par an pour se former (plafonné à 5 000 euros).

Pour les salariés peu ou pas qualifiés (niveau BEP, CAP), le montant annuel du crédit CPF est majoré à 800 euros (plafonné à 8 000 euros).

Les salariés à temps partiel, dont le temps de travail est compris entre 50 % et 100 % du temps complet, bénéficient des mêmes rythmes d'acquisition des droits que les salariés à temps plein afin de renforcer leur accès à la formation et leur employabilité. Une proratisation est prévue pour les salariés dont le temps partiel est inférieur à 50 % du temps complet.

5 – Bonne réponse : ❒ d

Le conseil en évolution professionnelle (CEP) constitue, pour chaque actif, une opportunité de faire le point sur sa situation professionnelle et engager, le cas échéant, une démarche d'évolution professionnelle.

Le CEP est une offre de services en information, en conseil et en accompagnement personnalisés de projets d'évolution professionnelle. Elle est gratuite, confidentielle et accessible à chaque actif.

En fonction de son besoin, la personne active prend l'initiative de recourir ou pas à un conseil en évolution professionnelle, soit en anticipation d'une mobilité professionnelle, soit en période de transition professionnelle, ou encore dans le cadre d'une création ou d'une reprise d'entreprise. La personne s'adresse, selon sa situation, à l'un des opérateurs CEP habilité (Pôle Emploi, APEC, Mission Locale, Cap Emploi).

EXERCICE 20 Évaluation de l'effort de formation

La banque ENOR vous demande d'évaluer sa politique de formation. Pour cela, vous disposez des extraits suivants du bilan social N.

Tableau 1 : Effectif inscrit de l'entreprise ENOR

		Hommes	Femmes	Total
N	Techniciens	613	1 215	1 828 (36,4 %)
	Cadres	2 032	1 158	3 190 (63,6 %)
	Total	2 645 (52,7 %)	2 373 (47,3 %)	5 018 (100 %)
N - 1	Techniciens	638	1 219	1 857 (39,7 %)
	Cadres	1 844	980	2 824 (60,3 %)
	Total	2 482 (53 %)	2 199 (47 %)	4 681 (100 %)
N - 2	Techniciens	716	1 324	2 040 (43,4 %)
	Cadres	1 753	908	2 661 (56,6 %)
	Total	2 469 (52,5 %)	2 232 (47,5 %)	4 701 (100 %)

Tableau 2 : Nombre de stagiaires de la formation professionnelle

		Hommes	Femmes	Total
N	Techniciens	602	1 205	1 807 (38,2 %)
	Cadres	1 865	1 060	2 925 (61,8 %)
	Total	2 467 (52,1 %)	2 265 (47,9 %)	4 732 (100 %)
N - 1	Techniciens	604	1 207	1 811(39,5 %)
	Cadres	1 800	970	2 770 (60,5 %)
	Total	2 404 (52,5 %)	2 177 (47,5 %)	4 581 (100 %)
N - 2	Techniciens	610	1 204	1 814 (45,2 %)
	Cadres	1 413	783	2 196 (54,8 %)
	Total	2 023 (50,4 %)	1 987 (49,5 %)	4 010 (100 %)

Tableau 3 : Dépenses de formation

	Montant légal de l'obligation de formation (en €)	Montant réel des dépenses de formation (en €)
N	*4 524 630*	*13 361 856*
N - 1	*4 014 046*	*11 742 345*
N - 2	*3 697 078*	*9 233 679*

Tableau 4 : Nombre total des heures consacrées à la formation des stagiaires

	Techniciens	Cadres	Total
N	*34 440 (30,7 %)*	*77 620 (69,3 %)*	*112 060 (100 %)*
N - 1	*38 265 (36,4 %)*	*66 753 (63,6 %)*	*105 018 (100 %)*
N - 2	*36 173 (39,9 %)*	*54 259 (60,1 %)*	*90 432 (100 %)*

- *Calculez les principaux indicateurs permettant de mesurer l'effort de formation de cette entreprise.*
- *Plus généralement, que pensez-vous de l'effort de formation de cette entreprise ?*

CORRIGÉ

1 – Les principaux indicateurs

À partir des extraits du bilan social, il est possible de calculer de très nombreux indicateurs pour mesurer l'effort de formation de l'entreprise. Il paraît particulièrement pertinent de s'intéresser aux indicateurs suivants :

Indicateurs	Formule de calcul	N - 2	N - 1	N
Part de salariés formés	*Nombre de stagiaires* / Effectif inscrit	85,3 %	97,9 %	94,3 %
Durée moyenne de formation des stagiaires	*Nombre d'heures de stage* / Nombre de stagiaires	22,6 h	22,9 h	23,7 h
Budget formation par salarié	*Dépenses réelles de formation* / Effectif inscrit	1 964 €	2 508 €	2 663 €
Coût moyen d'une heure de formation	*Dépenses réelles de formation* / Nombre d'heures de stage	102 €	112 €	119 €
Budget formation en % de la masse salariale (*)	*Dépenses réelles de formation* / Masse salariale	2,5 %	2,9 %	2,9 %
(*) Le montant légal de l'obligation de formation est égal à 1 % de la masse salariale. La masse salariale est donc égale à : montant légal de l'obligation de formation / 0,01				

2 – Évaluation de l'effort de formation

La banque ENOR poursuit une politique de formation qui apparaît très dynamique et ses efforts en matière de formation augmentent entre N - 2 et N.

L'effort de formation se caractérise ainsi :

- le pourcentage de salariés ayant participé à des actions de formation est très élevé, plus de 94 % des salariés ont bénéficié d'au moins une formation en N. Cette proportion a augmenté de 9 points depuis N - 2 où 85 % des salariés ont été formés, avec une pointe en N - 1 où près de 98 % des salariés ont été formés ;
- le budget formation est important et dépasse près de trois fois les obligations légales en N : il se monte à 2,9 % de la masse salariale, contre une obligation de 1 %. Ce budget a constamment augmenté, car en N - 2, il équivalait à 2,5 % de la masse salariale. Le budget de formation par salarié a lui aussi connu une hausse passant, entre N - 2 et N, de 1964 € à 2 663 € ;
- la hausse du budget formation par salarié s'explique notamment par l'évolution de la durée moyenne de formation. En effet, cette dernière a progressé passant de 22 heures en N - 2 à près de 24 heures en N ;
- la hausse du budget de formation s'explique également par le coût de l'heure de formation qui va croissant : le coût d'une heure de formation est passé de 102 € en N - 2 à 119 € en N, soit une hausse de plus de 16,6 %.

Comment l'effort de formation est-il réparti ?

- l'accès à la formation entre les catégories de salariés semble équivalent, légèrement en faveur des techniciens par rapport aux cadres. Les techniciens représentent, en N, 36,4 % des salariés, mais plus de 38,2 % des stagiaires. Cependant, les cadres ont eu accès à des formations plus longues : les techniciens ont bénéficié de 30,7 % des heures de formation dispensées, contre plus de 69 % pour les cadres en N. La durée moyenne de formation des techniciens varie peu (19,9 heures en N - 2 contre 19 heures en N). Cette durée est bien inférieure à la durée de formation moyenne des cadres (plus de 26 heures en N) ;
- concernant la répartition de l'effort de formation entre les hommes et les femmes, il semble réparti de façon égale. En effet, en N, la part des femmes dans l'effectif est de 47,3 % et leur part dans le nombre de stagiaires de la formation est de 47,9 %.

Il aurait été intéressant de disposer d'informations sur l'âge des salariés envoyés en formation pour une comparaison par rapport à la démographie de l'entreprise. En effet, les seniors ont souvent moins accès à la formation continue.

EXERCICE 21 La formation managériale

> ***Pour le patron du BCG en France, l'agenda des entreprises est plein d'impératifs***
>
> *A l'heure de la reprise, sous réserve d'une nouvelle vague pandémique, les chefs d'entreprise sont confrontés à de multiples impératifs. A ceux spécifiques à leur secteur d'activité, s'ajoutent deux incontournables, dit Guillaume Charlin : retrouver l'engagement des équipes, et mener une double transformation technologique et environnementale.*
>
> *Source : Les Echos, 31/05/2021*

En tant que Responsable des Ressources Humaines, vous comptez sur vos managers pour retrouver l'engagement des équipes. Vous souhaitez aider ces derniers dans cette mission, en particulier les contributeurs individuels nouvellement promus managers. Pour ce faire, vous pensez leur offrir une formation managériale.

- *Lister les grands thèmes de cette formation.*
- *Présenter les points clés relatifs à la partie sur la délégation.*
- *Lister les grandes règles du* feedback *incluses dans la partie relative à la communication.*

Corrigé

1 – Les grands thèmes d'une formation managériale

Être un manager entrepreneur	• Les missions et les tâches du manager • Management et comportements : valeurs sous-jacentes, allocation du temps… • Les différents types de management : les différents styles, le management situationnel, le management transformationnel, le management agile, le management par la bienveillance, le management personnalisé, le management à distance, le management à l'heure de la digitalisation, affirmer son leadership… • Comment changer et devenir un bon manager
Construire l'engagement	• Communiquer • Impliquer • Déléguer • Encourager
Gérer une équipe performante	• Les caractéristiques d'une équipe performante • Votre rôle
Évaluer et soutenir	• Contrôler : mise en place d'un reporting… • Évaluer : organisation des entretiens annuels d'évaluation (EAE)
Pensée conclusive	• « Nous n'avons que le choix entre les changements dans lesquels nous serons entraînés et ceux que nous aurons su vouloir et accomplir » (Jean Monnet)
Compréhension des défis contemporains	• Transformation numérique • Transformation environnementale • Mobilisation des équipes • Nécessité d'upskilling[7], montée rapide en compétences, d'apprendre, avec envie de faire autrement…

7. Petitbon F., Bastianutti J., Montaner M. (2020), Upskilling, *Les 10 règles d'or des entreprises qui apprennent vite*, Dunod.

2 – Les points clés de la délégation

La délégation se définit comme le fait de donner l'autorisation à un collaborateur de prendre des décisions par rapport à un champ donné c'est donc *accepter qu'il fasse différemment que ce que j'aurais fait*.

Déléguer ou non ?	• Lorsque j'ai une action à mener, je passe quelques secondes à me demander si c'est à moi de la réaliser ou si je peux la déléguer
Si je la délègue, je manage le processus	• Je communique clairement le contexte, les enjeux, les objectifs et l'ensemble des informations nécessaires • Je définis précisément le champ des décisions déléguées • Je fixe l'échéance et j'ajuste les points de contrôle pour soutenir, orienter, valider
J'ai conscience des conditions de réussite de la délégation	• La clarté et la précision de ma communication • Une relation de confiance établie avec mon collaborateur • Une bonne appréhension de ses capacités
J'ai conscience des avantages inhérents à la délégation	• Déléguer, c'est développer l'implication des collaborateurs • Déléguer, c'est développer les compétences de ses collaborateurs • Déléguer, c'est, *in fine*, gagner du temps
Je sais quoi faire en dernier ressort	• Une délégation peut toujours « se reprendre »

3 – Les grandes règles du *feedback*

Le *feedback*, qu'il soit négatif ou positif, doit toujours avoir une intention constructive.

Le *feedback* représente un cadeau pour un collaborateur.

Un manager doit savoir donner du *feedback* et savoir également en recevoir.

Le *feedback* positif renforce la motivation, l'implication et l'engagement.

Le *feedback* négatif	• Énoncer le fait ou le comportement précis, objectif et indiscutable • Exprimer les conséquences objectives de ce comportement • Formuler une question orientée exclusivement vers la recherche de solutions • Terminer par une remarque positive sur la relation qui s'est établie
Le *feedback* positif	• Énoncer le fait ou le comportement précis, objectif et indiscutable • Exprimer les conséquences objectives de ce comportement et le ressenti sur soi • Le formuler d'une manière courte et précise

EXERCICE 22 La Validation des Acquis de l'Expérience

Voici des extraits de témoignages de personnes de différents horizons et de différents niveaux ayant réalisé une validation des acquis de l'expérience (VAE).

Témoignage n° 1 : Caroline, validation d'un BTS tourisme (Source : www.demos.fr)

Je travaille comme responsable clients pour la cellule hébergement d'Air France. Nous sommes ouverts 7 jours sur 7 et 24 heures sur 24. Nous assurons toute la logistique nécessaire en cas de vol annulé ou retardé. Nous assurons notamment la réservation des hébergements à mobiliser d'urgence. Ma fonction principale, avec 9 autres de mes collègues, est de veiller à ce que le traitement des irrégularités (vols annulés, vols survendus ou vols déroutés) se fasse de façon fluide. J'ai également un rôle de manager sous le contrôle d'un superviseur. Je participe par ailleurs à l'évaluation des agents de mon groupe comme le reste de mes collègues.

Je n'étais pas allée jusqu'au bout de mon BTS tourisme à la fin de mes études. J'ai décidé de reprendre ce projet laissé un temps de côté. À 50 ans, je me suis dit que c'était le bon moment pour me lancer.

J'ai informé le service des ressources humaines de mon projet. Ils sont devenus sponsors de la démarche en prenant en charge le coût de la VAE et l'accompagnement associé. C'est ainsi que j'ai été mise en relation avec « VAE Les deux rives ». Pour le travail de préparation des documents, je l'ai réalisé sur mes journées de repos et mes périodes de vacances.

Les périodes de travail les plus intenses ont été les trois mois de préparation avant la remise du dossier de recevabilité. Quand j'ai su que j'étais recevable, j'ai pris douze mois pour rédiger le deuxième dossier. (...) Le dossier de recevabilité vise à démontrer que votre expérience professionnelle se situe bien dans le champ de la certification visée. C'est un document avant tout administratif avec des pièces justificatives à fournir. Lorsque l'organisme certificateur a jugé la candidature recevable, c'est le deuxième dossier qui est à préparer. Ce dossier de validation porte davantage sur les compétences exactement exercées. Il s'appuie sur des exemples concrets de réalisations et une relecture des compétences acquises au fil de son expérience. Pour ma part, il s'agissait donc de répondre aux critères du BTS tourisme.

L'accompagnement de « VAE Les deux rives » s'est déroulé avec deux conseillers différents. Le premier m'aidait sur la préparation des éléments à teneur administrative. Le second sur la constitution du dossier qui met en avant l'expérience professionnelle. Les sessions de travail se déroulaient principalement par web-conférence tous les 15 jours. Avec le coach du dossier 1, nous avons également mené des séances en face-à-face sur Paris. La présentation des documents doit donner envie de lire (...). J'ai été beaucoup aidée pour la mise en page et les tournures de phrases. (...) J'ai aussi réalisé un oral blanc en présence des deux conseillers pour tester le texte que j'avais préparé.

Lors du passage devant le jury, j'avais écrit une trame mais j'ai dû m'adapter (...) Le jury était constitué de quatre personnes et non de trois, le temps imparti réduit à 30 minutes au lieu de 45. C'est un moment assez impressionnant. Il n'est pas facile de résumer toutes ses années de carrière en un temps si court. J'ai fait preuve d'honnêteté sur mon parcours. (...) Il faut savoir rester soi-même et ne pas s'inventer un profil qui n'est pas le sien.

Grâce à ce nouveau diplôme, je me sens confortée et rassurée quant à mes compétences. Recevoir cette reconnaissance extérieure est un vrai moteur de confiance en soi. Entamer cette démarche, c'est aussi s'accorder un temps pour soi. Il faut, par contre, s'attendre à des périodes de doutes. À la clé, le moment où l'on reçoit le diplôme dans sa boîte aux lettres est absolument magique. Au final, c'est un bilan professionnel complet que j'ai eu à réaliser.

Témoignage n° 2 : Nadine, validation d'une Licence de Gestion des Ressources Humaines (Source : FONGECIF Poitou-Charentes)

Je suis mariée. J'ai 2 enfants. J'ai 45 ans et j'occupe actuellement un poste de Responsable Ressources Humaines dans une base logistique du groupement Intermarché. Au départ, j'avais l'impression de ne pas être concernée par une VAE puisque j'étais déjà en poste avec un poste de Responsable Ressources Humaines... mais, mon problème, c'est que je n'avais pas le diplôme correspondant à la fonction. Ça fait 13 ans que j'exerce, donc l'expérience fait que je n'avais pas forcément besoin de ce diplôme et je me suis dit que si je devais changer, rechercher un autre emploi, ça serait un plus. Sûrement même, puisque maintenant, les employeurs demandent à la fois l'expérience et le diplôme. Donc effectivement, je me suis lancée aussi sur les conseils de mon employeur. (...)

Ce qui était le plus dur, c'était de concilier la vie familiale avec cette démarche. Le samedi, moi, en l'occurrence, je commençais à 8h-8h30 jusqu'au soir 17h. Il ne faut pas se leurrer, c'est un travail quand même très important. Il faut le faire avec la coopération de la famille sinon, ce n'est pas possible. Et puis, ça dépend, si on veut le faire rapidement... Chacun va à son rythme. Moi, je savais qu'il fallait vraiment que je finisse au mois de juin. Je ne pouvais pas aller au-delà par rapport à ma vie personnelle. Mon fils passait son bac. Donc, en cas de besoin, il fallait que je puisse l'aider. Donc j'avais vraiment une échéance. Mais je pense aussi que quelqu'un débutant une VAE peut prendre son temps en évitant de laisser un peu de côté sa vie personnelle. (...)

Moi, j'avais une conseillère avec laquelle le relationnel se passait très bien et je trouve qu'elle m'a beaucoup aidée. Elle m'a bien accompagnée. À chaque fois, si j'avais une interrogation, elle me disait : « N'hésitez pas, appelez-moi. » On faisait un point téléphonique, on faisait un point par Internet. Il n'y a eu aucun souci. Elle était là, si j'avais besoin. Elle était présente. Le rôle de l'accompagnement est primordial pour être bien conseillé et pour procéder par étapes. (...) Je lui envoyais au fur et à mesure mon mémoire et à la fin, elle m'a dit : « Je pense que ça va marcher. » Ce n'est pas une certitude parce qu'on ne sait pas comment ça se passe au niveau du jury (...) Certains enseignants sont hostiles à la VAE parce qu'ils considèrent que c'est un diplôme « acheté » alors que ce n'est pas du tout le cas. (...) Ils ne m'ont pas dit : « On a validé. » C'est ça le problème. Je suis sortie, on m'a remerciée et puis on m'a dit : « Vous aurez la réponse dans deux jours. » Là, vous vous dites : « Est-ce que je suis reçue ? Pas reçue ? Est-ce que je vais l'avoir partiel ? Pas partiel ? » Je savais que mon mémoire tenait la route. Ma conseillère me l'avait dit mais je ne savais pas. Donc, l'appréhension, c'est quand vous appelez l'IUT, deux jours après, pour savoir... Et puis là, miracle : « Oui, vous l'avez totale. » Là, c'est une grosse satisfaction.

Témoignage n° 3 : Fréderic, validation d'un Master 2 Contrôle de Gestion-Audit (Source : iae.univ-lyon3.fr)

Je suis Directeur Financier. J'ai un parcours universitaire. J'ai d'abord fait à Nancy un DUT GEA dans la comptabilité gestion. J'ai continué à Montpellier vers l'expertise comptable. (...) J'ai un parcours de financier au sein de grands groupes internationaux, envoyé dans des filiales, à l'étranger essentiellement. J'ai travaillé à peu près 20 ans à l'étranger et 5 ans en France. Dans le cadre d'un plan de départs volontaires de mon groupe, je me suis porté volontaire pour faire une formation et j'ai commencé à prospecter. J'ai cherché dans différents endroits et j'ai trouvé l'IAE Lyon qui proposait une formation Master Finance en Contrôle de Gestion et Audit. J'ai rencontré la responsable formation continue de ce master. J'ai bien « fité » donc j'ai postulé pour cette formation. J'ai été accepté et j'ai commencé ce master. J'ai été intégré à plusieurs cours et, pendant un an, j'ai travaillé sur le sujet. Cela m'a permis de reprendre les bases. On ne s'en rend pas compte mais dans le cadre de nos carrières au sein de filiales, on n'a pas souvent l'occasion de revenir sur les fondamentaux, les principes et ces formations sont très bien prévues pour cela. Cela nous permet de reprendre les bonnes bases et de refaire le point. (...)

Un des bénéfices de la VAE, c'est aussi de permettre un retour en arrière sur sa carrière. (...) On reprend poste par poste, société par société, groupe par groupe, projet par projet ce qu'on a fait. Cela permet de voir, année après année, comment on a évolué, ce qu'on a bien fait et aussi de pointer du doigt ce qu'on n'a pas forcément bien réussi. (...) L'idée, c'est de réaliser un rapport écrit de ce qu'on a fait dans le détail et de le soutenir devant un jury. Là, on va défendre notre point de vue, dire, là je pense que je peux avoir l'équivalence de tel et tel module du master pour telle et telle raison. En contrôle de gestion, j'avais fait plusieurs missions en Allemagne, au fin fond de la Bavière, dans une usine. J'ai dit ce que j'avais fait, ce que j'avais réussi à mettre en place dans le détail, parce que c'est aussi beaucoup de contrôle, de suivi dans le contrôle de gestion... Je partais du principe qu'au moins le module de contrôle de gestion ne m'était pas inconnu et que je pouvais donc prétendre à avoir une équivalence au moins à ce niveau-là. Donc module par module, on est amené à se justifier. Et puis, en général, il y a 2, 3 voire 4 modules sur lesquels, on n'est pas à l'aise. Ce n'est pas des choses qu'on a eu l'occasion de traiter donc là, on a besoin de cours. Donc, on suit des cours, on a des profs en face de nous, de bonne qualité, de très bonne qualité. On a une approche un peu différente parce qu'ils sont de notre âge voire plus jeunes donc on n'a pas la même sensation au niveau des matières. C'est très intéressant, on échange beaucoup. Autour de nous, il y a d'autres élèves qui peuvent être du même âge mais qui ne le sont pas forcément. Là aussi, il y a beaucoup d'échanges, de bonnes choses qui rendent cette expérience assez sympathique. (...)

J'ai été très satisfait sur un point. J'ai mené cela en parallèle d'une recherche de job puisque j'étais, bien évidemment, dans le cadre d'un plan de départs volontaires et c'est très complémentaire. Cela permet de faire un bilan de ce que vous avez fait. Cela vous permet d'en parler. Cela vous permet de vous projeter, cela vous permet de vous mettre à l'aise. (...)

C'est une démarche que je ne connaissais pas. Je suis parti 20 ans à l'étranger. J'ai redécouvert la France au bout de 20 ans et c'est une démarche dont il faut faire la promotion. Il faut dire aux gens : « Faites-le » (...) Cela vous donne la certitude que vous servez à quelque chose, que vous savez faire des choses. Vous revenez sur ce que vous savez faire et on détecte plusieurs éléments sur lesquels on est moins à l'aise que sur d'autres sujets. Vous savez sur quoi vous avez besoin de travailler et ce n'est pas plus mal. Le défaut des carrières comme la mienne, c'est de laisser un trou de 25 ans après avoir quitté l'université ou une école. C'est une démarche qu'il faut faire plus tôt, plus jeune et je ne m'arrêterai pas là, j'essaierai de continuer à me former.

Témoignage n° 4 : Laetitia, validation du Master Communication Internationale et Traduction (Source : www.isit-paris.fr)

Traductrice financière et juridique depuis près de 8 ans, je suis issue d'une formation en langues (LEA) et d'un Master en Management International (EM Strasbourg). J'ai débuté ma carrière dans le secteur des télécommunications et des TI en occupant différentes fonctions commerciales et managériales. J'ai démarré dans la traduction en tant que freelance avant de créer une agence de traduction à Barcelone et, plus récemment, à Alger. La VAE m'a permis de réfléchir à mon parcours ainsi qu'à mes acquis et de les redécouvrir sous un nouveau jour. J'ai particulièrement apprécié cette mise en perspective et cette prise de conscience quant à la légitimité de mon parcours. (...) La VAE est une

> *vraie opportunité de valoriser son parcours en bénéficiant de la reconnaissance d'un institut prestigieux. (...) J'ai fait le choix de l'ISIT car l'institut répond au modèle d'une grande école de management et est réputé pour son approche professionnalisante. Je me suis par ailleurs reconnue pleinement dans ses valeurs : son ancrage international et sa reconnaissance à l'international.*

À l'aide de ces témoignages et de vos connaissances :

- *Présentez succinctement ce qu'est la VAE.*
- *Décrivez ses principales étapes.*
- *Présentez ses différents modes de financement pour un salarié.*
- *Listez les motivations des candidats et les apports de la VAE.*
- *Listez les difficultés que peuvent rencontrer certains candidats à la VAE.*

CORRIGÉ

1 – Présentation succincte de la VAE

La VAE est un dispositif, mis en place à partir de la loi de modernisation sociale du 17 janvier 2002. Elle permet l'obtention de tout ou partie d'une certification (diplôme, titre ou certificat de qualification professionnelle) inscrite au Répertoire National des Certifications Professionnelles (RNCP) sur la base d'une expérience salariée, non salariée (commerçant, collaborateur de commerçant, profession libérale, agriculteur ou artisan...) et/ou bénévole (syndicale, associative) et/ou volontaire.

Toute personne, quels que soient son âge, sa nationalité, son statut et son niveau de formation, ayant au moins un an d'expérience en rapport direct avec la certification visée peut prétendre à la VAE.

2 – Les principales étapes de la VAE

Un processus de VAE se décompose en quatre étapes principales :

Étapes	Contenu
Étape 1 : Se renseigner	L'information sur la VAE est notamment disponible dans les Centres de conseil sur la validation des acquis de l'expérience. Ces centres sont des structures de proximité dédiées au conseil et à l'information sur la VAE, portées par des organismes existants tels que Pôle Emploi, Fongecif… On peut y solliciter un entretien auprès d'un conseiller VAE. Celui-ci aide les personnes, a priori intéressées par la VAE, à : • analyser la pertinence de leur projet VAE : il les réoriente, si besoin est, vers d'autres démarches (recherche d'emploi, bilan de compétences…) ; • se repérer parmi l'offre existante de certifications ; • s'orienter vers le ou les organismes certificateurs ; • connaître les possibilités de financement selon leur statut (salarié, demandeur d'emploi…). Par ailleurs, le Répertoire opérationnel des métiers (Rome) permet d'accéder à des fiches métiers décrits par activités et compétences et aux certifications permettant d'accéder aux métiers ainsi présentés. Après avoir identifié la certification voulue, il est souhaitable de contacter directement le ou les organismes certificateurs pour confirmer définitivement le choix de certification et connaître les spécificités de leurs procédures de VAE (coûts, possibilités d'accompagnement, dates butoirs…)
Étape 2 : La demande (La recevabilité)	Tout candidat à la VAE doit adresser une demande à l'organisme qui délivre la certification ciblée, dans un dossier comprenant les justificatifs d'expérience et de durée. L'organisme certificateur informe le candidat de la recevabilité ou du rejet motivé de sa demande.
Étape 3 : La préparation	Lorsque la demande est acceptée, l'organisme certificateur peut proposer un accompagnement méthodologique pour : • monter et rédiger un dossier présentant l'expérience ; • préparer l'évaluation en situation professionnelle réelle ou reconstituée ; • préparer l'entretien avec le jury.
Étape 4 : L'évaluation	Un jury composé de professionnels et de personnes qualifiées évalue les compétences du candidat en lien avec celles exigées par le référentiel de la certification ciblée. L'évaluation se fait à partir de l'examen du dossier et éventuellement d'un entretien ou d'une mise en situation professionnelle. Les modalités sont fixées par chaque certificateur. Le jury souverain se prononce pour une validation, totale ou partielle, ou pour un refus de validation.

3 – Les modes de financement de la VAE

Le coût de la VAE est variable selon les certifications visées et les organismes certificateurs concernés.

La démarche de VAE peut être financée à titre individuel. Toutefois, des possibilités de prise en charge financière totale ou partielle existent.

Les possibilités de financement dépendent notamment du statut de l'individu (salarié, demandeur d'emploi, personne exerçant une activité non salariée…), de la personne qui est à l'initiative de la VAE (salarié ou employeur) et du cadre dans lequel la VAE a lieu (CPF, Congé VAE…).

Voici les 3 principaux cas dans lesquels un salarié ne finance pas (totalement ou en partie) une VAE à ses frais :

a) La VAE est à l'initiative de l'employeur (avec accord du salarié)

L'employeur peut proposer de prendre en charge la démarche dans le cadre du plan de développement des compétences de l'entreprise. Les dépenses couvertes comprennent la rémunération du salarié et les frais afférents à la démarche de VAE (frais de procédure et d'accompagnement). Dans ce cadre, une convention entre l'employeur, le salarié et le ou les organisme(s) intervenant en vue de la VAE doit être conclue.

b) La VAE est à l'initiative du salarié dans le cadre du CPF

Les actions d'accompagnement à la VAE font partie des formations éligibles au CPF. La prise en charge financière est assurée par l'Opérateur de compétences (Opco) dont dépend l'entreprise. En principe, cette prise en charge se fait au coût réel et dans la limite des droits acquis par le salarié. Si ce type de VAE se déroule hors du temps de travail du salarié, la rémunération du salarié n'est pas affectée mais le salarié ne reçoit aucune indemnisation pour le temps consacré à la VAE. Si ce type de VAE a lieu, en tout ou partie, sur le temps de travail, une autorisation préalable de l'employeur est impérative.

c) La VAE est à l'initiative du salarié dans le cadre du congé pour VAE

Le congé pour VAE permet au salarié de bénéficier de 24 heures (continues ou discontinues) par validation. Durant ce congé, sa rémunération est maintenue.

4 – Les motivations des candidats à la VAE et les apports de la VAE

Les principaux apports et motivations sont les suivants :

- la VAE peut être un tremplin de carrière pour évoluer au sein de l'entreprise, changer d'employeur, passer des concours qui demandent tel ou tel diplôme pour pouvoir candidater ;
- la VAE peut permettre l'obtention d'une certification sans avoir à arrêter de travailler pour la préparer ;

- la VAE permet d'intégrer des cycles de formation en cours (par exemple, intégrer une Licence directement en troisième année, L3) ou uniquement certains modules de formation (par exemple, uniquement certaines UE de master) ce qui permet de gagner du temps ;
- la VAE permet l'obtention de diplômes « récents » par des individus « âgés », c'est-à-dire qu'elle permet à des salariés d'obtenir des diplômes de niveau supérieur à ceux qui existaient lorsqu'ils étaient encore dans le système scolaire. Ceci rend les possibilités d'évolution de carrière plus équitables entre des individus de différentes classes d'âge ;
- l'obtention d'une certification est une source de satisfaction personnelle, un moyen de reconnaissance et de valorisation personnelle. C'est aussi un moyen d'avoir plus de crédit vis-à-vis de l'environnement ;
- la VAE permet de faire un bilan sur son parcours professionnel, de mieux cerner les éléments réussis et ceux qui le sont moins. Elle permet donc de savoir sur quoi travailler ;
- la VAE aide à parler de son parcours professionnel ce qui est utile en période de recherche d'emploi ;
- si certaines VAE impliquent de suivre des cours pour valider certains modules, ces cours peuvent donner lieu à des échanges constructifs avec des professeurs et d'autres étudiants, de revenir sur des fondamentaux.

5 – Les difficultés rencontrées par certains candidats

Au cours d'une démarche de VAE, les candidats peuvent rencontrer de multiples difficultés :

- les aspects rédactionnels requis : la rédaction du dossier 2, consacré à la présentation de l'expérience professionnelle, peut être difficile pour toute personne ayant peu de compétences « littéraires » ;
- la mise à niveau dans certaines matières peut nécessiter beaucoup d'efforts, de suivre des cours... ;
- la démarche peut être mal vue par les collègues ou l'employeur ;
- faire coïncider référentiel et expérience professionnelle peut s'avérer délicat ;
- le processus de VAE demande d'y consacrer beaucoup de temps ;
- entreprendre une démarche de VAE suppose de concilier cette démarche avec une activité professionnelle ou une recherche d'emploi et une vie familiale ;
- les candidats peuvent rencontrer l'hostilité de certains enseignants à l'égard du principe même de la VAE ;
- les candidats peuvent être mal orientés, peu ou mal conseillés, par leur accompagnateur.

THÈME 6

La gestion prévisionnelle des emplois et des compétences

EXERCICE 23 Questions à choix multiple

1 – *La notion de compétence désigne (plusieurs réponses possibles) :*

- ❐ a. les savoirs
- ❐ b. les savoir-faire
- ❐ c. les savoir être
- ❐ d. le faire savoir

2 – *L'obligation de négocier sur la gestion des emplois et des parcours professionnels concerne (une seule réponse possible) :*

- ❐ a. les entreprises de plus de 150 salariés en France
- ❐ b. les entreprises de plus de 300 salariés en France
- ❐ c. les groupes de plus de 1 000 salariés en France
- ❐ d. les groupes de plus de 1 000 salariés en Europe
- ❐ e. les entreprises de plus de 150 salariés en France et de plus de 1 000 salariés en Europe
- ❐ f. les entreprises de plus de 300 salariés en France et de plus de 1 000 salariés en Europe

3 – *Parmi les thèmes suivants, sur lesquels porte la négociation sur la gestion des emplois et des parcours professionnels (plusieurs réponses possibles) ?*

❒ a. les mesures d'accompagnement du dispositif de gestion prévisionnelle des emplois et des compétences

❒ b. les conditions de la mobilité professionnelle ou géographique interne à l'entreprise

❒ c. les augmentations de salaires

❒ d. les grandes orientations à trois ans de la formation professionnelle dans l'entreprise

❒ e. les perspectives de recours aux différents contrats de travail, au travail à temps partiel et aux stages

4 – *Un dispositif de GPEC est (une seule réponse possible) :*

❒ a. un dispositif individuel

❒ b. un dispositif collectif

❒ c. ni l'un, ni l'autre

❒ d. les deux

5 – *Quels acteurs sont impliqués dans la mise en place d'une GPEC dans l'entreprise (plusieurs réponses possibles) ?*

❒ a. les salariés

❒ b. la DRH

❒ c. les IRP

❒ d. la direction de l'entreprise

❒ e. les responsables de site

❒ f. les managers de proximité

❒ g. les gestionnaires de carrière

❒ h. les responsables formations

❒ i. le ministre de l'Économie

❒ j. le ministre de la Santé

CORRIGÉ

1 – Bonnes réponses : ❐ a ❐ b ❐ c

Les compétences correspondent à un ensemble de savoirs, savoir-faire et savoir être définis dans l'exercice d'un emploi ou d'un métier, dans une situation d'activité donnée. La compétence d'un salarié renvoie à sa capacité à mettre en œuvre, en situation de travail, un ensemble de connaissances, de savoir-faire techniques et relationnels, pour parvenir au résultat attendu.

2 – Bonne réponse : ❐ e

L'article L. 2242-2 du Code du travail prévoit que, dans les entreprises et les groupes d'entreprises d'au moins trois cents salariés, ainsi que dans les entreprises et groupes d'entreprises de dimension communautaire comportant au moins un établissement ou une entreprise d'au moins cent cinquante salariés en France, l'employeur engage, au moins une fois tous les quatre ans une négociation sur la gestion des emplois et des parcours professionnels (dispositions d'ordre public). À défaut d'accord, l'article L. 2242-13 du Code du travail prévoit que la négociation sur la gestion des emplois et des parcours professionnels se déroule tous les trois (dispositions supplétives).

3 – Bonnes réponses : ❐ a ❐ b ❐ d ❐ e

L'article L. 2242-20 du Code du travail détaille le contenu de la négociation sur la gestion des emplois et des parcours professionnels et sur la mixité des métiers qui porte sur :

1) La mise en place d'un dispositif de gestion prévisionnelle des emplois et des compétences, ainsi que sur les mesures d'accompagnement susceptibles de lui être associées, en particulier en matière de formation, d'abondement du compte personnel de formation, de validation des acquis de l'expérience, de bilan de compétences ainsi que d'accompagnement de la mobilité professionnelle et géographique des salariés ;

2) Le cas échéant, les conditions de la mobilité professionnelle ou géographique interne à l'entreprise, qui doivent, en cas d'accord, faire l'objet d'un chapitre spécifique ;

3) Les grandes orientations à trois ans de la formation professionnelle dans l'entreprise et les objectifs du plan de développement des compétences, en particulier les catégories de salariés et d'emplois auxquels ce dernier est consacré en priorité, les compétences et qualifications à acquérir pendant la période de validité de l'accord ainsi que les critères et modalités d'abondement par l'employeur du compte personnel de formation ;

4) Les perspectives de recours par l'employeur aux différents contrats de travail, au travail à temps partiel et aux stages, ainsi que les moyens mis en œuvre pour diminuer le recours aux emplois précaires dans l'entreprise au profit des contrats à durée indéterminée ;

5) Les conditions dans lesquelles les entreprises sous-traitantes sont informées des orientations stratégiques de l'entreprise ayant un effet sur leurs métiers, l'emploi et les compétences ;

6) Le déroulement de carrière des salariés exerçant des responsabilités syndicales et l'exercice de leurs fonctions.

L'article L. 2242-21 du Code du travail ajoute que la négociation peut également porter sur la qualification des catégories d'emplois menacés par les évolutions économiques ou technologiques ; sur les modalités de l'association des entreprises sous-traitantes au dispositif de gestion prévisionnelle des emplois et des compétences de l'entreprise ; sur les conditions dans lesquelles l'entreprise participe aux actions de gestion prévisionnelle des emplois et des compétences mises en œuvre à l'échelle des territoires où elle est implantée ; sur la mise en place de congés de mobilités ; sur la formation et l'insertion durable des jeunes dans l'emploi, l'emploi des salariés âgés et la transmission des savoirs et des compétences, les perspectives de développement de l'alternance, ainsi que les modalités d'accueil des alternants et des stagiaires et l'amélioration des conditions de travail des salariés âgés.

4 – Bonne réponse : ❒ d

La démarche GPEC comprend à la fois un volet individuel et un volet collectif :

- le *volet collectif* a pour objectif de repérer les écarts entre les compétences attendues et les compétences détenues à l'aide d'un « référentiel des métiers et des compétences », ce diagnostic devant permettre de construire un plan d'action en matière de formation et de mobilité ;
- le *volet individuel* a pour objectif de rendre chaque salarié acteur du développement de ses compétences et de son parcours professionnel dans un contexte compatible avec les besoins et les moyens de l'entreprise, en s'appuyant sur différents outils (bilans, entretiens d'évaluation…).

5 – Bonnes réponses : ❒ a à h

Tous les acteurs cités à l'exception du ministre de l'Économie et de celui de la Santé peuvent participer à la mise en place d'une GPEC dans l'entreprise. La direction de l'entreprise, la DRH et les IRP seront directement impliquées, mais les salariés aussi car ils sont directement concernés par les dispositifs mis en place. Au niveau local, les managers de proximité, les gestionnaires de carrière et les responsables formations peuvent jouer un rôle déterminant.

EXERCICE 24 La gestion des effectifs

L'entreprise INDUS + est une grande société industrielle en croissance depuis quelques années. Son effectif total était de 41 419 salariés en N-1 et de 41 833 salariés en N.

Tableau 1 : Composition de l'effectif en N (hors intérimaires)

Sexe / Catégorie hiérarchique	Hommes	Femmes	Total	Rappel N-1
Agents de production (AP)	13 521	1 539	**15 060**	14 910
Employés, Techniciens et Agents de Maîtrise (ETAM)	13 228	2 668	**15 896**	15 739
Ingénieurs et cadres (IC)	8 421	2 456	**10 877**	10 770
Total	**35 170**	**6 663**	**41 833**	**41 419**

Tableau 2 : Répartition de l'effectif par âge en N

Moins de 20 ans	20-24 ans	25-29 ans	30-34 ans	35-39 ans	40-44 ans	45-49 ans	50-54 ans	55-60 ans	Plus de 60 ans
0 %	19 %	17 %	9 %	8 %	4 %	14 %	17 %	11 %	1 %

Tableau 3 : Nombre de promotions entre N-1 et N

Catégories hiérarchiques	Promotion à l'intérieur de la même catégorie hiérarchique	Passage à la catégorie hiérarchique supérieure
AP	2 894	150
ETAM	1 812	95
IC	1 145	-

Tableau 4 : Taux de démission entre N-1 et N

Catégories hiérarchiques	Taux de démission
AP	6 %
ETAM	5 %
IC	4 %

Compte tenu de l'activité en croissance d'INDUS +, la Direction estime qu'une progression de l'effectif total (hors intérimaires) de 0,5 % est nécessaire pour répondre aux impératifs de production (avec une répartition identique des effectifs entre les différentes catégories hiérarchiques).

La DRH prévoit, de son côté, les mouvements de personnel suivants entre N et N+1 :

- *la politique de promotion devrait se traduire par les mêmes taux de promotion d'une catégorie hiérarchique à la catégorie supérieure entre N et N+1 qu'entre N-1 et N ;*
- *le taux de démission entre N et N+1 devrait être identique à celui enregistré entre N-1 et N ;*
- *l'entreprise prévoit qu'en N+1, 70 % des plus de 60 ans vont partir en retraite et que 2 % des 55-59 ans vont bénéficier d'une retraite anticipée. Ce taux est identique quelle que soit la catégorie hiérarchique.*

La DRH doit estimer les besoins éventuels en termes d'embauches à l'issue de ces mouvements de personnel. Si nécessaire, l'entreprise envisage d'embaucher en CDI certains des intérimaires ayant déjà travaillé pour l'entreprise. Selon ses besoins, elle embauchera autant d'intérimaires que nécessaire.

En N, les intérimaires représentent 8 % de l'effectif de l'entreprise. 70 % des intérimaires occupent des postes d'AP (agents de production), 20 % des postes d'ETAM (employés, techniciens et agents de maîtrise) et 10 % des postes d'IC (ingénieurs et de cadres).

Au cours de l'année N, la DRH a réalisé une étude afin d'estimer le nombre d'embauches que pourrait représenter la conversion de certains contrats d'intérim en CDI. La DRH a regardé si les compétences des intérimaires correspondaient aux besoins futurs de l'entreprise. Elle a également réalisé une enquête pour connaître les souhaits des intérimaires. Les résultats de cette enquête permettent de disposer des données suivantes :

Tableau 5 : Résultats de l'enquête sur la population des intérimaires

AP		***Souhaitent être embauchés par INDUS +***	
		Oui	*Non*
Disposent des compétences pour être embauchés par INDUS +	*Oui*	*50 %*	*15 %*
	Non	*25 %*	*10 %*
ETAM		***Souhaitent être embauchés par INDUS +***	
		Oui	*Non*
Disposent des compétences pour être embauchés par INDUS +	*Oui*	*60 %*	*5 %*
	Non	*25 %*	*10 %*
IC		***Souhaitent être embauchés par INDUS +***	
		Oui	*Non*
Disposent des compétences pour être embauchés par INDUS +	*Oui*	*80 %*	*5 %*
	Non	*10 %*	*5 %*

- *Calculez l'effectif total dont l'entreprise aura besoin en N+1.*
- *Calculez la répartition de l'effectif entre les différentes catégories hiérarchiques en N+1.*
- *Chiffrez les conséquences des différents mouvements de personnel et estimez les besoins en personnel à l'issue de ces mouvements, au niveau global et par catégorie hiérarchique.*
- *Compte tenu des informations disponibles sur la population intérimaire, quels choix l'entreprise peut-elle faire pour sa politique de recrutement ? Combien d'embauches, au total et par catégorie hiérarchique, va-t-elle réaliser ?*

CORRIGÉ

1 – Calcul de l'effectif en N+1

La direction estime qu'une progression des effectifs de 0,5 % est nécessaire pour répondre aux impératifs de production :

Effectif N +1 = 41 833 x 1,005 = 42 042 salariés

2 – Calcul de la répartition de l'effectif en N+1

La répartition par catégories hiérarchiques sera la suivante :

Catégories hiérarchiques	Répartition en N	Proportion en N	Répartition en N+1
AP	15 060	36 %	42 042 x 36 % = 15 135
ETAM	15 896	38 %	42 042 x 38 % = 15 976
IC	10 877	26 %	42 042 x 26 % = 10 931
Total	**41 833**	**100 %**	**42 042**

3 – Estimation des mouvements et des besoins en personnel

Départs de l'entreprise

Départs en retraite

Départs en retraite = 41 833 x 1 % x 70 % = 293

Départs en retraite anticipée = 41 833 x 11 % x 2 % = 92

Total des départs en retraite = 385

Catégories hiérarchiques	Répartition des effectifs de l'entreprise	Départs en retraite	Départs en retraite anticipée
AP	36 %	293 x 36 % = 106	92 x 36 % = 33
ETAM	38 %	293 x 38 % = 111	92 x 38 % = 35
IC	26 %	293 x 26 % = 76	92 x 26 % = 24
Total	**100 %**	**293**	**92**

Démissions

Catégories hiérarchiques	Nombre de démissions
AP	15 060 x 6 % = 904
ETAM	15 896 x 5 % = 795
IC	10 877 x 4 % = 435
Total	2 134

Mouvements internes

Calcul du taux de promotion vers la catégorie supérieure =
Nombre de salariés promus en N/Effectif N-1 x 100 %

Taux de promotion entre la catégorie AP et la catégorie ETAM = 150/14 910 = 1 %

Taux de promotion entre la catégorie ETAM et la catégorie IC = 95/15 739 = 0,6 %

Catégories hiérarchiques	Nombre de promotions (passage à la catégorie hiérarchique supérieure)
AP	15 060 x 1 % = 151
ETAM	15 896 x 0,6 % = 95
IC	-
Total	246

Estimation des besoins

	Effectifs en N	Départs			Promotions	Effectifs après mouvements internes	Effectifs en N+1	Écarts (recrutements à réaliser)
		Retraites	Retraites anticipées	Démissions				
AP	15060	106	33	904	-151	15060-106-33-904-151 = 13 866	15135	1 269
ETAM	15896	111	35	795	-95 +151	15896-111-35-795-95+151 = 15 011	15976	965
IC	10877	76	24	435	+95	10877-76-24-435+95 = 10 437	10931	494
Total	**41833**	**293**	**92**	**2 134**	-	**39314**	**42042**	**2 728**

4 – Politique de recrutement

Conversion de contrats d'intérim en CDI

L'entreprise va embaucher prioritairement en CDI les intérimaires qui disposent des compétences nécessaires et qui ont émis le souhait d'être embauchés par INDUS + (pourcentage de oui/oui dans le tableau 5).

Catégories hiérarchiques	Nombre d'intérimaires	Recrutements possibles	Nombre de recrutements
AP	3 347 x 70 % = 2 343	50 %	1 171
ETAM	3 347 x 20 % = 669	60 %	401
IC	3 347 x 10 % = 335	80 %	268
Total	**41 833 x 8 % = 3 347**	-	**1 840**

Autres embauches à prévoir

Catégories hiérarchiques	Embauches nécessaires	Nombre de recrutements d'intérimaires	Nombre de recrutements à effectuer en complément
AP	1 269	1 171	98
ETAM	965	401	564
IC	494	268	226
Total	**2 728**	**1 840**	**888**

En N+1, INDUS + va donc intégrer dans son effectif 2 727 nouveaux salariés : 1 840 intérimaires convertis en CDI (1 171 AP, 401 ETAM et 268 IC) et 888 nouveaux recrutés (98 AP, 564 ETAM et 226 IC).

EXERCICE 25 La pyramide des âges

Document 1 : Données relatives aux effectifs de l'entreprise Alpha

Tranches d'âge	Hommes	%	Femmes	%	Total	%
Moins de 25 ans	887	4,8	1 686	6,9	**2 573**	**6**
de 25 à 29 ans	2 013	10,9	3 868	15,9	**5 881**	**13,7**
de 30 à 34 ans	2 323	12,6	3 463	14,2	**5 786**	**13,5**
de 25 à 39 ans	1 842	10,0	2 346	9,6	**4 188**	**9,8**
de 40 à 44 ans	1 645	8,9	2 074	8,5	**3 719**	**8,7**
de 45 à 49 ans	2 270	12,3	3 037	12,5	**5 307**	**12,4**
de 50 à 54 ans	3 115	16,9	3 495	14,3	**6 610**	**15,4**
de 55 à 59 ans	3 891	21,1	4 194	17,2	**8 085**	**18,9**
60 et plus	493	2,7	228	0,9	**721**	**1,7**
Ensemble	**18 479**	**100**	**24 391**	**100**	**42 870**	**100**

Document 2 : Principaux types de pyramides des âges

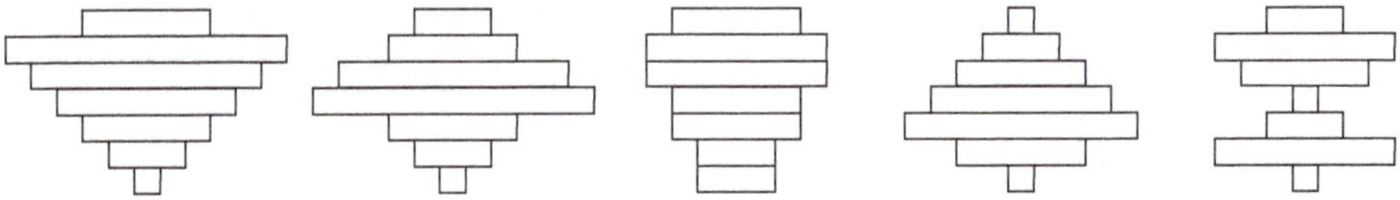

« Champignon » « Toupie » « Cylindre » « Poire écrasée » « Pelote de laine »

- *À partir des données du document 1, représenter la pyramide des âges de l'entreprise Alpha.*
- *En quoi l'utilisation de la pyramide des âges peut-elle être utile au DRH dans le cadre de la GPEC ?*
- *Quels sont, d'après vous, les avantages et les inconvénients des différentes formes de pyramide des âges (document 2) ? De quel type de pyramide se rapproche le plus celle de celle de l'entreprise Alpha ?*
- *Quels sont les risques liés à l'utilisation de la pyramide des âges comme outil de pilotage social ?*

CORRIGÉ[8]

1 – La pyramide des âges de l'entreprise Alpha

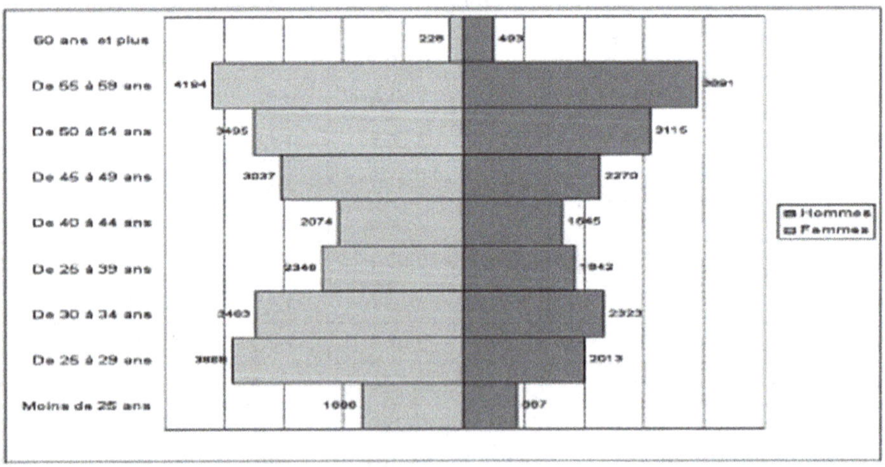

8. Ce corrigé s'appuie notamment sur l'article suivant : GODELIER E. (2007), « Pyramide des âges et gestion des ressources humaines », *Vingtième Siècle*, n° 95, p. 127-142.

2 – L'utilité de l'utilisation de la pyramide des âges dans le cadre de la GPEC

L'utilisation de la pyramide des âges comme outil de Gestion des Ressources Humaines s'est développée depuis les années 1980. Grâce à la pyramide des âges, le décideur RH dispose d'un outil de référence dans la construction d'une GPEC dans la mesure où elle permet :

- de visualiser la situation démographique de l'entreprise ;
- de réfléchir à la gestion des effectifs : embauches, départs, congés, gestion des temps de travail, gestion du *turnover*… ;
- d'anticiper les évolutions en termes d'emplois et de compétences ;
- de concevoir une politique de formation adaptée aux besoins des salariés et de l'entreprise ;
- d'évaluer la capacité des salariés à s'adapter aux changements organisationnels ;
- de réfléchir à la politique de rémunération de l'entreprise en lien avec la gestion des effectifs.

Cet outil contribue à la gestion des effectifs, et plus spécifiquement, à la gestion des sureffectifs :

- la pyramide renvoie au choix de critères de sélection des salariés jugés en sureffectifs ;
- l'utilisation de la pyramide des âges est historiquement reliée au débat sur la détermination de l'âge de la retraite dans la mesure où elle permet de prévoir les départs à la retraite.

3 – Avantages et inconvénients des différentes formes de pyramides des âges et type de pyramide pour l'entreprise Alpha

Type de pyramide	Avantages	Inconvénients
Champignon 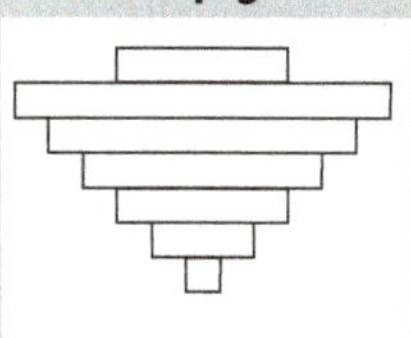	L'entreprise compte peu de jeunes. Cette situation permet de proposer aux salariés des perspectives d'évolution rapide en cas de restructurations ou de changements technologiques importants.	Cette situation est synonyme d'une masse salariale importante. L'entreprise aura plus de difficultés à motiver les salariés les plus jeunes ou situés en bas de la hiérarchie si l'évolution de la population se fait de façon régulière. Le départ des salariés les plus âgés peut conduire à une perte de compétences.
Toupie 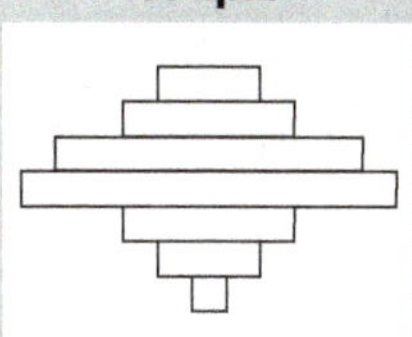	L'entreprise a massivement embauché pour des raisons conjoncturelles (croissance du marché, développement rapide d'une activité ou d'une technologie, effets d'aubaine de mesures fiscales des pouvoirs publics en direction de certaines populations par exemple).	Si l'effectif visé doit rester constant, la situation des catégories de salariés des tranches d'âges les plus nombreuses peut se révéler délicate. La situation des plus jeunes peut aussi poser problème à court terme, surtout si l'entreprise souhaite maintenir un effectif constant. À plus long terme, le départ très rapide des tranches les plus nombreuses ouvre des possibilités d'embauches de jeunes salariés, mais peut aussi entraîner une perte massive de compétences.

Cylindre 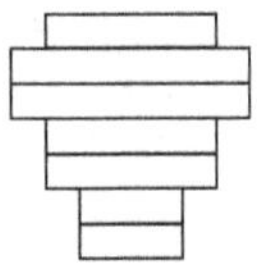	L'entreprise a une stratégie d'embauche régulière qui permet de définir, pour chaque salarié, une progression de carrière.	
Poire écrasée 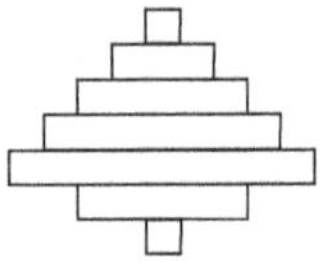	L'entreprise a cessé de recruter (volontairement ou non) durant de longues années et renouvelle ses effectifs. L'entreprise compte un effectif important de jeunes salariés ce qui est synonyme d'une masse salariale allégée. Cette jeunesse peut aussi être vue comme un élément de dynamisme et de créativité. Les jeunes salariés vont disposer de possibilités d'avancement.	Les jeunes salariés disposent de possibilités d'avancement mais la compétition pour accéder aux postes à responsabilité risque d'être âpre. Le risque de pertes de savoirs et d'expériences est très important, ce qui peut entraîner des difficultés de production ou de renouvellement des connaissances.
Pelote de laine 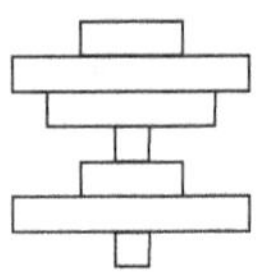	Elle est une des suites possibles pour la « poire écrasée ». Elle traduit une stratégie de lutte contre le déséquilibre démographique à l'aide d'embauches massives. Elle ouvre des perspectives de promotion rapide pour les nouveaux arrivants	La population est divisée en deux groupes : les plus jeunes et les plus âgés ce qui peut générer des divergences de visions et de méthodes. L'entreprise peut se trouver confrontée à des pénuries dans l'encadrement intermédiaire ou aux premiers échelons des catégories ingénieurs et cadres. Face au départ des plus expérimentés, l'entreprise ne va pas forcément promouvoir les plus jeunes jugés encore trop peu expérimentés

La pyramide des âges de l'entreprise Alpha se rapproche de la forme « pelote de laine ».

4 – Les risques liés à l'utilisation de la pyramide des âges comme outil de pilotage social

L'analyse de la pyramide des âges est plus complexe qu'il n'y paraît. Elle suppose de bien comprendre les relations entre âge, vieillissement et capacités de travail. Le risque est de faire passer la question de l'âge devant celle de la gestion des compétences, d'autant plus que les questions démographiques sont étroitement liées aux aspects financiers, via la politique de rémunération. La dimension très visuelle de la pyramide des âges ne doit pas faire oublier qu'elle peut se révéler simplificatrice : il s'agit donc de dépasser, dans l'analyse de la pyramide, les hypothèses ou les visions simplificatrices des relations entre âge et comportement organisationnel, d'une part, et entre âge et carrière, d'autre part.

L'analyse de la pyramide des âges doit tenir compte des effectifs des catégories des plus âgés en même temps que de celui des plus jeunes : le vieillissement d'un groupe démographique résulte en effet de la combinaison de l'augmentation des catégories les plus âgées d'une population et de la diminution du poids des catégories les plus jeunes. L'utilisation de la pyramide des âges comme outil de GPEC suppose donc de tenir compte des effectifs respectifs dans les différentes tranches d'âge.

EXERCICE 26 La GPEC chez Electrica

Electrica[9] est un groupe multinational d'origine française qui se consacre exclusivement à la gestion de l'électricité et des automatismes et dispose de positions mondiales de premier plan dans ses domaines d'activités (distribution électrique, automatismes et sécurité du bâtiment, contrôle industriel...). Electrica propose une offre vaste et cohérente de produits et systèmes intelligents, innovants et compétitifs, grâce à la convergence des technologies de l'électricité, de l'automatisation et de la communication.

L'entreprise a connu de nombreux changements dans son histoire. Son activité a, en effet, démarré dans la sidérurgie, la mécanique lourde et les chantiers navals au XIXe siècle, mais Electrica a su, dès 1891, se lancer sur le marché émergent de l'électricité. Après la deuxième guerre mondiale, Electrica abandonne progressivement l'armement et se concentre sur la construction, la sidérurgie et l'électricité. L'entreprise se réorganise profondément pour

9. Cette étude de cas s'appuie en partie sur des données concernant l'entreprise Schneider Electric et utilise des extraits du site institutionnel de celle-ci, de son rapport d'activité, de son accord européen sur l'anticipation des changements et du baromètre de la CFE-CGC. Les données ont été modifiées dans un souci pédagogique.

diversifier ses débouchés. Depuis 20 ans, Electrica continue son recentrage sur les métiers de l'électricité en se séparant de ses activités non stratégiques. Des acquisitions majeures dans le monde entier dans le domaine de l'électricité et des automatismes sont opérées afin d'accélérer la croissance et de se positionner sur de nouveaux segments de marché. Electrica est aujourd'hui présente dans 130 pays et ne réalise plus que 45 % de son chiffre d'affaires en Europe.

Document 1 : Résultats financiers (en millions d'euros)

	N - 2	N - 1	N	N + 1	N + 2
Chiffre d'affaires	8 780	10 349	11 679	13 730	17 309
Résultat d'exploitation	1 007	1 286	1 565	2 001	2 562

En matière de Gestion des Ressources Humaines, la politique d'Electrica s'inscrit dans une logique de développement durable. Notion-clé du développement durable, la responsabilité. Celle-ci est au cœur de la culture et de la stratégie d'Electrica. L'entreprise crée des richesses pour ses clients, ses actionnaires, ses collaborateurs et la société civile. La vie du territoire et celle de l'entreprise sont liées. En France, l'entreprise s'affiche comme un acteur engagé en faveur de l'accroissement de la diversité, de l'insertion, de la formation et de la dynamisation économique de ses bassins d'emploi. Dans le cadre de la démarche de rééquilibrage géographique impliquant un redéploiement des ressources, certains pays comme la Chine et l'Inde ont vu leurs effectifs sensiblement augmenter. Parallèlement, en Europe de l'Ouest ou aux États-Unis, le Groupe a mis en place des plans d'adaptation pour redimensionner l'outil industriel et logistique. Dans certains cas, des plans de réduction des effectifs ont eu lieu. Dans ce cadre, le Groupe s'est engagé dans des logiques volontaires d'accompagnement social allant au-delà des obligations légales locales. La réorganisation industrielle va se poursuivre dans les années à venir, notamment en France où certains sites seront regroupés.

Voici quelques chiffres relatifs à l'emploi chez Electrica :

- *l'effectif moyen est passé de 98 670 en N à 119 340 en N + 1 ;*
- *la part de l'Europe dans les effectifs est en baisse (41 % en N + 2 contre 49 % en N). En N + 2, la France ne représente plus que 18 % des effectifs alors que la zone Asie/Pacifique compte pour 26 %, la zone Amérique du Nord pour 26 % et le reste du monde pour 7 % ;*
- *la moyenne d'âge des effectifs est de 36 ans environ et plus de 30 % des effectifs ont plus de 45 ans (10 % des effectifs ont plus de 55 ans) ;*
- *l'ancienneté moyenne est de 6 ans environ.*

Document 2 : Effectifs (données pour la France)

		N	***N + 1***	***N + 2***
Effectif ponctuel		*20 538*	*20 364*	***20 150***
Part des CDI		*95,4 %*	*94,4 %*	***95 %***
Répartition des effectifs	***Ouvriers***	*35,6 %*	*34,4 %*	***32,6 %***
	ATAM[8]	*34,7 %*	*34,2 %*	***33,7 %***
	Ingénieurs et cadres	*26,5 %*	*27,5 %*	***29,7 %***
	Contrats d'alternance	*3,2 %*	*3,9 %*	***4 %***
Entrées/Sorties	***Nombre d'entrées***	*1 645*	*1 624*	***1 811***
	Nombre de sorties	*2 283*	*1 611*	***1 787***

En N + 2, en France, la politique de formation présente les caractéristiques suivantes :

- *chaque salarié a bénéficié en moyenne de 23,4 heures de formation ;*
- *63 % des salariés ont bénéficié d'au moins une formation ;*
- *les ouvriers ont reçu 29 % des formations, les ATAM 38 % et les ingénieurs et cadres 33 %.*

Chez Electrica, la CFE-CGC réalise, en France, un baromètre social annuel. Les principaux résultats de cette enquête, menée début N + 3, auprès de cadres français montrent que de nombreux indicateurs se sont détériorés ces dernières années :

- *l'optimisme des salariés baisse avec une forte préoccupation sur l'avenir d'Electrica en France (moins de 50 % se disent confiants) ;*
- *un manque d'informations sur la stratégie d'Electrica est avéré en France (moins de 50 % se disent bien informés de la stratégie de l'entreprise, la part des salariés bien informés des résultats de l'entreprise a baissé et est aujourd'hui de 81 %) ;*
- *une dégradation notable de la satisfaction vis-à-vis des rémunérations (45 % de satisfaits), des possibilités d'évolution dans l'entreprise (55 % de satisfaits en N + 3, contre 60 % en N + 2) et vis-à-vis de la sécurité de l'emploi (69 % de satisfaits en N + 3, contre 83 % en N + 2) est manifeste ;*
- *près de 85 % des répondants ont eu un entretien individuel avec la hiérarchie cette année, mais l'entretien n'a répondu à leurs attentes que dans 66 % des cas ;*
- *le « malaise » des salariés dont l'ancienneté est supérieure à 15 ans est toujours présent ;*
- *le climat social est jugé « plutôt mauvais » ou « très mauvais » par 43,3 % des répondants.*

■ *Quels sont les enjeux de la politique de GPEC pour cette entreprise en France ?*

■ *Quels sont, d'après vous, les principaux axes de GPEC à développer ?*

10. ATAM : Administratifs, Techniciens et Agents de Maîtrise.

CORRIGÉ

1 – Enjeux de la GPEC

Electrica est un grand groupe d'envergure internationale (présence dans 130 pays). L'entreprise poursuit une stratégie de croissance externe très dynamique. Celle-ci lui a permis d'augmenter rapidement son chiffre d'affaires (+ 97 % entre N - 2 et N + 2), de se positionner sur de nouveaux marchés (stratégie d'internationalisation) et sur des domaines d'activité stratégiques. Ce positionnement implique un recentrage sur l'électricité et les automatismes. Le Groupe a conservé une bonne situation financière. Il multiplie par 2,5 son résultat d'exploitation sur la période N - 2 à N + 2.

Sur la même période, les effectifs ont augmenté de près de 21 %, notamment dans les pays émergents afin de profiter de leur croissance importante. Par conséquent, la place de l'Europe, et plus spécifiquement de la France, se réduit. L'Europe représente moins de la moitié du chiffre d'affaires (45 %) et des effectifs (41 %). Quant à la France, ses effectifs ne pèsent plus que 18 % dans ceux du Groupe et sa position continue à s'éroder lentement chaque année (entre N et N + 2, les effectifs français ont baissé d'environ 2 %). La part de la France va continuer à diminuer. L'entreprise, en effet, affiche nettement sa volonté de se développer à l'international et de poursuivre sa politique de réorganisation et de rationalisation de son appareil productif, en France et aux États-Unis notamment. La France connaîtra de nouvelles fermetures de sites prochainement.

Ainsi, le contexte de la GPEC renvoie à une entreprise dont la situation financière est saine, mais qui connaît des mutations très importantes (évolution de l'activité, stratégie de développement à l'international et politique de rationalisation de l'appareil productif). Sachant que ***le premier enjeu de la GPEC est économique***, la politique de GPEC doit accompagner les évolutions stratégiques.

Le deuxième enjeu de la GPEC est social. Ceci est d'autant plus vrai que l'entreprise s'affirme comme un acteur du développement durable. Bien traiter la dimension sociale engage sa réputation. La politique de GPEC doit permettre de mieux répondre aux attentes des salariés et de les rassurer sur leur avenir. En effet, de nombreux indicateurs montrent que la situation sociale est tendue, notamment chez les salariés les plus âgés (malaise des salariés ayant plus de 15 ans d'ancienneté). Le baromètre social ne porte, par ailleurs, que sur des cadres, et les résultats seraient certainement encore plus mauvais auprès des ouvriers. Ainsi, les salariés ont des attentes fortes en matière d'évolution et de pérennité de l'emploi (seuls 69 % des cadres interrogés sont satisfaits de la sécurité de l'emploi) et s'inquiètent de la situation de leur entreprise en France (ils se disent mal informés de la stratégie pour la moitié d'entre eux). Le climat social est dégradé. La GPEC doit donc permettre d'améliorer la vision des salariés de leur avenir dans l'entreprise. Elle doit accompagner l'évolution de l'emploi et des métiers dans l'entreprise, donner aux salariés la possibilité d'améliorer leur employabilité et favoriser la mobilité, notamment géographique en fonction des regroupements de sites. Le dialogue avec les organisations syndicales sera ici central pour améliorer le climat social.

Enfin, ***le dernier enjeu concerne la sécurité juridique***. Du fait de sa taille, Electrica est concernée par l'obligation triennale de négocier qui s'impose aux entreprises de plus de 300 salariés en France.

Il en va de la sécurité juridique de l'entreprise car la jurisprudence a établi l'obligation, pour les entreprises, de mettre en œuvre une GPEC avant d'effectuer des plans de sauvegarde de l'emploi (ou plans sociaux), ce qu'Electricia compte faire. Electrica souhaite, effectivement, poursuivre en France la fermeture de sites et recourir à des plans de réduction d'effectifs. La nouvelle loi pourrait l'amener à chercher un repreneur pour certains sites.

2 – Axes de GPEC à développer

La politique de GPEC poursuit le double objectif de préserver et d'améliorer la compétitivité de l'entreprise et de sécuriser les parcours professionnels des salariés. La GPEC doit permettre d'anticiper les changements pour développer les parcours professionnels des salariés, en accord avec les principes de responsabilité sociale adoptés par Electrica.

Trois axes principaux sont à développer :

- ***l'axe 1 concerne l'information***. Le Comité Européen doit être informé en premier lieu de la stratégie de développement d'Electrica. Les informations doivent porter sur la conduite du changement et sur ses impacts sur la situation des salariés. Les informations requises incluent la présentation des évolutions des marchés de l'entreprise, des évolutions technologiques, des évolutions de périmètre, les tendances de l'emploi et enfin la présentation des projets de développement. Ces informations générales doivent ensuite être déclinées au niveau local ;
- ***l'axe 2 concerne l'anticipation des besoins en compétences et le développement de la formation***. À partir de l'anticipation des changements, les besoins en compétences doivent être déterminés. Pour ce faire, il convient de s'appuyer sur deux outils : les plans de compétences qui s'appuient sur le référentiel métiers d'Electrica et les entretiens de compétences réalisés auprès des salariés tous les deux ans pour prévoir des actions de développement de leurs compétences. Le plan de développement des compétences est ensuite à articuler avec la GPEC. Ceci vise à maintenir l'employabilité des salariés par le développement de leurs compétences. La formation doit être ouverte à toutes les catégories professionnelles. Elle doit notamment permettre la validation des compétences ;
- ***l'axe 3 concerne les mutations***. La GPEC doit être un outil permettant de limiter les conséquences négatives des mutations sur l'emploi. La GPEC devra donc notamment permettre d'étudier les reclassements en interne (accompagnement de la mobilité géographique par exemple), de favoriser le développement de nouvelles activités internes, d'étudier les reclassements externes, de veiller à la réactivation du bassin de l'emploi. En dernier ressort, elle assurera aux salariés concernés des indemnisations au-delà des obligations légales.

EXERCICE 27 La gestion des seniors

« Avec la crise liée au Covid-19, les vagues de départs touchant les plus de 50 ans se multiplient. En 2020, cette catégorie d'âge représentait les deux tiers du volume des ruptures de contrat enregistrées par Pôle emploi dans le cadre de plans sociaux (...) Après un an de Covid-19, Pôle Emploi confirme la tendance. Depuis le 1er mars 2020, les plus de 50 ans inscrits au chômage (en catégories A, B et C) sont 50 100 de plus. Dans le même temps, quelque 70 000 postes étaient supprimés dans le cadre des PSE ». Parallèlement, les départs en retraite et préretraite sont légion. À titre d'exemples, « chez Airbus, 60 % des départs volontaires seraient des départs en retraite ou préretraite. Michelin, qui envisage 2 300 suppressions de postes d'ici à 2023, prévoit un plan de départs volontaires « comprenant en priorité des mesures de préretraite ». Pour l'économiste Annie Jolivet, chercheuse au Centre d'Études de l'emploi et du travail, CEET, « A court terme, ces départs anticipés pourraient ne pas coûter grand-chose à la société. Les plans ne sont pas ouverts à tous. Les entreprises jouent sur les départs volontaires et se calent sur l'âge de la retraite à taux plein. Elles ciblent les seniors à maximum trente mois de la retraite (...) En revanche, pour les seniors qui sortent de l'entreprise, la menace économique est bien là. Car, comme dans les années 1980, ils ne retrouvent pas d'emploi, ou très peu. Ce qui pourrait bien créer une nouvelle catégorie de déclassés (...). L'inquiétude est surtout pour ceux qui seront licenciés puisqu'ils sont, au mieux, indemnisés trente-six mois ». Cette inquiétude touche les cadres. « Un cadre en fin de carrière sur quatre se sent menacé par un licenciement. Ils sont directement concernés par les préretraites dans les entreprises qui veulent réduire l'effectif administratif et les fonctions supports, en s'appuyant notamment sur la transformation numérique de l'organisation (...) Mais faire partir les seniors au motif que la transformation numérique va faire la jonction expose les entreprises à des risques importants, notamment sur la qualité des services clients. (...) Les départs de seniors provoquent à la fois désorganisation, perte de compétences et surcharge de travail » .

11. Cet énoncé s'appuie sur l'article suivant : « Les entreprises qui se séparent de leurs seniors, une spécificité française », *Le Monde*, 21 mars 2021.

La situation des seniors en entreprise n'est globalement pas favorable en France. Aussi, vous devrez :

- *Définir ce qu'est un senior.*
- *Décrire les idées reçues généralement associées aux seniors en entreprise.*
- *Trouver des éléments chiffrés sur leur situation professionnelle.*

Corrigé

1 – La définition d'un senior

« Senior » signifie étymologiquement « plus âgé ». Aujourd'hui, c'est une forme « noble » ou un euphémisme pour signifier « personne âgée », à la retraite ou encore en deuxième partie de carrière.

Dans le monde du travail, on constate un amer paradoxe. On devient senior de plus en plus tôt alors que l'âge de départ à la retraite est repoussé. On est jugé senior à 55, 50, 45 voire 40 ans.

Il n'existe pas de définition juridique de ce qu'est un senior en entreprise même si l'accord national interprofessionnel du 13 octobre 2005 fixe comme limite d'âge 45 ans. En fonction des contextes, l'âge associé à ce qu'est un senior est donc amené à varier :

– en matière d'emploi, les administrations parlent plutôt de salariés (ou de chômeurs) de 50 ans et plus ;

– en matière d'expérience, on est senior dans son métier à partir d'un nombre d'années d'expérience variant entre 5 et 20 ans. Par exemple, un jeune embauché à l'âge de 23 ans en tant que community manager et exerçant cette fonction pendant 5 ans peut être considéré comme un community manager senior à 29 ans ;

– en matière de formation professionnelle, la notion de senior correspond généralement aux actifs de 45 ans et plus. L'entretien de seconde partie de carrière est aussi généralement réservé à cette population.

2 – Les idées reçues sur les seniors en entreprise

L'image dominante des seniors en entreprises est assez péjorative. Les seniors, en particulier les individus de plus de 50 ans, sont, en effet, considérés comme plus affectés par la pénibilité physique ou mentale du travail que leurs cadets. Cette conception est d'ailleurs largement fondée sur un plan scientifique.

Si la résistance physique des seniors diminue, leur résistance au changement, en revanche, augmenterait. Il est, en effet, généralement reproché aux seniors un manque d'adaptabilité et de créativité. À ceci s'ajoute un intérêt dit moindre pour le développement de leur carrière.

Autre grief de taille envers les seniors : leur surcoût (avéré ou supposé). L'hypothèse la plus fréquemment admise est effectivement que la productivité stagne, voire diminue, à partir de 50 ans alors que la rémunération est en partie liée à l'ancienneté. Les salariés âgés, à forte ancienneté, seraient alors « surpayés ». Les seniors peuvent également être perçus comme difficiles à intégrer dans des équipes plus jeunes du fait de différences culturelles et générationnelles.

Enfin, ils peuvent être considérés comme difficiles à manager, a fortiori par une personne plus jeune, moins expérimentée et potentiellement moins lucide face à l'entreprise et aux modes managériales.

Cette image négative est toutefois quelque peu tempérée par des représentations plus positives. Les seniors sont, en effet, considérés comme plus impliqués, plus consciencieux, plus fiables, plus patients, plus prudents et plus responsables dans leurs attitudes au travail que les salariés plus jeunes. Ils pourraient être vecteur de sens pour ces derniers. De plus, on juge, dans la plupart des cas que la transmission de leur expérience, de leur savoir et savoir-faire aux plus jeunes peut être utile à l'entreprise. Il en va évidemment différemment pour les situations organisationnelles inhabituelles ou à créer qui sont associées aux technologies disruptives.

3 – Situation chiffrée

Voici quelques indicateurs de la situation professionnelle des seniors en France :

Principaux indicateurs sur l'activité des seniors en France en 2019[12]

	50-54 ans	55-59 ans	60-64 ans	65-69 ans	55-64 ans
Population totale (en milliers) (1)	4 414	4 309	4 055	3 872	8 364
Taux d'activité (1)	85,9	77,1	35,4	7,8	56,9
Taux d'emploi (1)	80,7	72,2	32,7	7,5	53
Proportion des seniors qui cumulent leur emploi avec une retraite parmi les seniors en emploi	-	1,7	12,2	53,5	4,8
Part de chômage (1)	5,2	4,9	2,7	0,3	3,9
Taux de chômage (1)	6,0	6,4	7,7	3,3	6,8
Part du halo autour du chômage (1)	3,4	3,3	1,9	1,2	2,6

12. « Tableau de bord senior », *DARES*, juin 2019.

(1) Les données sont en moyenne annuelle. La source utilisée est l'enquête Emploi de l'Insee. L'âge retenu est l'âge atteint au moment de l'enquête (plus précisément l'âge au dernier jour de la semaine de référence). Pour en savoir plus (sur des données 2018) : https://dares.travail-emploi.gouv.fr/IMG/pdf/dares_resultats_emploi_chomage_seniors_2018.pdf

Définitions :

- **Taux de chômage** : chômeurs au sens du BIT rapportés à la population active de la tranche d'âge considérée (âge à la date de l'enquête)
- **Part de chômage** : chômeurs au sens du BIT rapportés à la population de la tranche d'âge considérée (âge à la date de l'enquête)
- **Taux d'activité** : actifs au sens du BIT à la population de la tranche d'âge considérée (âge à la date de l'enquête)
- **Taux d'emploi** : actifs occupés au sens du BIT rapportés à la population de la tranche d'âge considérée (âge à la date de l'enquête)
- **Taux d'emploi « sous-jacent »** : moyenne arithmétique simple des taux par âge détaillé. Il n'est donc pas pondéré par la taille des différentes cohortes et permet de neutraliser les effets de composition démographique.
- **Halo autour du chômage** : personnes qui n'ont pas d'emploi, qui souhaitent travailler, mais qui ne sont pas considérées comme au chômage selon les normes du BIT, car elles ne sont pas disponibles pour travailler dans les deux semaines ou (et) n'ont pas effectué de démarches actives de recherche d'emploi dans le mois précédent.

En 2019, le taux d'emploi des 55-64 ans en France (53 %) demeure inférieur à celui de l'UE à 28 pays (60 %).

En matière de durée du travail, le recours au temps partiel s'accroît avec l'âge. 22,2 % des salariés de plus de 55 ans travaillent à temps partiel. Le temps partiel dépasse 29 % chez les 60-64 ans et atteint 51 % chez les 65-69 ans. Ce recours au temps partiel est fréquemment dû à des raisons personnelles et domestiques et à des problèmes de santé[13].

En matière de formation professionnelle, l'accès décline avec l'âge. À caractéristiques similaires d'emploi, les plus de 50 ans se forment moins que leurs cadets, leur taux d'accès fléchissant clairement après 55 ans. Selon le sondage réalisé par l'Ifop pour le club Landoy, parmi les sondés, « seuls 14 % disent avoir suivi une formation hors CPF et seul un sondé sur dix a mobilisé son CPF entre 45 et 62 ans. (…) Pour Jean-Paul Domergue, administrateur à l'association *Solidarités nouvelles face au chômage*, l'absence de formation personnelle pour les plus âgés résulte d'une forme de « *discrimination* » : « *À partir de 50 ans, on commence à leur faire comprendre qu'ils sont en fin de parcours. On leur propose moins de se former et eux-mêmes n'en ont pas très envie…* »[14]

13. « Le travail à temps partiel recouvre d'importantes inégalités », *Les Echos*, 11/08/2020.

14. « Les seniors, ces oubliés de la formation professionnelle », *La Croix*, 18/09/2020.

THÈME 7

La rémunération

EXERCICE 28 Questions à choix multiple

1 – *Les fonds versés sur un PEE (Plan d'Epargne Entreprise) peuvent provenir (plusieurs réponses possibles) :*

❒ a. des versements volontaires du salarié
❒ b. de l'abondement de l'entreprise
❒ c. de la participation financière aux résultats de l'entreprise
❒ d. de l'intéressement
❒ e. du PERECO
❒ f. des plans d'options sur actions détenus par le salarié
❒ g. des actions gratuites détenues par le salarié

2 – *La variété des primes permet d'atteindre différents objectifs. Associer l'objectif à la prime correspondante :*

❒ a. récompenser la productivité d'une équipe
❒ b. compenser des conditions de travail difficiles
❒ c. participer à un heureux événement dans la vie du salarié
❒ d. verser un double mois de salaire en fin d'année
❒ e. récompenser la fidélité à l'entreprise
❒ f. encourager le présentéisme

❒ 1. prime d'ancienneté
❒ 2. prime d'assiduité
❒ 3. prime de rendement
❒ 4. prime de naissance
❒ 5. treizième mois
❒ 6. prime de sujétion

3 – *L'entreprise Pythagore, spécialisée dans la production d'outils de mesure, compte 65 salariés. En N, elle a dégagé un bénéfice fiscal imposable de 1 000 000 €. D'après les documents comptables et sociaux pour ce même exercice, les capitaux propres s'élèvent à 1 200 000 €, les salaires bruts versés à 2 000 000 € et la valeur ajoutée à 5 000 000 €. Quel sera le montant de la réserve spéciale de participation (RSP) correspondant à cet exercice (une seule réponse possible) ?*

- ❒ a. 0 € car l'entreprise n'est pas concernée par ce mécanisme
- ❒ b. 121 333,33 €
- ❒ c. 188 000 €
- ❒ d. 234 567,89 €
- ❒ e. 752 000 €

4 – *Les avantages en nature sont (plusieurs réponses possibles) ?*

- ❒ a. mentionnés sur le bulletin de paie
- ❒ b. soumis à cotisations sociales
- ❒ c. inclus dans le salaire net imposable
- ❒ d. inclus dans le salaire net à payer
- ❒ e. pris en compte pour vérifier que le salaire minimum est atteint

5 – *En cas d'augmentation de capital de leur entreprise, les salariés peuvent (une ou plusieurs réponses possibles) :*

- ❒ a. bénéficier de stock-options
- ❒ b. profiter du mécanisme des actions gratuites
- ❒ c. se voir proposer un plan d'actionnariat salarié (PAS)
- ❒ d. débloquer leur PERECO de manière anticipée

CORRIGÉ

1 – Bonnes réponses : ❐ a ❐ b ❐ c ❐ d ❐ g

Les fonds d'un PEE peuvent provenir :

- des fonds issus d'autres dispositifs d'épargne salariale comme l'intéressement (au maximum la moitié du plafond annuel de la Sécurité sociale) et la participation (au maximum les trois quarts du plafond annuel de la Sécurité sociale) ;
- des salariés eux-mêmes lorsqu'ils décident de faire des versements volontaires (au maximum un quart de la rémunération annuelle brute) ;
- de l'abondement, des versements complémentaires éventuels de l'entreprise (au maximum 8 % du plafond annuel de la Sécurité sociale et trois fois le montant annuel versé par le salarié) ;
- des actions gratuites à l'issue de la période d'acquisition dans la limite de 7,5 % du plafond annuel de la Sécurité sociale, sous réserve d'une attribution à l'ensemble des salariés de l'entreprise.

2 – Bonnes réponses :

a – 3 ; b – 6 ; c – 4 ; d – 5 ; e – 1 ; f – 2

3 – Bonne réponse : ❐ b

La formule légale pour le calcul de la RSP est la suivante :

RSP = ½ x [B – (C x 5 %)] x [S/VA]

Avec B = bénéfice fiscal net, C = capitaux propres, S = totalité des salaires bruts et VA = valeur ajoutée.

L'entreprise Pythagore compte plus de 50 salariés elle est donc soumise au mécanisme de la participation aux résultats.

Pour calculer le montant de la RSP, il faut d'abord déterminer le bénéfice fiscal net hors impôt sur les sociétés : 1 000 000 – (1 000 000 x 33,1/3 %) = 666 666, 67 €

Le montant de la RSP va s'élever à :

RSP = ½ x [B – (C x 5 %)] x [S/VA]

RSP = ½ x [(666 666,67 – (1 200 000 x 5 %)] x (2 000 000/5 000 000)

RSP = 121 333,33 €

Cette somme est déductible de l'assiette de l'impôt sur les sociétés pour l'exercice où elle est versée aux salariés.

4 – Bonnes réponses : ❐ a ❐ b ❐ c ❐ e

Les avantages en nature sont constitués par la fourniture par l'employeur à ses salariés d'un bien ou service. La mise à disposition peut être gratuite ou moyennant une participation du salarié inférieure à leur valeur réelle. Les avantages en nature permettent aux salariés de faire l'économie de frais qu'ils auraient dû normalement supporter.

Les avantages en nature doivent figurer sur le bulletin de paie. Ils sont mentionnés au niveau du salaire brut pour être soumis à cotisations. Après détermination du salaire net imposable, ils sont déduits du salaire net à verser au salarié.

Les avantages en nature sont pris en compte pour vérifier que le salaire minimum est atteint.

5 – Bonne réponse : ❐ c

Lors d'une augmentation de capital, l'entreprise doit proposer à ses salariés des actions à des conditions financièrement et fiscalement avantageuses dans le cadre d'un plan d'actionnariat salarié (PAS).

Exercice 29 Les contraintes de la politique de rémunération

Voici un extrait d'un article du quotidien « Le Figaro » :

Les singes capucins prêts à la grève contre les inégalités de salaire

Que fait un singe capucin s'il finit par remarquer qu'il est moins bien rétribué que son voisin pour un même travail ? Il cesse toute collaboration et entame une grève sur le tas, indique une étude faite sous la houlette du célèbre primatologue Frans de Waal. Elle démontre que les capucins ont une « aversion pour l'iniquité » *et sont sensibles à la récompense qu'ils reçoivent, non seulement par rapport à l'effort fourni, mais aussi par rapport aux autres. Dans le test, ils finissent par se mettre en colère lorsqu'en échange d'un jeton, ils ne reçoivent qu'une tranche de concombre au lieu d'un grain de raisin, comme leur voisin. Ils vont même jusqu'à jeter en l'air le jeton et la nourriture, qu'ils auraient acceptés sans élément de comparaison.*

En 2003, Sarah Brosnan et Frans de Waal de l'Université Emory à Atlanta (États-Unis), avaient déjà annoncé cette aversion chez les capucins, mais on pouvait encore l'attribuer à leur frustration de ne pas obtenir, pour le même effort, des raisins restés à portée de leur vue, ou à une forme de revendication pour cette récompense plus prisée qu'ils ont pu avoir l'occasion de consommer par le passé. Bref, à quoi bon travailler pour des concombres quand on peut avoir du raisin ?

« Nous avons pu rejeter cet argument, précise Frans de Waal, parce que lorsque les deux singes recevaient tous deux un morceau de ce légume, alors que nous leur montrions du raisin à l'extérieur de l'enclos, ils réagissaient encore de la même manière que dans les tests équitables. Ce qui signifie que leur réaction négative à l'iniquité n'est pas tant due à la présence ou à l'attente d'une meilleure récompense qu'au fait que l'autre fait une meilleure affaire ». *L'aversion à l'iniquité était aussi proportionnelle au travail fourni : les singes s'attendaient aussi à gagner plus en travaillant plus, et réagissaient d'autant plus que leur propre récompense leur paraissait dérisoire.*

Source : Le Figaro (15 novembre 2007)

- *Rappelez les contraintes de la politique de rémunération des entreprises.*
- *En transposant l'étude dans le monde de l'entreprise, expliquez à quelle contrainte de la politique de rémunération fait référence l'article précédent.*

CORRIGÉ

1 – Les contraintes de la politique de rémunération

La politique de rémunération dépend de trois contraintes principales, comme le montre le schéma suivant :

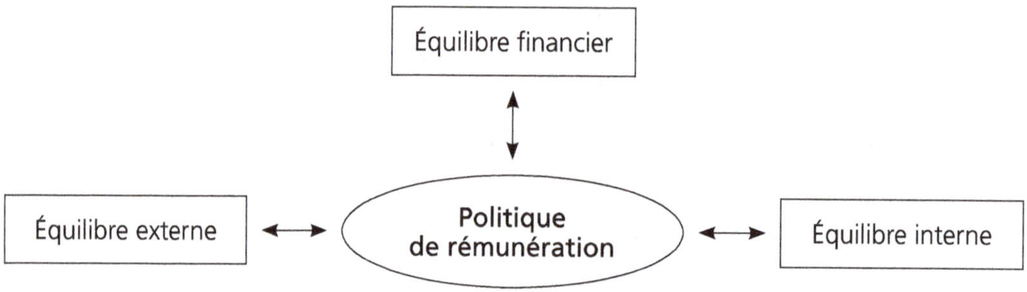

Une entreprise ne peut fonctionner durablement dans une situation de déséquilibre d'une des composantes de son système de rémunération.

La première contrainte concerne ***l'équilibre financier***. Le versement des rémunérations représente aujourd'hui en moyenne 60 % de la valeur ajoutée des entreprises françaises. À ce titre, il constitue généralement le poste le plus important des engagements financiers des entreprises. La fixation des rémunérations et leur évolution sont au centre des conflits de répartition de la richesse créée qui peuvent opposer les apporteurs de différents facteurs de production (apporteurs de capitaux et salariés, en particulier). La politique de rémunération influence donc de manière décisive l'équilibre financier de l'entreprise.

La seconde contrainte concerne ***l'équilibre externe***. Différents facteurs externes influencent la politique de rémunération :

- *la concurrence sur le marché du travail* : afin d'attirer et de retenir les salariés dans l'entreprise, la politique de rémunération doit être proche des pratiques du marché du travail et, en particulier, des pratiques du secteur d'activité de l'entreprise. Par l'alignement sur les pratiques du marché, l'entreprise limite les risques de départ des salariés, conséquence d'un sentiment d'iniquité externe ;
- *la concurrence sur le marché des produits* : les coûts salariaux influencent directement le prix des produits ou services vendus par l'entreprise, donc leur compétitivité ;
- *le cadre légal et fiscal* : le cadre fiscal peut favoriser ou, au contraire, limiter l'usage de certains éléments de rémunération par les entreprises (existence d'exonérations fiscales, niveau des charges sociales...). Des obligations légales s'imposent également aux entre-

prises comme le respect d'un salaire minimum ou l'interdiction de toute discrimination dans le cadre français ;

- *les cultures nationales* : la place accordée à l'argent ainsi que le cadre institutionnel (lois, conventions, idéologies…) sont des facteurs de la culture nationale qui influencent la définition de la politique de rémunération d'une entreprise ;
- *le marché financier* : les apporteurs de capitaux peuvent influencer les choix en matière de rémunération. Pour les entreprises cotées en bourse, plus particulièrement, il s'agit de signaler que l'entreprise agit dans un sens favorable à l'actionnaire et la rémunération des dirigeants est particulièrement surveillée (gouvernement d'entreprise).

Enfin, la dernière contrainte concerne ***l'équilibre interne*** de l'entreprise. Elle renvoie principalement aux facteurs suivants :

- *la culture d'entreprise* : le système de rémunération, avec ses règles et ses normes, est un mode de reconnaissance qui contribue à forger la culture par les comportements qu'il encourage ;
- *l'organisation du travail* : la répartition des activités et la structure des effectifs peuvent influencer les modes de rémunération ;
- *la motivation* : les rémunérations influencent les comportements et les attitudes au travail des salariés et incitent ou non à l'effort ;
- *l'équité* : les rémunérations influencent le sentiment d'équité ou d'iniquité des individus ;
- *la justice organisationnelle* : la question de la justice perçue en matière de rémunération est une condition nécessaire à l'adhésion aux valeurs collectives et à l'implication organisationnelle ;
- *le développement des compétences* : l'acquisition de nouvelles compétences représente un effort pour l'individu et la politique de rémunération permet de reconnaître cet effort.

2 – Rémunération et équilibre interne

L'article extrait du quotidien *Le Figaro* fait un lien entre les comportements au travail et la rémunération perçue. Il illustre certains principes des théories de la motivation et de l'équité. Il permet donc de mettre en avant la contrainte relative à l'équilibre interne dans les choix opérés en matière de rémunération.

La plupart des ***théories de la motivation*** établissent un lien entre rémunération et motivation. C'est le cas, par exemple, de la théorie des attentes de Vroom (1964) (dite théorie VIE pour Valence – Instrumentalité – Expectation) qui tente d'expliquer le niveau d'effort au travail des individus, c'est-à-dire leur motivation. Celle-ci met en avant trois déterminants de la motivation :

- le premier se rapporte au *niveau d'attente ou d'expectation* (E) : celui-ci correspond à la perception que l'individu a de ses performances en fonction du niveau d'effort qu'il a fourni ;

– le deuxième renvoie à *l'instrumentalité* (I) : c'est la perception de la récompense attendue par l'individu en fonction de la performance qu'il a réalisée ;
– le troisième est *la valence* (V), c'est-à-dire la valeur effective, pour l'individu, de la récompense de sa performance.

La motivation (M) serait le produit de ces trois perceptions et s'écrirait sous la forme d'un modèle multiplicatif tel que : M = VIE. Ainsi, cette théorie souligne que la motivation résulte de la perception que l'individu a de sa situation de travail. Elle met aussi en exergue que sa motivation est d'autant plus élevée qu'il a le sentiment d'être capable, d'une part, de réaliser la performance voulue, et, d'autre part, qu'il en retirera effectivement une récompense importante à ses yeux. Dans le cas des singes, ceux-ci établissent bien un lien entre la récompense perçue et l'effort fourni. Ainsi, « *les singes s'attendaient aussi à gagner plus en travaillant plus, et réagissaient d'autant plus que leur propre récompense leur paraissait dérisoire* ».

L'article susmentionné illustre également certains principes des ***théories de l'équité***. La première approche de ces théories est la théorie de l'équité développée par Adams (1963). L'idée principale est que les individus mettent en relation ce qu'ils apportent à une organisation (c'est-à-dire leurs *inputs* ou contributions : du temps, de l'énergie...) avec ce qu'ils en retirent comme avantages (c'est-à-dire leurs rétributions ou *outputs*, à savoir : argent, reconnaissance, statut social, possibilités de promotions). Ils vont ensuite comparer leur ratio rétribution/contribution à celui d'un autre individu pour se situer : ils évaluent leur niveau de reconnaissance en cherchant des repères, en se comparant. La comparaison des ratios est dite interne si l'individu référent appartient à la même entreprise (*notion d'équité interne*). Elle est externe si l'individu référent appartient à une autre entreprise (*notion d'équité externe*). Il peut résulter de cette comparaison trois situations différentes. L'individu juge sa situation équitable s'il n'y a pas de divergence entre les deux ratios comparés. Si ce n'est pas le cas, l'individu risque d'avoir le sentiment d'être en situation de « sous équité » ou de « sur équité ». Ces deux dernières situations engendrent un sentiment d'iniquité chez l'individu. Ce dernier cherche généralement alors à le combattre en jouant sur sa contribution et/ou sa rétribution.

Ratio Rétribution/Contribution	Perception de A (B référent)
$\frac{\text{Rétribution A}}{\text{Contribution A}} < \frac{\text{Rétribution B}}{\text{Contribution B}}$	Situation inéquitable : l'individu est sous-payé. Il va rechercher un autre équilibre avec plus de rétribution ou moins de contribution.
$\frac{\text{Rétribution A}}{\text{Contribution A}} = \frac{\text{Rétribution B}}{\text{Contribution B}}$	Situation équitable
$\frac{\text{Rétribution A}}{\text{Contribution A}} > \frac{\text{Rétribution B}}{\text{Contribution B}}$	Situation inéquitable : l'individu est sur-payé. Cette situation peut être motivante et pousser l'individu à accroître sa contribution.

Cette théorie met l'accent sur le rôle de *la comparaison sociale* dans la motivation. L'importance de celle-ci est également soulignée par l'article sur les singes capucins. Ses auteurs mentionnent, effectivement, que « *les singes sont sensibles à la récompense qu'ils reçoivent non seulement par rapport à l'effort fourni, mais aussi par rapport aux autres. Dans le test, ils finissent par se mettre en colère lorsqu'en échange d'un jeton, ils ne reçoivent qu'une tranche de concombre au lieu d'un grain de raisin comme leur voisin* » et « *qu'ils auraient accepté sans élément de comparaison* ». Les singes calculeraient donc un ratio rétribution/contribution et, en constatant que pour un même travail (rapporter les jetons), ils n'obtiennent pas la même rétribution (du concombre au lieu du raisin tant prisé), ils cessent de collaborer. Les auteurs prouvent que la réaction négative des singes à l'iniquité « *n'est pas tant due à la présence ou à l'attente d'une meilleure récompense qu'au fait que l'autre fait une meilleure affaire* ».

Transposée au monde de l'entreprise, cette étude illustre le rôle de la rémunération dans la motivation, mais aussi l'importance du maintien d'un sentiment d'équité interne.

EXERCICE 30 L'égalité salariale entre les femmes et les hommes

DRH d'une entreprise de 125 salariés, le Comité social et économique (CSE) vous demande quel est l'index d'égalité salariale de l'entreprise. Un des membres du CSE déclare que le résultat ne sera pas bon et qu'il n'y a aucune chance que l'index soit supérieur à 75. Il ajoute que cela va coûter cher à l'entreprise.

- *Quels sont les enjeux de l'index égalité professionnelle ?*
- *Quels sont les indicateurs que l'entreprise doit calculer pour obtenir l'index ?*
- *Pourquoi le membre du CSE évoque-t-il le seuil de 75 ? A-t-il raison d'affirmer qu'un tel résultat aboutirait à un coût pour l'entreprise ?*

CORRIGÉ

1 – Les enjeux de l'index

La loi du 22 décembre 1972 a établi le principe de l'égalité de rémunération entre les hommes et les femmes à travail égal. Elle a été suivie de nombreuses lois (loi Roudy en 1983, loi Génisson en 2001 et loi Ameline en 2006). La loi du 4 août 2014 pour l'égalité réelle entre les femmes et les hommes crée notamment une négociation annuelle unique sur les « *objectifs d'égalité professionnelle et salariale entre les femmes et les hommes dans l'entreprise, ainsi que sur les mesures permettant de les atteindre* » au risque de sanctions.

En dépit de cet arsenal juridique, les femmes gagnent en moyenne 16,8 % de moins que les hommes en France en 2017. Quelle que soit la catégorie socioprofessionnelle, il existe un écart de rémunération en défaveur des femmes.

Catégorie socioprofessionnelle	Salaire mensuel net (en euros courants)			Écart de salaires en %
	Femmes	Hommes	Ensemble	
Cadres	3 574	4 392	4 103	- 18,6
Professions intermédiaires	2 145	2 450	2 311	-12,4
Employés	1 628	1 734	1 662	- 6,1
Ouvriers	1 536	1 785	1 742	- 13,9
Ensemble	**2 069**	**2 488**	**2 314**	- 16,8

Champ : France, hors Mayotte - Salaires mensuels nets moyens en équivalent temps plein du secteur privé et entreprises publiques en 2017
Source : Insee, déclarations annuelles de données sociales (DADS) et déclarations sociales nominatives (DSN).

La loi Avenir Professionnel du 5 septembre 2018 prévoit qu'à partir de 50 salariés, une entreprise publie chaque année des indicateurs relatifs aux écarts de rémunération entre les femmes et les hommes – dit index d'égalité salariale –, ainsi que les actions mises en œuvre pour les supprimer. La note globale de l'index de l'égalité femmes-hommes doit figurer sur son site internet et être communiquée, avec le détail des différents indicateurs, au CSE et à l'inspection du travail (DREETS). Cet index vise à établir davantage de transparence afin de remédier aux inégalités salariales entre les femmes et les hommes au sein des entreprises. En introduisant une obligation de publication et de remédiation aux inégalités constatées au risque d'encourir une pénalité financière, il devrait constituer une incitation forte pour que les entreprises respectent effectivement le principe d'égalité salariale.

2 – Les indicateurs composant l'index

L'index de l'égalité salariale est composé de quatre indicateurs pour les entreprises de moins de 250 salariés, à savoir :

1. l'écart de rémunération moyenne entre femmes et hommes par tranche d'âge et par catégorie de postes équivalents ;
2. l'écart des taux d'augmentation individuelle de salaire ;
3. le nombre de salariés du sexe sous-représenté parmi les dix salariés ayant perçu les plus hautes rémunérations ;
4. le pourcentage de salariées ayant bénéficié d'une augmentation de salaire dans l'année suivant leur retour de congé maternité, si des augmentations sont intervenues pendant leur période de congé.

3 – Une obligation de résultats en matière d'égalité salariale

L'index de l'égalité se traduit par une note sur 100 points. En dessous de 75 points, des mesures de correction et, le cas échéant, de rattrapage salarial doivent être mises en œuvre. L'égalité salariale femmes-hommes relève désormais d'une obligation de résultats et plus seulement de moyens. Ceci explique pourquoi le membre du CSE évoque le seuil de 75 et un coût pour l'entreprise, car les mesures de correction pourraient aboutir à une augmentation de la masse salariale. L'autre raison pour laquelle il évoque un coût est l'existence d'une pénalité financière. Passé un délai de trois ans, l'entreprise risque une pénalité financière qui ne pourra excéder 1 % des rémunérations et gains versés aux salariés, en l'absence de mesures de correction. Les entreprises qui ne publient pas leur index s'exposeront aussi à cette pénalité. Le membre du CSE a raison d'évoquer un coût financier si l'index de cette entreprise s'avère inférieur à 75.

EXERCICE 31 L'intéressement

L'accord d'intéressement en cours dans l'entreprise Mille et un tapis *(société de vente de tapis) arrive bientôt à son terme et la négociation d'un nouvel accord est en cours de préparation.*

La Direction de l'entreprise souhaite que cet accord d'intéressement reste dans la continuité de l'accord précédent avec la même volonté de pratiquer un intéressement permettant au personnel de profiter des progrès qu'il a contribué à générer.

L'entreprise Mille et un tapis *est organisée autour de deux grands pôles :*

- *le pôle administratif que constitue le siège de l'entreprise : cette entité administrative est au service de l'ensemble de la société ;*
- *le pôle commercial qui rassemble l'ensemble des magasins : les magasins sont gérés par zones par des directeurs commerciaux régionaux.*

La direction de l'entreprise souhaite intéresser le pôle administratif aux résultats de l'entreprise mais également inciter les salariés à limiter les dépenses liées aux frais généraux (frais de fonctionnement du siège) et les rendre plus attentifs aux demandes du pôle commercial et aux délais de traitement de ces demandes. La direction souhaiterait également favoriser le présentéisme.

Pour le pôle commercial, l'objectif est d'inciter les magasins à faire progresser le résultat, tout en veillant à gérer le risque clients et à résoudre le problème de la recrudescence des accidents du travail.

L'activité de l'entreprise présente un caractère saisonnier avec une progression des ventes pendant l'été (période propice aux travaux d'aménagement et de décoration chez les acheteurs particuliers) et aux moments des fêtes de Noël.

- *En quoi un accord d'intéressement peut-il permettre d'atteindre les objectifs de l'entreprise ?*
- *Comment l'entreprise peut-elle envisager de tenir compte de l'existence de deux pôles distincts ?*
- *Proposez des indicateurs et/ou des modalités de versement qui pourraient figurer dans l'accord d'intéressement et qui permettraient de favoriser l'atteinte des objectifs.*
- *Quel(s) rythme(s) de versement de la prime d'intéressement conseilleriez-vous à l'entreprise ?*

Corrigé

1 – Apports de l'intéressement

L'existence d'un accord d'intéressement peut permettre de répondre aux objectifs de l'entreprise pour plusieurs raisons :

- l'intéressement présente l'avantage de la souplesse dans la mesure où les objectifs à atteindre peuvent être l'objet de critères retenus dans l'accord. Contrairement à la participation dont la formule de calcul est imposée, le calcul de l'intéressement peut être personnalisé. L'intéressement est donc plus souple pour l'entreprise ;
- un accord d'intéressement est signé pour une durée de trois ans ce qui permet d'envisager une évolution des critères retenus pour son calcul en fonction des résultats et des objectifs de l'entreprise ;
- au niveau des critères retenus, l'accord d'intéressement permet de choisir des critères uniquement financiers ou uniquement non financiers, mais également de combiner les différents types de critères ;
- l'intéressement permet de définir des critères proches du quotidien des bénéficiaires et donc plus facilement compréhensibles par les salariés ;
- l'intéressement présente également des avantages sociaux et fiscaux pour l'entreprise comme pour le salarié et se révèle ainsi plus intéressant financièrement qu'une rémunération sous forme de salaire et/ou de primes :
  - pour l'entreprise comme pour le salarié, les primes d'intéressement ne sont pas soumises aux cotisations sociales,
  - pour le salarié, l'intéressement est en revanche soumis à l'impôt sur le revenu dans la mesure où il est immédiatement disponible,
  - pour l'entreprise, les sommes versées au titre de l'intéressement sont déductibles du bénéfice imposable.

2 – Influence de la structure de l'entreprise

L'accord d'intéressement peut prévoir de distinguer les deux pôles. En effet, pour les entreprises à établissements multiples, les modalités de calcul, ainsi que les critères de répartition entre les salariés, peuvent varier selon les établissements. Le texte de l'accord d'entreprise doit préciser l'existence de différences et un accord doit être signé au niveau des établissements.

3 – Choix des indicateurs et des modalités de versement

L'intéressement doit présenter un caractère aléatoire. Il doit résulter d'une formule de calcul, inscrite dans l'accord, liée aux résultats et/ou performances de l'entreprise.

Si l'accord d'intéressement varie selon les établissements, les critères pourront être adaptés en fonction des objectifs de l'entreprise.

a) L'intéressement du pôle administratif

La direction souhaite rendre les salariés du pôle administratif attentifs à quatre objectifs :

– aux résultats de l'entreprise ;

– à la maîtrise des frais généraux du siège ;

– aux attentes du pôle commercial ;

– à l'absentéisme.

Les trois premiers objectifs peuvent être intégrés dans la formule de calcul de l'intéressement. Le quatrième objectif peut être pris en compte dans les modalités de versement de la prime d'intéressement.

Définition des indicateurs pour les trois premiers objectifs

– *Résultats de l'entreprise* : l'accord peut définir un barème faisant correspondre le pourcentage de progression du résultat net de l'entreprise et le montant de la prime d'intéressement associée ;

– *maîtrise des frais généraux du siège* : l'entreprise peut définir un pourcentage de progression maximum des frais de fonctionnement entre N et N+1. Si ce pourcentage est dépassé, l'accord peut prévoir une diminution de la prime ou l'absence de prime ;

– *attentes du pôle commercial* : l'entreprise peut définir un ratio permettant de prendre en compte le taux de réponse du pôle administratif aux demandes du pôle commercial ; l'entreprise peut également choisir de tenir compte des délais de réponse.

Définition des modalités de versement pour l'atteinte du quatrième objectif

Pour favoriser *le présentéisme*, il est possible de jouer sur les modalités de versement en tenant compte du temps de travail effectif dans le calcul de la prime. Celle-ci serait réduite en cas d'absence avec application d'un coefficient de minoration. L'accord peut préciser que certaines périodes d'absence peuvent être considérées comme du temps de travail effectif : heures de formation, congés, congés payés, congés maternité/paternité/adoption, arrêt de travail pour maladie professionnelle et accident du travail…

b) L'intéressement du pôle commercial

La Direction souhaite rendre les salariés du pôle commercial attentifs à trois objectifs :

- aux résultats du magasin ;
- à la maîtrise du risque clients ;
- aux accidents du travail.

Ces trois objectifs peuvent être intégrés dans la formule de calcul de l'intéressement.

Définition des indicateurs pour les magasins

- *Résultats* : l'accord peut définir un barème faisant correspondre un pourcentage de progression du chiffre d'affaires (ou résultat net) du magasin et un montant pour la prime d'intéressement exprimé en pourcentage du chiffre d'affaires (ou résultat net). L'accord peut prévoir de comparer ces critères aux objectifs fixés dans les budgets. Ces critères peuvent aussi être pondérés en fonction de paramètres (marge commerciale, frais de personnel, démarque…) qui concourent aux résultats commerciaux de la région de manière à traduire la performance économique du magasin ;
- *risque clients* : l'accord peut définir un critère permettant de tenir compte de l'évolution de la dette clients. Par exemple : diminution de la dette clients par rapport au CA du magasin ;
- *accidents du travail* : l'accord peut prévoir de tenir compte de la baisse du taux de fréquence des accidents du travail (AT). Par exemple : si le ratio nombre d'AT N/nombre d'AT N-1 = 0,9, intéressement de 500 € ; si le ratio est égal de 0,8, intéressement de 750 €.

L'intéressement des directions régionales

L'accord peut envisager de distinguer l'intéressement des directions régionales :

- cet intéressement peut être calculé à partir des performances des magasins exprimées en fonction du chiffre d'affaires (ou du résultat net) de la zone géographique ;
- l'intéressement des directions régionales peut également tenir compte des performances sur les autres critères contenus dans l'accord d'intéressement du pôle commercial.

Définition des modalités de versement

Au niveau des modalités de versement de l'intéressement, l'accord peut prévoir de ne verser une prime qu'en cas de progression des résultats ou peut définir un plancher, pour tout ou partie des indicateurs de l'accord, en dessous duquel l'intéressement ne sera pas versé.

4 – Rythme de versement de la prime d'intéressement

L'accord d'intéressement précise les modalités de versement de la prime d'intéressement, en particulier, son rythme de versement. Le Code du travail précise que la période de référence pour le calcul de l'intéressement est l'année ou une période d'une durée inférieure, au moins égale à trois mois.

L'entreprise peut ici opter pour un mode de versement unique sous forme de versement annuel ce qui présente l'avantage de la simplicité.

Il paraît néanmoins intéressant, là aussi, de distinguer les deux pôles et d'envisager des rythmes de versement différents pour chacun des deux pôles.

a) Rythme de versement pour le pôle administratif

Pour le pôle administratif, le rythme annuel paraît bien adapté, notamment du fait de la présence de critères plus facilement calculables et plus significatifs sur l'année.

b) Rythme de versement pour le pôle commercial

Pour le pôle commercial, compte tenu de la saisonnalité, il paraît plus intéressant d'opter pour un versement sur un rythme biannuel, par exemple fin juin et fin décembre ou fin mars et fin septembre. Ce versement en deux fois est réalisable du fait du recueil aisé des informations. De plus, un versement rapide peut être un facteur de motivation surtout si le versement intervient après des périodes de forte activité.

THÈME 8

Le temps de travail

EXERCICE 32 Questions à choix multiple

1 – *En France, la durée légale du travail est fixée à 35 heures par semaine. Pour les salariés mensualisés, cette durée correspond à (une seule réponse possible) :*

- ❐ a. 140 heures par mois
- ❐ b. 151,67 heures par mois
- ❐ c. 152 heures par mois
- ❐ d. 175 heures par mois

2 – *Monsieur Dupont a terminé son travail mardi à 20 heures. À quelle heure pourra-t-il reprendre le travail au plus tôt le mercredi (une seule réponse possible) ?*

- ❐ a. 6 heures
- ❐ b. 7 heures
- ❐ c. 8 heures
- ❐ d. 9 heures

3 – ***Monsieur Dupond a terminé son travail samedi à 19 heures. À quelle heure pourra-t-il reprendre le travail au plus tôt le lundi, le dimanche étant le jour de prise du congé hebdomadaire (une seule réponse possible) ?***

❐ a. 6 heures
❐ b. 7 heures
❐ c. 8 heures
❐ d. 9 heures

4 – ***Est considéré comme du travail de nuit, tout travail entre (une seule réponse possible) :***

❐ a. 20 heures et 5 heures
❐ b. 20 heures et 6 heures
❐ c. 21 heures et 5 heures
❐ d. 21 heures et 6 heures
❐ e. 22 heures et 3 heures
❐ f. 22 heures et 4 heures

5 – ***Les jeunes salariés de moins de 18 ans peuvent travailler au maximum (une seule réponse possible) :***

❐ a. 6 heures par jour
❐ b. 8 heures par jour
❐ c. 10 heures par jour
❐ d. 12 heures par jour

6 – ***Les salariés à temps partiel peuvent faire (une seule réponse possible) :***

❐ a. des heures supplémentaires
❐ b. des heures complémentaires
❐ c. les deux
❐ d. ni l'un, ni l'autre

Corrigé

1 – Bonne réponse : ❒ b

Pour les salariés mensualisés, la durée du travail est égale à 35 heures x 52 semaines/12 mois = 151,67 heures par mois (soit 151 heures et 40 minutes).

2 – Bonne réponse : ❒ b

Un salarié bénéficie d'un repos quotidien d'une durée minimale de 11 heures consécutives. Monsieur Dupont, ayant terminé son travail à 20 heures le mardi, ne pourra pas reprendre le travail avant 7 heures le mercredi matin.

3 – Bonne réponse : ❒ a

La durée minimale de repos quotidien de 11 heures consécutives s'ajoute à celle du repos hebdomadaire de 24 heures consécutives. Monsieur Dupond doit donc bénéficier d'un repos total de 35 heures (24+11) : il ne pourra donc pas reprendre le travail avant 6 heures le lundi matin.

4 – Bonne réponse : ❒ d

Est considéré comme du travail de nuit, tout travail entre 21 heures et 6 heures.

5 – Bonne réponse : ❒ b

La durée quotidienne de travail effectif des jeunes de moins de 18 ans ne peut excéder 8 heures par jour (10 heures pour un adulte).

6 – Bonne réponse : ❒ b

Un salarié à temps partiel peut travailler plus que la durée prévue par son contrat de travail, il effectue alors des heures complémentaires, mais sa durée du travail doit rester inférieure à la durée légale du travail (35 heures par semaine ou durée fixée conventionnellement pour la branche ou l'entreprise).

EXERCICE 33 Les durées maximales de travail

Monsieur Allasueur travaille dans une petite entreprise en fort développement. Il trouve son travail très intéressant et ne compte pas ses heures. Néanmoins, après une période extrêmement chargée, en reprenant son relevé d'heures (temps de travail effectif), il se demande si ses horaires de travail sont bien normaux.

Fiche de pointage de Monsieur Allasueur
(nombre d'heures de travail effectif par jour)

	Lundi	*Mardi*	*Mercredi*	*Jeudi*	*Vendredi*	*Samedi*
Semaine 1	7	7	8	8	8	8
Semaine 2	7	7	7	7	6	6
Semaine 3	7	7	7	7	7	6
Semaine 4	8	7	7	7	7	7
Semaine 5	8	7	8	7	8	7
Semaine 6	8	7	7	7	7	7
Semaine 7	8	8	8	8	8	7
Semaine 8	8	8	7	7	7	7
Semaine 9	8	7	8	7	8	8
Semaine 10	7	7	7	7	10	11
Semaine 11	8	8	7	7	7	7
Semaine 12	8	7	7	7	7	7

- *D'après le relevé d'heures de Monsieur Allasueur, l'entreprise respecte-t-elle les obligations en matière de durée maximale du travail, sachant que l'entreprise ne dispose d'aucune dérogation particulière en la matière ?*

Corrigé

L'étude du relevé d'heures de Monsieur Allasueur permet de constater que l'entreprise ne respecte pas les dispositions légales en matière de durée maximale du travail. Plusieurs seuils ne sont pas respectés :

1 – Durée maximale quotidienne

Au cours de la semaine 10, Monsieur Allasueur a travaillé 11 heures le samedi, dépassant le seuil maximum des 10 heures par jour.

2 – Durée maximale hebdomadaire

a) Respect des 48 heures au cours d'une même semaine

Au cours de la semaine 10, Monsieur Allasueur a travaillé 49 heures dépassant le seuil maximum des 48 heures au cours d'une même semaine.

b) Respect des 44 heures de moyenne sur 12 semaines consécutives

Nombre moyen d'heures sur les 12 semaines
= (46 + 40 + 41 + 43 + 45 + 43 + 47 + 44 + 46 + 49 + 44 + 43)/12 = 44,25 heures

Sur une période de 12 semaines consécutives, le seuil maximum des 44 heures de moyenne est dépassé puisque Monsieur Allasueur a travaillé 44 heures et 15 minutes.

	Lundi	Mardi	Mercredi	Jeudi	Vendredi	Samedi	Total
Semaine 1	7	7	8	8	8	8	**46**
Semaine 2	7	7	7	7	6	6	**40**
Semaine 3	7	7	7	7	7	6	**41**
Semaine 4	8	7	7	7	7	7	**43**
Semaine 5	8	7	8	7	8	7	**45**
Semaine 6	8	7	7	7	7	7	**43**
Semaine 7	8	8	8	8	8	7	**47**
Semaine 8	8	8	7	7	7	7	**44**
Semaine 9	8	7	8	7	8	8	**46**
Semaine 10	7	7	7	7	10	11	**49**
Semaine 11	8	8	7	7	7	7	**44**
Semaine 12	8	7	7	7	7	7	**43**

L'entreprise de Monsieur Allasueur est donc bien en infraction par rapport à la législation sur le temps de travail.

EXERCICE 34 Les congés payés

À l'issue de son stage de fin d'études dans la société de services informatiques Info +, Mademoiselle Fabre a été embauchée en CDI par cette société le 1er août N.

En décembre N, elle a suivi une formation proposée par son entreprise dans le cadre du plan de développement des compétences pendant deux semaines.

En janvier N+1, elle était en arrêt de travail pendant deux semaines suite à un accident de voiture survenu lors d'un déplacement chez un client.

- *À partir de quelle date Mademoiselle Fabre pourra-t-elle profiter de ses congés payés et à combien de jours de congés payés aura-t-elle droit ?*
- *Mademoiselle Fabre aimerait profiter de ses premiers congés payés pour aller voir un de ses amis en Australie. Elle a donc déposé une demande de congés à la DRH pour 4,5 semaines en septembre/octobre N+1. La DRH a refusé. Pourquoi ?*

CORRIGÉ

1 – Décompte des congés payés

Tout salarié ayant travaillé pendant au moins 1 mois (4 semaines ou 24 jours ouvrables) chez le même employeur a droit à 2 jours et demi *ouvrables* de congé par mois de travail *effectif*.

L'année de référence pour le calcul des congés payés est la période comprise entre le 1er juin de l'année N et le 31 mai de l'année N+1.

Mademoiselle Fabre a été embauchée le 1er août N. Dans ce cas, la période de référence pour le calcul de ses congés payés va du 1er août N jusqu'au 31 mai N+1. Mademoiselle Fabre acquiert des droits à congés payés sur la période allant du 1er août N jusqu'au 31 mai N+1 dont elle pourra profiter sur la période de référence suivante (1er juin N+1/31 mai N+2).

Durant cette période d'acquisition des droits, Mademoiselle Fabre a été absente deux fois mais ces deux absences (formation et arrêt de travail pour accident du travail) sont considérées comme des périodes de travail effectif pour le calcul des congés payés.

Les congés payés de Mademoiselle Fabre sont donc calculés sur une base de 9 mois de travail effectif. Elle a ainsi droit à 9 mois x 2,5 jours ouvrables = 22,5 jours de congés payés. Lorsque le nombre de jours ouvrables obtenu n'est pas un nombre entier, il est arrondi au nombre entier supérieur donc Mademoiselle Fabre a droit à 23 jours de congés payés qu'elle peut commencer à prendre à partir du 1er juin N+1.

> ***Annexe***
>
> ***Pour le calcul des congés payés, sont assimilées à un mois de travail effectif les périodes équivalentes à 4 semaines ou à 24 jours de travail. Certaines périodes d'absence sont considérées comme périodes de travail effectif, notamment :***
>
> - ***les périodes de congés payés ;***
> - ***les contreparties obligatoires en repos ;***
> - ***les périodes de congé de maternité et d'adoption ;***
> - ***les périodes d'arrêt de travail pour maladie professionnelle ou accident du travail dans la limite d'une durée ininterrompue d'un an ;***
> - ***la journée d'appel de préparation à la défense ;***
> - ***les périodes de congé de formation ;***
> - ***les périodes assimilées conventionnellement à ces situations.***
>
> ***Les jours de repos accordés dans le cadre de la réduction du temps de travail sont assimilés à du temps de travail effectif pour le calcul des droits aux congés payés.***
>
> *Source : Site internet du ministère du Travail*

2 – Prise des congés payés

Le congé que veut prendre Mademoiselle Fabre pose deux problèmes :

- Mademoiselle Fabre n'a pas acquis suffisamment de jours de congés payés pour pouvoir prendre un congé d'une telle durée (4,5 semaines x 6 ouvrables par semaine = 27 jours ouvrables de congés payés) ;
- même si elle avait acquis suffisamment de droits, le Code du travail prévoit une *période légale* (du 1er mai au 31 octobre) pendant laquelle le *congé principal* (12 jours ouvrables au moins, 24 jours au plus) doit être pris. Autrement dit, la cinquième semaine de congés payés doit être prise séparément du congé principal. Mademoiselle Fabre aurait donc pu prendre 24 jours de congés payés entre le 1er mai et le 31 octobre N+1 mais elle aurait été obligée de prendre les jours restant de manière indépendante.

EXERCICE 35 Les heures supplémentaires

Mme Thomas travaille dans une entreprise de 54 salariés et sa fiche de pointage depuis le 1er octobre N est la suivante :

		8h	9h	10h	11h	12h	13h	14h	15h	16h	17h	18h	19h	20h
S40	Lundi 1/10	■	■	■	■	■		■	■	■	■	■		
	Mardi 2/10		■	■	■	■		■	■	■	■			
	Mercredi 3/10	■	■	■	■	■		■	■	■	■			
	Jeudi 4/10	■	■	■	■	■			■	■	■	■		
	Vendredi 5/10	■	■	■	■	■		■	■	■				
S41	Lundi 8/10	■	■	■	■	■		■	■	■	■			
	Mardi 9/10		■	■	■	■		■	■	■				
	Mercredi 10/10	■	■	■	■	■		■	■	■				
	Jeudi 11/10		■	■	■	■		■	■	■				
	Vendredi 12/10			■	■	■		■	■					
S42	Lundi 15/10		■	■	■	■		■	■	■				
	Mardi 16/10		■	■	■	■		■	■	■				
	Mercredi 17/10		■	■	■	■		■	■	■				
	Jeudi 18/10		■	■	■	■		■	■	■				
	Vendredi 19/10		■	■	■	■		■	■	■				
S43	Lundi 22/10	■	■	■	■			■	■	■				
	Mardi 23/10	■	■	■	■	■		■	■	■				
	Mercredi 24/10		■	■	■	■		■	■	■	■			
	Jeudi 25/10		■	■	■	■		■	■	■	■			
	Vendredi 26/10		■	■	■	■		■	■	■				
S44	Lundi 29/10	■	■	■	■	■		■	■	■	■	■		
	Mardi 30/10	■	■	■	■	■		■	■	■	■	■		
	Mercredi 31/10	■	■	■	■	■		■	■	■	■			
	Jeudi 1/11	■	■	■	■	■		■	■	■	■	■		
	Vendredi 2/11	■	■	■	■	■		■	■	■	■	■		

NB : les parties grisées correspondent aux périodes de travail effectif du salarié.

Précisions complémentaires :

- *L'entreprise de Mme Thomas applique la réglementation légale et ne dispose pas de dérogations ou d'accords particuliers en matière de temps de travail.*
- *À partir de la semaine 43, Mme Thomas réalise des heures supplémentaires au-delà de son contingent annuel d'heures supplémentaires.*
- *Mme Thomas touche un salaire brut mensuel de 3 791,75 € pour 151,67 heures.*

- *Qui décide des heures supplémentaires dans l'entreprise ?*
- *Qu'est-ce que le contingent d'heures supplémentaires ? Quelles sont les conséquences de son dépassement ?*
- *Quel est le principe retenu pour le décompte des heures supplémentaires ? Combien d'heures supplémentaires seront décomptées pour Mme Thomas en octobre ?*
- *Quelles seront les contreparties de ces heures supplémentaires pour Mme Thomas ?*

CORRIGÉ

1 – Le recours aux heures supplémentaires

La décision de recourir aux heures supplémentaires (HS) constitue une prérogative de l'employeur dans l'exercice de son pouvoir de direction.

2 – Contingent d'heures supplémentaires

Un certain nombre d'heures supplémentaires (le contingent) peuvent être effectuées après une simple information du Comité social et économique (CSE). Au-delà du contingent annuel applicable dans l'entreprise, les heures supplémentaires sont accomplies après avis du CSE.

Le contingent annuel d'heures supplémentaires est défini par convention ou accord collectif d'entreprise ou d'établissement ou, à défaut, par convention ou accord de branche. À défaut d'accord collectif, il est déterminé par décret (article L. 3121-11 du Code du travail) : le contingent est actuellement fixé à 220 heures par an et par salarié (article D. 3121-3 du Code du travail).

Le contingent sert à fixer le seuil de déclenchement pour un repos supplémentaire : pour toute heure supplémentaire accomplie au-delà du contingent annuel, les salariés ont droit à une contrepartie obligatoire en repos (COR).

3 – Décompte des heures supplémentaires

Les heures supplémentaires sont décomptées par semaine civile du lundi 0 heure au dimanche 24 heures.

Les heures supplémentaires effectuées par Mme Thomas de la semaine 40 à la semaine 43 seront payées en octobre et les heures supplémentaires effectuées durant la semaine 44 seront payées en novembre. En effet, la semaine 44 se situant à cheval sur deux périodes de paie, le décompte conduit à reporter au mois suivant le paiement de ces heures.

Décompte des heures supplémentaires pour le mois d'octobre

	Semaine 40	Semaine 41	Semaine 42	Semaine 43
Lundi	10	9	7	7
Mardi	9	7	7	8
Mercredi	9	8	7	8
Jeudi	9	7	7	8
Vendredi	8	5	7	7
Total	***45***	***36***	***35***	***38***
Nombre d'HS	***10***	***1***	***0***	***3***

Au total, 14 heures supplémentaires donneront lieu à rémunération en octobre.

4 – Contreparties des heures supplémentaires

a) Rappel des contreparties

Les heures supplémentaires peuvent donner lieu à trois types de contreparties :

<table>
<tr><th>Contrepartie</th><th>Principe</th></tr>
<tr><td>Paiement majoré</td><td>• Les heures supplémentaires donnent lieu à une majoration de salaire :
• 25 % pour les 8 premières heures supplémentaires (de la 36e à la 43e heure incluse) ;
• 50 % à partir de la 44e heure.</td></tr>
<tr><td>Contrepartie obligatoire en repos (COR)</td><td>En plus du paiement majoré, les heures supplémentaires donnent droit à du repos :
<table>
<tr><th>Effectif de l'entreprise</th><th>HS effectuées dans le contingent</th><th>HS effectuées hors contingent</th></tr>
<tr><td>20 salariés ou moins</td><td rowspan="2">Pas de COR sauf convention ou accord collectif d'entreprise ou d'établissement</td><td>50 % des heures effectuées au-delà de la durée légale</td></tr>
<tr><td>+ de 20 salariés</td><td>100 % des heures effectuées au-delà de la durée légale</td></tr>
</table>
</td></tr>
<tr><td>Repos compensateur de remplacement</td><td>Le paiement des heures supplémentaires peut être remplacé, par accord collectif, en partie ou en totalité, par l'attribution de repos compensateur.</td></tr>
</table>

b) Calcul des contreparties

Pour ses heures supplémentaires, Mme Thomas va bénéficier du paiement majoré et de la contrepartie obligatoire en repos.

Paiement majoré

Calcul du taux horaire de Mme Thomas = 3 791,75 / 151,67 = 25 €

Décompte	Calcul
S40 : 10 heures supplémentaires	= 8 x 25 x 1,25 + 2 x 25 x 1,5 = 250 + 75 = 325 €
S41 : 1 heure supplémentaire	= 1 x 25 x 1,25 = 31,25 €
S42 : 0 heure supplémentaire	= 0,00 €
S43 : 3 heures supplémentaires	= 3 x 25 x 1,25 = 93,75 €
Total	***450 €***

Contrepartie obligatoire en repos

Décompte	Calcul
S40 : 10 heures supplémentaires	= 0
S41 : 1 heure supplémentaire	= 0
S42 : 0 heures supplémentaires	= 0
S43 : 3 heures supplémentaires	= 100 % des heures effectuées au-delà de la 35e heure = 3 heures supplémentaires x 100 % = 3 heures de contrepartie
Total	***3 heures obligatoire en repos***

THÈME 9

La santé au travail

EXERCICE 36 Questions à choix multiple

1 – *L'établissement d'un document unique d'évaluation des risques professionnels est obligatoire (une seule réponse possible) :*

- ❒ a. pour les entreprises industrielles uniquement
- ❒ b. pour les entreprises de 10 salariés et plus
- ❒ c. pour les entreprises de 300 salariés et plus
- ❒ d. pour les entreprises disposant d'une commission santé, sécurité et conditions de travail (CSSCT)
- ❒ e. pour toutes les entreprises

2 – *Combien de facteurs de pénibilité permettent d'acquérir des points crédités sur le compte professionnel de prévention (une seule réponse possible) ?*

- ❒ a. 4 facteurs
- ❒ b. 6 facteurs
- ❒ c. 8 facteurs
- ❒ d. 10 facteurs
- ❒ e. 12 facteurs

3 – *L'assistante formation de l'entreprise Pharma + est en train d'organiser les stages de formation à la sécurité pour le personnel de l'entreprise. Parmi les personnes suivantes, qui sera concerné (plusieurs réponses possibles) ?*

- ❐ a. Jean-Paul reprend le travail après sept jours d'arrêt pour cause de grippe
- ❐ b. Yasmina vient d'être embauchée en CDI
- ❐ c. Jean-Charles revient des vacances de sports d'hiver
- ❐ d. Jean-François vient d'être embauché pour une mission d'un mois en CTT
- ❐ e. Rachid rentre d'un arrêt maladie d'un mois après un accident du travail. Suite à la visite médicale de reprise que Rachid a passée, le médecin a recommandé de veiller aux conditions de sécurité
- ❐ f. Véronique va changer de poste sur la chaîne de production cette semaine

4 – *La médecine du travail bénéficie (une seule réponse possible) :*

- ❐ a. aux salariés des entreprises de 50 salariés et plus
- ❐ b. aux salariés des entreprises de 300 salariés et plus
- ❐ c. à tous les salariés quelle que soit la taille de l'entreprise
- ❐ d. aux salariés des entreprises ayant mis en place une médecine interne du travail

5 – *Quelles sont les missions du médecin du travail (plusieurs réponses possibles) ?*

- ❐ a. il surveille l'état de santé des salariés
- ❐ b. il surveille les conditions de travail
- ❐ c. il prescrit les arrêts de travail
- ❐ d. il conseille le chef d'entreprise, les salariés et les représentants du personnel
- ❐ e. il procède à des examens médicaux
- ❐ f. il établit des documents de travail

Corrigé

1 – Bonne réponse : ❒ e

Quels que soient la taille et le secteur d'activité de l'entreprise, l'employeur doit transcrire dans un document unique, les résultats de l'évaluation des risques à laquelle il a procédé dans le cadre de son obligation générale de prévention des risques professionnels (article R. 4121-1 du Code du travail).

2 – Bonne réponse : ❒ b

La loi du 9 novembre 2010 avait défini dix facteurs de pénibilité au travail. Avec l'ordonnance du 22 septembre 2017, quatre facteurs de risques (manutentions manuelles de charges, postures pénibles et vibrations mécaniques et agents chimiques dangereux) n'ont plus à être déclarés et ne sont plus pris en compte pour l'acquisition de points sur le compte professionnel de prévention. Néanmoins, ces quatre facteurs pourront être considérés lors d'une demande de départ anticipé à la retraite.

Six facteurs de risques professionnels sont donc concernés par le dispositif pénibilité et permettent d'acquérir des points crédités sur le compte professionnel de prévention (C2P) :

	Facteurs de pénibilité	**Intensité minimale**	**Durée minimale**
Situations de pénibilité liées au rythme de travail	***Travail de nuit***	1 heure de travail entre minuit et 5 heures	120 nuits/an
	Travail en équipes successives alternantes	Travail en équipe impliquant au minimum 1 heure de travail entre minuit et 5 heures	50 nuits/an
	Travail répétitif caractérisé par la répétition d'un même geste, à une fréquence élevée et sous cadence contrainte	– 15 actions techniques ou plus pour un temps de cycle inférieur ou égal à 30 secondes – ou 30 actions techniques ou plus par minute pour un temps de cycle supérieur à 30 secondes, variable ou absent	900 heures/an

Situations de pénibilité liées à un environnement physique agressif	***Activités en milieu hyperbare***	1 200 hectopascals	60 interventions ou travaux/an
	Températures extrêmes	Température inférieure ou égale à 5° ou supérieure ou égale à 30°	600 heures par an
	Bruit	Exposition quotidienne à un bruit d'au moins 81 décibels pour une période de référence de 8 heures	600 heures par an
		Exposition à des bruits impulsionnels (brefs et répétés) d'au moins 135 décibels	120 fois par an

3 – Bonnes réponses : ❒ b ❒ d ❒ e ❒ f

Tout salarié doit bénéficier, à l'initiative de l'employeur, d'une formation pratique et appropriée en matière de sécurité, lors de son embauche, en cas de changement de poste de travail ou de technique ou encore, à la demande du médecin du travail, après un arrêt de travail d'une durée d'au moins 21 jours.

La même obligation de formation pèse sur l'employeur à l'égard des travailleurs liés par un contrat de travail temporaire (CTT), à l'exception de ceux auxquels il est fait appel en vue de l'exécution de travaux urgents nécessités par des mesures de sécurité et déjà dotés de la qualification nécessaire à cette intervention.

4 – Bonne réponse : ❒ c

La médecine du travail bénéficie à tous les salariés, quelle que soit la taille de l'entreprise, que l'entreprise dispose de son propre service de santé ou qu'elle adhère à un service interentreprises ou inter établissements.

5 – Bonnes réponses : ❒ a ❒ b ❒ d ❒ e ❒ f

Le médecin du travail ne prescrit pas les arrêts de travail, mais il remplit en revanche toutes les autres tâches. En particulier, il surveille les conditions de travail (hygiène, risques de contagion, adaptation des postes, prévention, éducation sanitaire…). Le médecin du travail doit également établir plusieurs documents de travail :

– un plan annuel d'activité en milieu de travail, qui prévoit notamment les études à entreprendre (études épidémiologiques, étude des postes de travail par exemple), le nombre et la fréquence des visites des lieux de travail. Ce plan est transmis à l'employeur qui le soumet aux représentants du personnel ;
– un rapport annuel d'activité qui rend compte du travail du médecin du travail et de la réalisation du plan annuel d'activité ;
– une fiche d'entreprise, pour toute entreprise ou établissement dont il a la charge, quel que soit son effectif. Cette fiche a pour but, en particulier, d'identifier les risques auxquels les salariés sont exposés. Elle est transmise à l'employeur qui la présente aux instances représentatives du personnel et doit la tenir à disposition de l'inspecteur du travail et du médecin inspecteur régional du travail et de la main-d'œuvre.

Exercice 37 Identifier et réduire les risques professionnels

Les centres d'appels téléphoniques[15] *ou* call centers *sont aussi appelés « centres de relations clients », « centres de relations client à distance », « plateaux d'accueil clientèle », « centres de téléservices », « centres de télémarketing ». Ils servent d'interfaces entre les entreprises (ou les administrations) et leur clientèle. Les centres d'appels téléphoniques représentent plus de 200 000 emplois en France, un chiffre en baisse car ce secteur rencontre aujourd'hui de fortes tensions en matière d'emploi du fait de délocalisations*[16].

Les centres d'appels téléphoniques regroupent une grande variété d'activités qui reposent sur un principe commun : la connaissance des besoins et des attentes du client. Leurs activités vont de l'assistance (aide juridique, soutien technique) à l'enquête par téléphone et au télémarketing, en passant par des activités de gestion commerciale (prise de commande)…

En termes de fonctionnement, ils peuvent :

– *réceptionner des appels* (appels entrants)*, dans les cas d'assistance technique, d'accueil ou d'information par exemple ;*
– *émettre des appels* (appels sortants)*, pour les activités de prospection ou de télémarketing.*

15. Ce cas a été réalisé à partir du dossier « Travail en centres d'appels téléphoniques » de l'INRS (www.inrs.fr).

16. D'après les informations du syndicat des professionnels des centres d'appels (SP2C) : « 8 000 : le nombre d'emplois qui pourraient être détruits dans les centres d'appel », www.latribune.fr, 23/09/2013.

Les actions réalisées par les centres d'appels peuvent être :

- *des actions ponctuelles : réalisation d'un sondage par exemple ;*
- *des actions inscrites dans la durée : activités d'assistance, support informatique, service bancaire à distance par exemple.*

***L'organisation du travail** dans les centres d'appels se caractérise par :*

- *la séparation des tâches : les procédures de travail (scripts, phrases type, durée des appels...) sont souvent définies dans l'entreprise par un service dédié à cette tâche (bureau des méthodes, service qualité...) ;*
- *la répétitivité des tâches effectuées par les téléopérateurs et un rythme de travail contraint ;*
- *le contrôle de la bonne application de ces procédures est assuré par l'encadrement de proximité (superviseur) et par un système d'écoute ;*
- *un suivi permanent de la performance des salariés via les écoutes téléphoniques et des dispositifs d'affichage mural ou à l'écran qui informent en temps réel les téléopérateurs de leurs performances (durées des appels, nombre d'appels et délais d'attente des clients, classement des performances par rapport aux autres téléopérateurs...).*

***Le malaise des personnels** des centres d'appel se révèle par deux principaux indicateurs :*

- *un turn-over supérieur à la moyenne des autres secteurs d'activité (chiffré à plus de 20 % dans certains centres) ;*
- *un taux d'absentéisme souvent supérieur à celui d'autres secteurs d'activité.*

Voici quelques témoignages de téléopérateurs sur les difficultés de leur métier :

Identités	***Témoignages***
Magalie 26 ans	*« J'aimerais pouvoir me lever, faire quelques pas, simplement pour vider la tension... Mais ici, tout est fait pour qu'on ne se lève pas. On est scotché à sa place, attaché par le fil du téléphone, bloqué face à l'écran ».*
Sophie 32 ans	*« Parfois, les clients vous insultent. Il faut garder le sourire et rester aimable, même quand ils vous traitent d'incapable ».*

Stéphane 27 ans	*« Le plus difficile, le plus pénible, c'est de répéter. Ce sont des appels tout le temps. Dès que ça raccroche, un autre appel arrive. C'est ça qui est fatigant. C'est de rabâcher sans cesse la même chose, jusqu'à ce que les clients disent « oui »... En général, je ne fais jamais de pause. Pour gagner du temps au maximum après. Et puis il y a les clients qui vous agressent, ça arrive souvent. Il faut traiter les cas. Bloquer l'agression sans attendre. Mais c'est dur ! On doit systématiquement prendre sur soi... En début de journée, quand on voit qu'on vient de faire 30 appels et qu'il nous en reste encore 80, ça, c'est très pénible. Le soir, je rentre chez moi, je suis très fatigué. J'ai mal partout, de rester tout le temps assis à mon bureau dans le bruit ».*

- *Établissez un diagnostic des conditions de travail. Décrivez notamment les risques liés aux conditions de travail pour les salariés et les entreprises.*
- *Sur la base de ce diagnostic, proposez des actions de prévention.*

Corrigé

1 – Diagnostic des conditions de travail

Concernant les conditions de travail des téléopérateurs, il est possible de caractériser la charge physique et la charge mentale liées à leur travail et d'en déduire les conséquences pour les salariés et pour les entreprises.

Les charges liées au travail

Charge physique	• les salariés des centres d'appel sont soumis à des niveaux sonores élevés de par le travail en plateau • les salariés sont soumis à des contraintes visuelles liées au travail sur écran • le travail est statique
Charge mentale	• les salariés effectuent des tâches très répétitives • leur travail est contraint et leur laisse peu d'autonomie : rythme et résultat imposés, peu ou pas de pauses, procédures rigides, contrôle omniprésent • les salariés sont soumis à des agressions verbales courantes et doivent contrôler leurs émotions • les salariés de ces centres sont soumis à de multiples pressions de par l'organisation du travail proche du taylorisme et l'évaluation permanente de leurs performances

Les conséquences des charges physique et mentale liées au travail

Conséquences pour les salariés	Conséquences pour les entreprises
• fatigue auditive et visuelle • maux de tête • troubles du sommeil et digestifs • TMS (troubles musculo-squelettiques) • anxiété • sentiment de surcharge • perte de motivation (pas d'épanouissement) • état de stress • état dépressif	• perte de performance • turnover élevé • absentéisme élevé • difficultés de recrutement • détérioration de l'image de marque • risque de maladies professionnelles • risque de suicides

2 – Actions de prévention

La première question a permis, à partir de l'analyse des conditions de travail, de mettre à jour les risques encourus par les salariés travaillant en centres d'appels. Or, le Code du travail indique que « le chef d'entreprise prend les mesures nécessaires pour assurer la sécurité et protéger la santé physique et mentale des travailleurs de l'établissement » (article L. 4121-1). Cette obligation générale de sécurité constitue une obligation de résultat. Le chef d'entreprise doit éliminer les dangers potentiels, en l'état actuel des connaissances scientifiques. La loi l'oblige à évaluer les risques professionnels et à définir des actions de prévention qui seront recensées chaque année dans le document relatif à l'évaluation des risques. Le médecin du travail et le CSE peuvent l'aider dans cette démarche préventive d'évaluation des risques.

Compte tenu des risques décrits en question 1, les actions de prévention peuvent cibler trois principaux domaines : l'organisation du travail, l'environnement matériel et technique et, enfin, les relations de travail.

Le tableau suivant recense un certain nombre d'actions de prévention dont la mise en place doit être fonction des risques recensés dans l'entreprise.

Domaines	Actions de prévention
Organisation du travail	• mettre en place des moyens humains suffisants en fonction des flux d'appels • fixer des cadences soutenables à long terme • réduire la monotonie du travail : alterner des communications de nature différente, confier de nouvelles tâches comme la rédaction de courriels, proposer de participer à des activités transversales comme des groupes de projet… • prévoir des pauses régulières • donner une certaine autonomie aux salariés : participer à la composition des équipes, modulation de la charge de travail suivant les périodes… • réduire la fréquence du contrôle et le nombre de consignes
Environnement matériel et technique	• choix des casques sonores et formation des salariés à l'utilisation de leur poste et au réglage sonore • travail sur écran : veiller à l'éclairage • réduction du bruit : traitement acoustique des parois, espacement des postes de travail, choix d'appareils peu bruyants (chauffage, ventilation, ordinateurs)… • possibilité de varier les postures de travail • choix d'un mobilier ergonomique
Relations de travail	• prévoir des lieux favorisant les échanges informels entre salariés • identifier les salariés en difficulté et les soutenir • favoriser un climat d'écoute entre les salariés et la hiérarchie • former les salariés à la gestion des clients difficiles • mettre en place des groupes de parole pour permettre aux téléopérateurs de partager leurs expériences

EXERCICE 38 Le document unique d'évaluation

La mairie de la petite ville de Grün a établi un document unique d'évaluation des risques pour le personnel d'entretien des jardins et espaces verts.

Ce document complété par l'agent Hans Estral, chef du service « Jardins et espaces verts », vient de vous être transmis :

Document unique d'évaluation des risques professionnels SERVICE « JARDINS ET ESPACES VERTS »											
Unités de travail		Énumération des risques	Probabilité (P) 1 : très improbable 4 : très probable				Gravité (G) 1 : peu grave 4 : très grave				Mesures de prévention
			1	2	3	4	1	2	3	4	
Généralités	Manutention	1. Mal de dos				✗			✗		
		2. Chute, glissade, entorse		✗			✗				
		3. Chute de plain pied	✗				✗				
	Matériel Tracteur	4. Mal de dos		✗				✗			
		5. Heurt contre installation	✗				✗				
		6. Coincement, écrasement		✗					✗		
		7. Risques liés au réapprovisionnement en carburant	✗							✗	
		8. Bruit				✗	✗				
	Circulation	9. Risque de choc, collision	✗					✗			
	Attelage Remisage Entretien des bâtiments	10. Risque de coincement, heurt ; risque électrique ; incendie			✗			✗			
		11. Alcool	✗				✗				

Travail du sol et semis	*Réglage et entretien du matériel*	*12. Chute, coincement, écrasement, coupure, brûlure, bruit, vibration, douleur d'effort, projection de particules*			✗		✗				
	Stockage des semences et engrais	*13. Chute, écrasement, intoxication*		✗			✗				
Traitement	*Utilisation de produits chimiques et phytosanitaires*	*14. Intoxication ; pollution accidentelle ; erreur de traitement ; contamination par manque d'hygiène*		✗						✗	

- *À partir de la fiche de Monsieur Estral, calculez les indices de risque K à l'aide de la formule suivante :*

Niveau de risque (K) = niveau de gravité (G) x niveau de probabilité (P)

- *À partir de ces données, placez les différents risques auxquels le personnel du service est exposé sur le schéma suivant :*

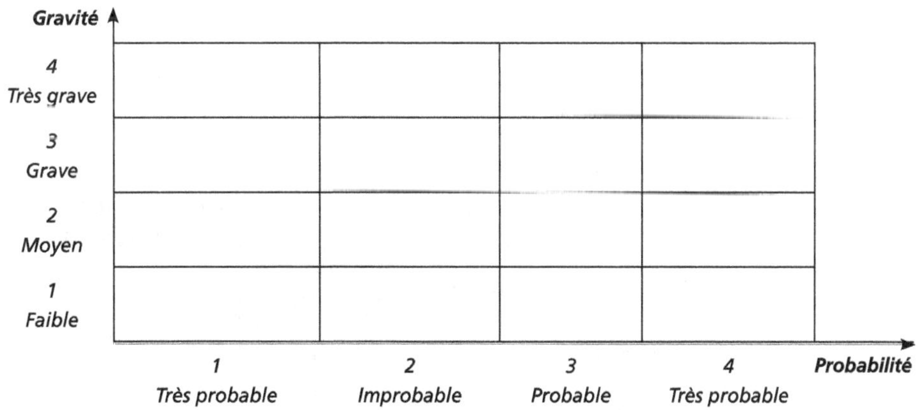

- *Au regard des résultats obtenus, sur quels risques doivent porter en priorité les efforts de prévention ?*
- *Quelles mesures de prévention pouvez-vous proposer à la mairie de Grün afin de limiter les différents risques professionnels au sein du service « Jardins et espaces verts » ?*

CORRIGÉ

1 – Calcul des indices de risque

Risque 1 : (mal de dos) = 3 x 4 = 12
Risque 2 : (chute, glissade, entorse) = 2 x 1 = 2
Risque 3 : (chute de plain pied) = 1 x 1 = 1
Risque 4 : (mal de dos) = 2 x 2 = 4
Risque 5 : (heurt contre installation) = 1 x 1 = 1
Risque 6 : (coincement, écrasement) = 2 x 3 = 6
Risque 7 : (risques liés au réapprovisionnement en carburant) = 1 x 4 = 4
Risque 8 : (bruit) = 4 x 1 = 4
Risque 9 : (risque de choc, collision) = 1 x 2 = 2
Risque 10 : (risque de coincement, heurt ; risque électrique ; incendie) = 3 x 2 = 6
Risque 11 : (alcool) = 1 x 1 = 1
Risque 12 : (chute, coincement, écrasement…) = 3 x 1 = 3
Risque 13 : (chute, écrasement, intoxication) = 2 x 1 = 2
Risque 14 : (intoxication ; pollution accidentelle ; erreur de traitement…) = 2 x 4 = 8

2 – Représentation graphique des risques professionnels

Gravité				
4 Très grave	***Risque 7***	***Risque 14***		
3 Grave		***Risque 6***		***Risque 1***
2 Moyen	***Risque 9***	***Risque 4***	***Risque 10***	
1 Faible	***Risques 3, 5, 11***	***Risques 2,13***	***Risque 12***	***Risque 8***
Probabilité	*1 Très probable*	*2 Improbable*	*3 Probable*	*4 Très probable*

3 – Actions prioritaires

Les risques dont l'indice est compris entre 9 et 16 doivent être traités en priorité.

À la vue des niveaux de risque, le risque 1, en particulier, apparaît comme devant faire l'objet, de manière prioritaire, de mesures de prévention au sein du service Jardins et espaces verts. Ce risque provoque, en effet, de manière fréquente des maux de dos et peut avoir des conséquences graves pour la santé du personnel.

La mairie de Grün devra ensuite prêter attention au risque 14 (intoxication, pollution accidentelle,...). Ce risque est moins probable mais ses conséquences sont très graves en cas de survenance.

La mairie de Grün ne devra pas non plus négliger la prévention des risques 8 (bruit), 10 (coincement, heurt, risque électrique, incendie) et 12 (chute, écrasement, coupure, brûlure...). Bien qu'ils soient d'une gravité limitée, leurs probabilités de survenance sont élevées.

4 – Mesures de prévention

La mairie de Grün peut envisager, face aux différents risques, les mesures de prévention suivantes :

Unités de travail		Enumération des risques	Mesures de prévention
Généralités	Manutention	Mal de dos	➜ Utilisation de moyens de manutention adaptés
		Chute, glissade, entorse	➜ Formation gestes et postures
		Chute de plain pied	➜ Limiter le poids à transporter ➜ Limiter la distance à parcourir ➜ Chaussures de sécurité adaptées
	Matériel Tracteur	Mal de dos	➜ Avoir un siège en état, réglable
		Heurt contre installation	➜ Maintien en conformité
		Coincement, écrasement	➜ Gants adaptés
		Risques liés au réapprovisionnement en carburant	➜ Stockage du carburant spécifique ➜ Défense de fumer ➜ Extincteur à proximité du lieu de remplissage et dans le tracteur
		Bruit	➜ Port de protection auditive
	Circulation	Risque de choc, collision	➜ Véhicule adapté ➜ Formation à la conduite ➜ Autorisation de conduite ➜ Sensibilisation au port de la ceinture de sécurité ➜ Respecter la réglementation en vigueur ➜ Définir des zones de remisage ➜ Installation électrique aux normes ➜ Définir une place pour se garer en toute sécurité ➜ Achat d'une machine plus légère

	Attelage Remisage Entretien des bâtiments	Risque de coincement, heurt Risque électrique Incendie	➜ Adapter les accès ➜ Mise à l'arrêt du moteur de la machine pour toute intervention ➜ Maintenir le matériel en conformité ➜ Utilisation de système pour remiser en toute sécurité
		Alcool	➜ Formation dangers de l'alcool ➜ Visite médicale de prévention
Travail du sol et semis	Réglage et entretien du matériel	Chute, coincement, écrasement, coupure, brûlure, bruit, vibration, douleur d'effort, projection de particules	➜ Gants, lunettes, visière ➜ Utilisation de matériel conforme ➜ Casque anti-bruit à disposition ➜ Notice d'utilisation à disposition ➜ Stockage stable du matériel ➜ Acquérir un moyen de manutention adapté
	Stockage des semences et engrais	Chute, écrasement, intoxication	➜ Lieu de stockage adapté ➜ Matériel de manutention adapté ➜ Port individuel d'équipements de protection
Traitement	Utilisation de produits chimiques et phytosanitaires	Intoxication Pollution accidentelle Erreur de traitement Contamination par manque d'hygiène	➜ Organiser le chantier ➜ Bonne pratique de traitement ➜ Matériel adapté ➜ Information sur la conduite à tenir ➜ Port individuel de protection adapté ➜ Avoir un stockage de produits adapté et aux normes ➜ Prendre une douche en fin de travail ➜ Formation à l'utilisation ➜ Aire de remplissage et de nettoyage ➜ Prévoir un délai de réentrée après traitement ➜ Améliorer l'étiquetage des produits

Exercice 39 Les troubles musculo-squelettiques (TMS)

Les TMS sont des maladies multifactorielles qui ont une composante professionnelle. Les causes des TMS correspondent à des sollicitations biomécaniques, organisationnelles et psychosociales. Les TMS touchent principalement les muscles, les tendons et les nerfs, c'est-à-dire des tissus mous. Pour les muscles, la contrainte majeure est la force dont résulte une fatigue musculaire. Pour les tendons, les principales contraintes correspondent aux forces de traction développées par le muscle lors des efforts musculaires ainsi qu'aux frottements et aux compressions contre des tissus adjacents. En résultent des inflammations du tendon (tendinite) ou du tendon et de sa gaine (ténosynovite). Pour les nerfs, c'est la compression qui est la principale contrainte mécanique. Le syndrome carpien en est la pathologie la plus répandue.

Les TMS se rencontrent dans toutes les professions et dans des entreprises de toutes tailles. On constate, effectivement, leur apparition dans diverses activités de services. Toutefois, ce sont dans les industries de l'agroalimentaire, de la métallurgie, du bâtiment et des travaux publics qu'ils sévissent le plus.

Les TMS sont la première maladie professionnelle reconnue en France et dans d'autres pays européens depuis plus de 20 ans. Ils constituent un coût financier important pour les entreprises et la société. En France, dans le Régime Général (RG), les TMS des membres supérieurs et inférieurs sont principalement reconnus au titre du tableau 57 des maladies professionnelles. D'après celui-ci et selon le dossier de l'INRS sur le thème des TMS de 2015[17], voici comment les TMS précités se répartissent : membres inférieurs (principalement des hygromas du genou) : 1 % ; coude : 22 % ; épaule : 32 % ; poignet (dont 4/5 syndrome du canal carpien) : 45 %. Les TMS, après avoir augmenté de 20 % par an pendant 10 ans (2000- 2010), voient à présent leur taux de progression ralentir.

Cette forte augmentation récente peut s'expliquer par l'augmentation de la productivité. L'automatisation d'un nombre croissant de tâches n'exclut pas, en effet, l'exigence de gestes répétitifs. De plus, elle peut restreindre les marges de manœuvre laissées aux salariés. Par ailleurs, la pression du temps est de plus en plus forte ce qui réduit les temps de pause. Un autre facteur augmentant les TMS réside dans le vieillissement de la population. Enfin, les TMS sont plus médiatisés et plus reconnus.

Face à cette forte augmentation et aux problèmes humains et financiers qui en résultent (handicap, restriction temporaire, inaptitude, absentéisme, turn-over, perte de production, perte de temps, préjudice d'image, difficultés de recrutement et de reclassement des victimes...) les acteurs concernés par les TMS se sont fortement mobilisés. Ceci explique le ralentissement de la progression des TMS. Cependant, de nombreux efforts restent à fournir.

17. *www.inrs.fr/risques/tms-troubles-musculosquelettiques.html*

RRH dans une entreprise du BTP, l'amélioration de la prévention des TMS dans votre entreprise s'avère complexe. Vous souhaitez (ré) informer vos proches collaborateurs :

- *des facteurs qui augmentent les risques de survenue des TMS ;*
- *des causes qui expliquent que les TMS peuvent être pris en compte tardivement par les personnes qui en souffrent ;*
- *des acteurs institutionnels susceptibles de vous aider dans la mise en place d'une démarche sur mesure de prévention des TMS.*

CORRIGÉ

1 – Les facteurs augmentant les risques de survenue des TMS

Les principaux facteurs qui augmentent la survenue des TMS sont :
– les positions articulaires angulaires extrêmes ;
– les efforts excessifs ;
– les gestes répétitifs ;
– le travail en position statique ;
– le port de charges lourdes ;
– le stress ressenti au travail (contraction des muscles).

2 – Les causes de la prise en compte tardive des TMS par ceux qui en souffrent

Dans un premier temps, le travailleur rechigne à aller consulter le médecin pour une douleur qu'il juge supportable. Ce n'est que lorsque la douleur s'intensifie et qu'elle devient exténuante que le travailleur se résout à aller chez le médecin.

Un autre point réside dans la peur du travailleur de se voir reconnu comme invalide. Ce statut implique effectivement la perte de possibilités d'avancement, de statut social, d'argent…

La lourdeur administrative qu'implique la reconnaissance d'une maladie relative aux TMS refroidit également ceux qui en souffrent.

Enfin, les victimes de TMS peuvent craindre le regard que leur entourage risque de porter sur eux.

3 – Les spécialistes de la prévention des TMS[18]

– ***La CNAMTS*** (Caisse nationale de l'assurance-maladie des travailleurs salariés) est à la tête du réseau de prévention des risques professionnels des CARSAT (Caisse d'assurance retraite et de la santé au travail).

– ***Le réseau ANACT*** (Agence nationale pour l'amélioration des conditions de travail avec dans chaque région une ARACT) propose aux entreprises des actions concertées de diagnostics et de conseils ainsi que des méthodes innovantes. Il fait également part aux entreprises des diverses expériences menées en matière d'amélioration des conditions de travail.

– ***L'INRS*** (Institut national de recherche et de sécurité pour la prévention des accidents du travail et des maladies professionnelles) fait office de ressource pour la protection de la santé et de la sécurité de l'Homme au travail.

– ***L'OPPBTP*** (Organisme professionnel de prévention du bâtiment et des travaux publics) est le principal conseiller de la branche du BTP en matière de prévention, de sécurité, de santé et d'amélioration des conditions de travail.

– ***L'Agefiph*** (Association de gestion du fonds pour l'insertion professionnelle des personnes handicapées) est une association paritaire qui apporte des services, des aides financières ainsi que l'appui d'un réseau de professionnels spécialisés sur la question spécifique du handicap.

– ***Les SST*** (Services de santé au travail) : médecins du travail et équipe pluridisciplinaire (infirmières et IPRP, psychologues, ergonomes...).

– ***L'Inspection du travail***, service relevant de la ***DREETS*** (Direction régionale de l'économie, de l'emploi, du travail et des solidarités), est composée d'agents de contrôle qui sont en charge du respect de la réglementation en vigueur. Ceux-ci peuvent apporter un conseil sur la législation applicable et les obligations des employeurs.

18. *http://www.travailler-mieux.gouv.fr/De-vraies-bonnes-methodes-pour.html*

EXERCICE 40 L'évaluation des risques psychosociaux

Vous venez d'être recruté comme DRH en temps partagé par une PME de 43 salariés. En consultant le document unique d'évaluation des risques professionnels, vous découvrez que votre prédécesseur n'y a pas intégré les risques psychosociaux. Vous décidez d'en parler au dirigeant de l'entreprise qui, en retour, vous demande :

- *Qu'est-ce que c'est un « risque psychosocial » ?*
- *Est-il obligatoire d'intégrer les risques psychosociaux dans le document unique ?*
- *Quels sont les facteurs qui favorisent les risques psychosociaux ?*
- *Si de tels risques existent, quelles peuvent en être les conséquences pour mon entreprise et pour mes salariés ?*
- *Puisque vous êtes là, vous pouvez vous en occuper ! Comment comptez-vous travailler sur ce sujet ?*

CORRIGÉ[19]

1 – Définition d'un risque psychosocial

Les risques psychosociaux (RPS) sont définis comme un risque pour la santé mentale, physique et sociale, dont les déterminants sont à rechercher à la fois dans les conditions d'emploi, les facteurs liés à l'organisation du travail et aux relations de travail et qui peuvent interagir avec le fonctionnement mental des individus. Ils sont donc à l'interface de l'individu (facteurs individuels) et de sa situation de travail (facteurs organisationnels).

Cette expression recouvre des situations variées telles que le stress, les violences internes (harcèlement moral, harcèlement sexuel) et les violences externes (violences exercées par des personnes extérieures à l'entreprise à l'encontre des salariés). Ces risques comportent une dimension subjective qui relève de la perception propre à chaque individu mais peuvent néanmoins être évalués et mesurés afin d'en apprécier l'évolution dans le temps.

19. Ce corrigé s'inspire des outils mis à la disposition des petites entreprises par le ministère du Travail sur son site internet afin de les aider à mieux appréhender les risques psychosociaux.

2 – Document unique et risques psychosociaux : obligations légales

La prévention des risques psychosociaux (RPS) s'inscrit dans l'obligation générale de prévention des risques professionnels. Un employeur doit donc les évaluer pour les supprimer ou, à défaut, les réduire en mettant en place un plan d'actions.

Le décret du 5 novembre 2001 a en effet rendu obligatoire la transcription de l'inventaire des risques dans un document unique. La loi de modernisation sociale du 17 janvier 2002 a complété la législation existante en rendant obligatoire la prise en compte des risques psychosociaux, au même titre que tous les autres risques professionnels.

Le fait de ne pas avoir procédé à l'évaluation des RPS et de ne pas l'avoir transcrite dans le document unique d'évaluation des risques (ou de ne pas avoir mis à jour ce document) constitue une infraction punie d'une amende contraventionnelle. Par ailleurs, en cas d'accident du travail ou de maladie professionnelle, le salarié ou ses ayants droit peuvent mettre en avant l'existence d'une faute inexcusable de la part de l'employeur.

3 – Facteurs à l'origine des risques psychosociaux

Les études scientifiques ont mis en évidence de nombreux facteurs à l'origine des RPS. Ils peuvent être regroupés en quatre grandes familles :

- les exigences du travail et son organisation : autonomie dans le travail, degré d'exigence au travail en matière de qualité et de délais, vigilance et concentration requises, injonctions contradictoires ;
- le management et les relations de travail : nature et qualité des relations avec les collègues, les supérieurs, reconnaissance, rémunération, justice organisationnelle ;
- la prise en compte des valeurs et attentes des salariés : développement des compétences, équilibre entre vie professionnelle et vie privée, conflits d'éthique ;
- les changements du travail : conception des changements de tout ordre, nouvelles technologies, insécurité de l'emploi, restructurations…

4 – Conséquences de l'existence de risques psychosociaux dans l'entreprise

Les RPS peuvent avoir des effets négatifs pour les salariés comme pour l'entreprise :

- ***pour les salariés***, les RPS ont des effets délétères sur la santé à la fois physique et mentale : augmentation de la tension artérielle, comportements à risque, maladies cardio-vasculaires, troubles musculo-squelettiques (TMS), pathologies mentales (dépression, anxiété)… ;
- ***pour l'entreprise***, l'apparition de ces risques favorise l'absentéisme, le turnover, le non-respect des horaires ou des exigences de qualité, les problèmes de discipline, la réduction de la productivité, les accidents de travail, la dégradation du climat social… Plus globalement, ces dysfonctionnements affectent les résultats de l'entreprise, portent atteinte à son image et peuvent susciter le mécontentement des clients.

Le fait de travailler à prévenir ces risques psychosociaux conduit à prendre le temps de comprendre, d'écouter et de dialoguer sur ce que sont les facteurs de RPS dans l'entreprise et à réfléchir à l'organisation du travail. Ce temps pris pour améliorer les conditions de travail et la manière dont les salariés les vivent favorise leur implication, renforce la cohésion des équipes et contribue à améliorer la performance de l'entreprise.

5 – Méthode de travail

En tant que DRH en temps partagé, votre méthode de travail pourrait reposer sur les quatre grandes étapes suivantes :

Étape 1 : Impliquer le chef d'entreprise et clarifier les rôles

Si un DRH en temps partagé peut prendre en charge une partie du travail associé aux risques psychosociaux, l'implication du chef d'entreprise est essentielle. Celui-ci doit avoir un rôle d'impulsion pour montrer que la question des conditions de travail constitue un sujet d'intérêt pour l'entreprise. Le chef d'entreprise doit ainsi montrer sa volonté de s'engager, expliquer la démarche et expliciter son rôle et celui du DRH auquel sera déléguée la mise en œuvre de la démarche.

Étape 2 : Constituer un groupe de travail

Constituer un petit groupe de travail est un moyen d'organiser la participation des salariés. Sa mission est d'apporter sa connaissance des situations de travail. Chacun apporte des informations et son regard sur ses relations avec les autres, sur les conditions et l'organisation du travail.

La constitution du groupe se fait en concertation avec les élus du personnel s'ils existent dans votre entreprise. Dans notre cas, le groupe de travail peut intégrer : le chef d'entreprise (qui conserve sa responsabilité d'employeur sur ce sujet) ; le DRH, un ou des élus du personnel et/ou des salariés sur la base du volontariat. Le médecin du travail peut être invité à participer en tant que conseiller de l'employeur et des salariés.

Étape 3 : Évaluer les risques avec le groupe de travail

Le travail peut débuter en s'appuyant sur les données disponibles dans l'entreprise qui peuvent constituer une première base de discussion comme, par exemple, le document unique d'évaluation des risques existant, les arrêts de travail pour accidents du travail et maladies professionnelles, les absences, les données transmises par le médecin du travail (fiche d'entreprise, courriers d'alerte…), les questions posées par les élus du personnel (registre des délégués du personnel), une mise en demeure éventuelle du service d'inspection du travail, les alertes internes… Au regard de ces indicateurs, le groupe peut enrichir ces données de ses propres observations.

À ce stade, les échanges vont pouvoir s'orienter vers l'identification des facteurs de risques psychosociaux auxquels sont confrontés les salariés dans les situations de travail de manière à établir un état des lieux sur les facteurs de risques psychosociaux présents ou non dans l'entreprise.

Pour une analyse plus approfondie, le groupe de travail peut s'appuyer sur les outils mis à la disposition des entreprises de moins de 50 salariés par l'INRS (Institut National de Recherche et de Sécurité : www.inrs.fr). L'INRS a ainsi conçu une brochure pour repérer et évaluer les facteurs de RPS et les intégrer dans le document unique en donnant des exemples de pistes pour la définition du plan d'actions[20]. Un logiciel, sous la forme d'une grille Excel, permet également aux entreprises de moins de 50 salariés de s'interroger sur la présence ou non des RPS en répondant à une quarantaine de questions (par exemple : « *l'entreprise est-elle confrontée à un problème récurrent d'absentéisme ?* » ; « *les salariés peuvent-ils joindre facilement un responsable lorsqu'ils sont confrontés à un problème qu'ils ne peuvent pas résoudre eux-mêmes ?* ») [21].

Étape 4 : Intégrer le résultat de l'évaluation des RPS dans le document unique d'évaluation des risques et programmer les actions de prévention

Une fois que le groupe a procédé à l'évaluation des RPS, il s'agit alors de faire des propositions concrètes qui permettront d'élaborer un plan d'actions de prévention : définition et programmation des actions de prévention qu'il faut également intégrer au document unique.

Le résultat de l'évaluation des facteurs de RPS va contribuer à compléter le document unique d'évaluation des risques avec l'identification des facteurs de risques, des situations de travail s'y rapportant, l'impact sur la santé des individus et le collectif de travail ainsi que le niveau d'intensité du risque. Le plan d'actions de prévention pourra être joint au document unique.

20. Brochure à consulter et télécharger : *http://www.inrs.fr/media.html?refINRS=ED%206140*

21. Logiciel à télécharger en ligne : *http://www.inrs.fr/media.html?refINRS=outil37*

THÈME 10

Les relations sociales

EXERCICE 41 Questions à choix multiple

1 – *Le Comité Social et Économique (CSE) doit être mis en place (une seule réponse possible) :*

- ❒ a. dans toutes les entreprises, qu'elle que soit leur taille
- ❒ b. dans les entreprises d'au moins 11 salariés
- ❒ c. dans les entreprises d'au moins 50 salariés
- ❒ d. dans les entreprises d'au moins 300 salariés
- ❒ e. sa mise en place est facultative

2 – *L'entreprise Caramba compte 357 salariés. De quelles commissions est composé le CSE (plusieurs réponses possibles) ?*

- ❒ a. une commission santé, sécurité et conditions de travail
- ❒ b. une commission économique
- ❒ c. une commission de la formation
- ❒ d. une commission d'information et d'aide au logement
- ❒ e. une commission de l'égalité professionnelle
- ❒ f. une commission des marchés

3 – ***De quelles ressources financières le Comité Social et Économique (CSE) dispose-t-il pour fonctionner (une seule réponse possible) ?***

❒ a. aucune ressource financière

❒ b. un budget des activités sociales et culturelles

❒ c. un budget de fonctionnement

❒ d. un budget de fonctionnement et un budget des activités sociales et culturelles

4 – ***Parmi les cas suivants, cochez la(les) situation(s) qui correspond(ent) à « un exercice normal du droit de grève » :***

❒ a. Monsieur Dupont est venu travailler avec un autocollant sur sa veste indiquant « Non aux CDD ! »

❒ b. Madame Martin, sympathisante de Greenpeace, s'est déclarée en grève en raison d'un appel de l'organisation pour la défense des oursons blancs

❒ c. Monsieur Durand est le seul salarié de son entreprise à participer à un mot d'ordre national de la CGT contre la réforme des retraites

❒ d. Madame Bernard et Monsieur Bertrand, employés de la PME Claude au service expédition, ont enregistré deux fois moins de colis que d'habitude, retardant le départ des camions. Ils se déclarent grévistes et protestent contre la dégradation de leurs conditions de travail

5 – ***L'entreprise Oméga compte 256 salariés dont 3 sont syndiqués à la CGT (20 % des voix aux dernières élections professionnelles dans l'entreprise). Monsieur Gérard annonce au DRH (vous) qu'il vient d'être désigné délégué syndical par la CGT :***

❒ a. Vous le félicitez et lui donnez rendez-vous pour la prochaine négociation

❒ b. Vous lui demandez de faire la preuve de la représentativité de la CGT dans l'entreprise

❒ c. Vous refusez de le reconnaître

CORRIGÉ

1 – Bonne réponse : ❒ b

Depuis le 1er janvier 2020, toutes les entreprises d'au moins 11 salariés doivent avoir mis en place un Comité Social et Économique (CSE).

Le CSE remplace les anciennes instances représentatives du personnel (délégués du personnel, comité d'entreprise et comité d'hygiène, de sécurité et des conditions de travail) en les fusionnant).

Dans les entreprises de moins de 50 salariés, la délégation du personnel au CSE a pour mission de présenter à l'employeur les réclamations individuelles ou collectives des salariés (relatives aux salaires, à l'application du Code du travail, etc.).

Dans les entreprises d'au moins 50 salariés, le CSE a, de surcroît, pour mission d'assurer une expression collective des salariés permettant la prise en compte de leurs intérêts dans les décisions relatives à la gestion et à l'évolution économique et financière de l'entreprise, à l'organisation du travail, à la formation professionnelle et aux techniques de production. Le CSE a également des attributions en matière d'activités sociales et culturelles.

2 – Bonne réponse : ❒ a ❒ c ❒ d ❒ e ❒ f (sous certaines conditions)

Dans les entreprises d'au moins 300 salariés, le Comité Social et Économique (CSE) est composé :

- d'une commission santé, sécurité et conditions de travail chargée de veiller au bien-être du salarié au sein de l'entreprise ;
- d'une commission de la formation chargée d'étudier les dispositifs de formation professionnelle continue ;
- d'une commission d'information et d'aide au logement chargée de faciliter l'accession du salarié à la propriété et à la location d'un logement ;
- d'une commission de l'égalité professionnelle chargée d'étudier la politique sociale de l'entreprise.

Une commission des marchés est mise en place au sein du comité social et économique qui dépasse au moins deux des trois critères suivants : 50 salariés à la clôture de l'exercice ; 3 100 000 euros de ressources annuelles ; 1 550 000 euros de total du bilan. Cette commission est chargée, pour des marchés dont le montant est supérieur à 30 000 euros, de choisir les fournisseurs et prestataires du comité, en fonction de critères arrêtés par le CSE.

Une commission économique chargée d'étudier les documents économiques et financiers de l'entreprise est mise en place dans les entreprises d'au moins 1 000 salariés.

3 – Bonne réponse : ❒ d

Le Comité Social et Économique (CSE) est doté d'un budget de fonctionnement et d'un budget des activités sociales et culturelles. Le budget de fonctionnement du CSE est fixé à 0,20 % de la masse salariale brute dans les entreprises de 50 à 2 000 salariés et à 0,22 % dans les entreprises de plus de 2000 salariés. L'employeur verse la subvention de fonctionnement. Le budget des activités sociales et culturelles est fixé par accord d'entreprise.

4 – Bonne réponse : ❒ c

Seule situation d'exercice normal du droit de grève : Monsieur Durant répond à un mot d'ordre national de la CGT et sera donc considéré comme gréviste même s'il est l'unique salarié de son entreprise.

Dans les autres cas :

- Monsieur Dupont n'est pas gréviste car il n'a pas cessé le travail ;
- Madame Martin n'est pas gréviste car sa revendication n'a pas un but professionnel et ne peut pas être satisfaite par son employeur ;
- Madame Bernard et Monsieur Bertrand ralentissent les cadences. Il s'agit d'une grève perlée et non d'un exercice normal du droit de grève.

Toute situation qui n'entre pas dans la définition de l'exercice normal du droit de grève peut être considérée comme une exécution fautive du contrat de travail.

5 – Bonne réponse : ❒ a

Depuis la loi du 20 août 2008, chaque organisation syndicale représentative dans l'entreprise ou l'établissement de 50 salariés ou plus, qui constitue une section syndicale, peut désigner un ou plusieurs DS, parmi les candidats aux élections professionnelles qui ont recueilli au moins 10 % des suffrages exprimés au premier tour des dernières élections au CE ou de la DUP ou des DP, quel que soit le nombre de votants. Monsieur Gérard n'a donc pas à faire la preuve de la représentativité de ce syndicat et peut être désigné délégué syndical.

Exercice 42 Analyse du climat social

Jeune stagiaire au sein de la Direction des Ressources Humaines d'une grande entreprise (trois établissements en France), votre mission consiste à saisir et analyser les résultats de la première enquête d'opinion menée par la DRH auprès des salariés. Sur les 1 234 salariés, 360 ont répondu. Après traitement de l'ensemble des questions, voici les principaux résultats que vous en retirez :

Caractéristiques de l'entreprise et de l'échantillon des répondants

Caractéristiques	Entreprise	Échantillon
Part des femmes	33 %	40 %
Part des cadres	25 %	32 %
Moyenne d'âge	38 ans	35 ans

Principaux résultats de l'enquête

Concernant l'entreprise et ses orientations stratégiques :

- *80 % des répondants se disent bien informés de la stratégie de l'entreprise ;*
- *67 % se déclarent optimistes quant à l'avenir de l'entreprise ;*
- *42 % sont en accord avec les orientations stratégiques de l'entreprise ;*
- *65 % des répondants sont fiers de travailler pour leur entreprise.*

Concernant le contenu du travail et les relations de travail :

- *84 % des répondants trouvent leur travail intéressant ;*
- *72 % jugent que leur niveau de responsabilité est satisfaisant ;*
- *70 % sont satisfaits de leur relation avec leur supérieur hiérarchique ;*
- *83 % sont satisfaits de leur relation avec leurs collègues de travail ;*
- *54 % sont motivés par leur travail.*

Concernant la rémunération :

- *61 % des répondants se déclarent satisfaits de leur niveau de rémunération ;*
- *40 % jugent l'évolution de leur rémunération satisfaisante ;*

- *42 % jugent leur rémunération équitable par rapport aux collègues de l'entreprise ;*
- *34 % jugent leur rémunération équitable par rapport aux collègues d'autres entreprises.*

- *Que pensez-vous du profil des répondants ?*
- *Quelle est votre analyse du climat social dans l'entreprise ?*
- *Quelles recommandations feriez-vous pour améliorer la prochaine enquête et, plus généralement, pour améliorer l'appréhension du climat social de cette entreprise ?*

CORRIGÉ

1 – Le profil des répondants

Le taux de réponse à l'enquête est de 29 %. Pour une enquête d'opinion interne, il paraît faible. Néanmoins, il s'agit de la première fois qu'une telle enquête est menée dans cette entreprise.

Le profil des répondants diffère de celui du salarié moyen de l'entreprise. Les femmes, les jeunes et les cadres sont sur représentés dans l'échantillon. Il conviendra de conserver ces biais en tête au moment de l'analyse des résultats. Ces différences peuvent notamment venir du mode de diffusion qui a été retenu pour l'enquête ou encore des différences de participations entre sites (par exemple : un taux plus élevé de participation des salariés du siège) ou entre services (par exemple : un taux plus élevé de participation des salariés du service Ressources Humaines que du service achats).

2 – L'analyse du climat social

L'analyse des résultats de l'enquête est délicate dans la mesure où nous ne disposons pas d'éléments directs de comparaison. D'une part, c'est la première fois que cette enquête est menée, donc il n'est pas possible de suivre l'évolution des résultats. D'autre part, l'entreprise ayant diffusé elle-même son questionnaire ne bénéficie pas de points de comparaison externes qu'un cabinet de conseil ou une société d'enquêtes aurait pu lui apporter.

Facteurs	Favorables à un bon climat social	Défavorables au climat social
Stratégie	• Bon niveau d'information	• Orientations mal comprises et/ou désapprouvées
Contenu du travail	• Intérêt du travail et niveau de responsabilité élevés	
Relations de travail	• Très bonnes relations avec les collègues • Bonnes relations avec l'encadrement	
Rémunération	• Niveau de la rémunération satisfaisant	• Manque d'équité interne et externe • Manque de dynamisme de la politique de rémunération (évolution peu satisfaisante)
Sentiment d'appartenance à l'entreprise	• Niveau élevé de fierté • Sentiment de sécurité (relatif optimisme par rapport à l'avenir)	• Niveau moyen de motivation

Compte tenu des précautions mentionnées ci-dessus et du tableau précédent, le climat social ne semble pas inquiétant dans cette entreprise et les salariés sont dans l'ensemble motivés, même s'il convient de s'interroger sur ce score de motivation moyen et de trouver les facteurs à améliorer pour le faire augmenter.

Les salariés se déclarent très majoritairement satisfaits par le contenu de leur travail, leur niveau de responsabilités et leurs relations de travail. Ces facteurs contribuent donc à leur motivation. Si les relations avec le supérieur hiérarchique semblent moins bonnes que celles avec les collègues, ce résultat est habituel dans les enquêtes de climat social.

Les résultats pour la rémunération sont plus nuancés, mais concordent, là encore, avec les résultats généralement obtenus dans les enquêtes sur ce thème. La rémunération est, en effet, dans la plupart des cas, un facteur d'insatisfaction. Toutefois, il est notable ici que l'équité externe (comparaisons avec des collègues d'autres entreprises), plus que l'équité interne, pose problème. De plus, la politique de rémunération gagnerait à être dynamisée. Plus que le niveau, c'est le rythme et donc les modalités d'augmentation qui sont mis en cause par les salariés. La politique de rémunération semble donc peu contribuer à la motivation. Est-elle suffisamment individualisée ? L'entreprise tient-elle compte de l'évolution des rémunérations dans son secteur d'activité ?

Enfin, le sentiment d'appartenance à l'entreprise semble assez présent puisque 65 % des salariés sont fiers d'y travailler. Ce sentiment est certainement renforcé par le bon niveau d'information sur la stratégie de l'entreprise. Cette information ne semble cependant pas suffisante ou convaincante puisque les salariés demeurent relativement inquiets face à l'avenir.

De surcroît, moins de la moitié d'entre eux sont en accord avec les orientations stratégiques de l'entreprise. Plus que les insatisfactions relatives à la politique de rémunération, ces résultats peuvent être révélateurs de tensions sociales. Ils portent à s'interroger sur la qualité de la communication interne et le rôle des dirigeants, ainsi que sur la nature des décisions stratégiques qui ont été adoptées et sur leurs conséquences.

3 – Les recommandations pour améliorer l'appréhension du climat social

Deux pistes principales peuvent être retenues pour améliorer l'appréhension du climat social. Il s'agit, tout d'abord, d'améliorer l'outil existant et, ensuite, de développer de nouveaux outils.

a) Amélioration de l'enquête

Principales recommandations pour améliorer l'enquête :

- réaliser l'enquête annuellement et distinguer les résultats établissement par établissement permettra de mieux comprendre le climat social en disposant d'éléments de comparaison dans le temps et dans l'espace ;
- améliorer la communication interne relative à l'enquête pour augmenter le taux de participation (présentation de l'enquête sur le site intranet, relances systématiques, diffusion en format papier et électronique, organisation d'un jeu-concours...) ;
- augmenter le nombre de thèmes traités pour cerner d'autres questions et notamment améliorer l'évaluation de la politique de Gestion des Ressources Humaines en interrogeant les salariés sur la politique de formation, l'entretien annuel d'évaluation, les possibilités d'évolution dans l'entreprise, ou encore les interroger sur leur perception du climat social, leurs relations avec leurs dirigeants et le dialogue social...

b) Développement de nouveaux outils

La mise en place de cette enquête d'opinion témoigne du fait que l'entreprise soit préoccupée par le climat social. Elle a donc intérêt à développer une stratégie de veille sociale plus large que la simple mise en place d'une enquête d'opinion annuelle.

Voici les autres principaux outils de veille sociale :

- l'analyse des documents sociaux : suivi d'indicateurs relatifs au turnover, à l'absentéisme, au nombre de jours de grèves... ;
- l'état des rapports entretenus avec les représentants du personnel : ces rapports sont-ils plus ou moins conflictuels, y a-t-il de nouveaux thèmes de revendications... ? ;
- l'étude des documents syndicaux pour en connaître le contenu et le ton : tracts, intranet syndical ;
- le dialogue avec l'encadrement intermédiaire pour mieux cerner les attentes et difficultés du terrain.

EXERCICE 43 Suivi de la conflictualité

L'entreprise de transport régional TRCF véhicule chaque jour en moyenne plus d'un million de voyageurs en métro et bus. La continuité de son activité est donc un enjeu économique et social majeur. Elle emploie près de 3 800 salariés. La DRH a notamment pour mission d'animer les relations sociales dans le souci de réduire la conflictualité. À la fin de l'année N+1, TRCF a conclu un accord s'inspirant du dispositif dit d'alarme ou d'alerte sociale.

Voici quelques extraits du rapport d'activité de TRCF :

Données concernant les conflits

Le tableau suivant donne des indications concernant les mouvements et la prévention des conflits :

	N	N+1	N+2	N+3	N+4
Mouvements spontanés (arrêts de travail sans préavis)	9	10	7	5	5
Alarmes sociales	/	/	55	73	77
Mouvements suite à une alarme sociale	/	/	7	6	6

Le taux de participation aux arrêts de travail et le niveau moyen de trafic sur le réseau assuré les jours de grève ont suivi l'évolution suivante :

	N	N+1	N+2	N+3	N+4
Participation aux arrêts de travail (nombre de jours de grève par agent)	1,7	1,5	1,3	0,51	0,44
Niveau moyen de trafic assuré	65 %	71 %	74 %	84 %	90 %

Autres données RH

	N	N+1	N+2	N+3	N+4
Interruptions de contrat					
Licenciements	11	10	12	11	10
Démissions	20	21	20	18	17

Absentéisme (nombre moyen de journées d'absence par agent)					
Absence pour maladie	*10,9*	*11,1*	*10,4*	*10,5*	*10,3*
Absence pour maternité	*3,2*	*3,3*	*3,1*	*3,2*	*3,1*
Absence pour accident du travail	*1,4*	*1,5*	*1,6*	*1,8*	*1,9*

- *Qu'est-ce qu'un dispositif « d'alarme sociale » ? Citez des entreprises françaises qui ont mis en place de tels dispositifs.*
- *Commentez l'évolution des conflits chez TRCF. Quelle est votre évaluation du dispositif d'alarme sociale ?*
- *Quels sont les autres indicateurs révélateurs du climat social ? Commentez leur évolution.*

CORRIGÉ

1 – L'alarme sociale

Le dispositif d'alarme sociale a pour objectif de limiter le nombre de grèves. Il est mis en place par un accord collectif et prévoit une série d'étapes obligatoires comme l'envoi d'un courrier à la direction par un ou des syndicats sur l'éventualité d'un conflit, l'obligation pour la direction de recevoir le (ou les) syndicat(s) dans les cinq jours suivant le déclenchement de l'alarme et la rédaction d'un constat d'accord ou de désaccord avant le dépôt d'un préavis de grève.

Ce dispositif permet de formaliser les relations sociales et, en général, de désamorcer les conflits avant d'aboutir à une grève.

La RATP a été la première entreprise à mettre en place ce dispositif, en 1996. Elle a été imitée par la SNCF en 2003.

2 – Évolution de la conflictualité chez TRCF

La conflictualité chez TRCF est manifeste, ce qui est courant dans le secteur des transports. Néanmoins, la mise en place d'un dispositif d'alarme sociale à la fin de l'année N+1 a permis d'améliorer sensiblement la situation. Il est tout d'abord notable de constater que l'alarme sociale a été utilisée dès l'année de sa mise en place et, qu'entre N+2 et N+4, le recours à l'alarme sociale a augmenté de 40 %.

Le dispositif d'alarme sociale semble avoir joué son rôle et réussi à limiter le nombre de conflits. Le taux de participation des agents aux arrêts de travail est en baisse continue : il a diminué de plus de 74 %, passant de 1,7 jours par agent et par an en N à 0,44 en N+4. Cette baisse a pour corollaire une nette amélioration du niveau moyen de service assuré les jours de grève qui passe de 65 % à 90 % entre N et N+4, soit une hausse de 25 points.

La mise en place de l'alarme sociale semble avoir permis de limiter le nombre de mouvements spontanés en faisant entrer la pratique de la négociation dans la culture de l'entreprise. Ainsi, le nombre de mouvements spontanés, qui augmentait avant la création de l'alarme sociale, a diminué continuellement entre N+1 et N+4 et a été réduit de moitié. Le recours à l'alarme sociale s'est avéré de plus en plus efficace pour résoudre les conflits. En effet, en N+2, l'alarme sociale a été déclenchée 55 fois et a été suivie dans 7 cas d'un conflit (12 % des alarmes sociales ont donc conduit à un mouvement de grève), alors qu'en N+4, malgré l'augmentation du nombre d'alarmes sociales, le nombre de mouvements de grève subséquent a été réduit à 6 (soit moins de 8 % des cas).

3 – Autres indicateurs du climat social

La dégradation du climat social dans une entreprise génère de la conflictualité. La conflictualité dans une entreprise n'est pas limitée au nombre de jours de grève et d'autres éléments permettent de l'appréhender.

Les données sur TRCF ne donnent pas d'informations sur d'autres formes de conflits que sont le refus d'heures supplémentaires, les manifestations ou encore les pétitions. Par contre, certaines données concernant les Ressources Humaines sont susceptibles de traduire l'évolution du climat social et de la conflictualité latente.

Ainsi, l'analyse des interruptions de contrats témoigne d'une amélioration du climat social : le nombre de licenciements reste assez stable entre N et N+4, tandis que les démissions sont orientées à la baisse depuis N+1. Le nombre moyen de journées d'absence pour maladie par agent est également en baisse depuis N+1. Par contre, l'absentéisme pour cause d'accident du travail connaît une augmentation forte et continue entre N et N+4 (+ 35,7 %). Cette hausse est inquiétante et révélatrice d'une dégradation des conditions de travail qui explique certainement une partie de la conflictualité endémique de l'entreprise.

EXERCICE 44 Les prud'hommes

Voici des extraits de témoignages de différents acteurs des prud'hommes (d'après la rubrique Témoignages sur le site http://www.prudhommes.gouv.fr).

Interview n° 1 : Gaël Jaumouillé, juge au Conseil de Prud'hommes des Sables d'Olonne

Quels sont les litiges les plus courants que vous avez à traiter en tant que juge prud'homal ?

La grande majorité des litiges porte sur la requalification d'un licenciement ou, plus généralement, sur l'interprétation de la rupture du contrat de travail. D'autres demandes annexes telles que le non-paiement d'heures supplémentaires, le harcèlement moral ou le non-paiement de congés payés peuvent également être abordées.

Une majorité de salariés a une bonne image des prud'hommes. Comment l'expliquez-vous ?

La justice prud'homale est une justice de proximité, accessible à tous, et qui, dans la grande majorité des cas, permet aux salariés d'être rétablis dans leurs droits, cela ne peut qu'inciter à donner une bonne image à cette juridiction.

Interview n° 2 : Alain Péclard, conseiller employeur (section commerce), Tribunal des prud'hommes de Seine et Marne

On dit souvent que les prud'hommes sont une justice pour les salariés, est-ce vrai ?

Je démens cette idée à 100 %. Dans l'ensemble des jugements que j'ai eu à rendre, il y a environ la moitié des affaires dans lesquelles les salariés sont déboutés. Ce qui prouve bien que, quand on défend bien les dossiers et que, quand la loi est bien appliquée, les choses sont justes et équitables. Les chefs d'entreprise sont autant défendus aux prud'hommes que les salariés ! Mais pour cela, il faut qu'en face des conseillers salariés, il y ait des entrepreneurs qui sachent répondre, qui puissent rester intègres, des patrons avec des convictions !

Interview n° 3 : Dominique Pimont, Présidente et vice-Présidente du Tribunal des prud'hommes de Bièvres

Que vous a apporté votre expérience aux prud'hommes ?

Beaucoup de choses ! J'ai beaucoup appris sur les relations sociales dans l'entreprise et sur les rapports entre les syndicats patronaux et de salariés. Je me suis notamment rendue compte des lacunes que pouvaient avoir certains chefs d'entreprises qui se retrouvaient aux prud'hommes malgré eux. Les employeurs manquent souvent d'informations et c'est aussi le rôle des conseillers prud'hommes de leur en apporter.

Pouvez-vous nous raconter une situation qui vous a marquée pendant votre activité aux prud'hommes ?

J'ai en tête de nombreuses situations où les chefs d'entreprises étaient pris de cours face à la procédure aux prud'hommes. Les employeurs sont souvent convaincus d'avoir bien fait les choses et ils se retrouvent très surpris et désarmés une fois convoqués devant le Tribunal. Une fois sur cinq, le chef d'entreprise convoqué est persuadé d'avoir respecté le droit du travail.

De mon côté, j'ai beaucoup travaillé sur l'information des chefs d'entreprises. Certaines procédures peuvent être évitées, comme les affaires de non-respect des délais dans le cadre d'un licenciement. Ce sont des petites choses bêtes mais qui peuvent coûter cher aux prud'hommes. Le non-respect d'un ou deux jours dans l'envoi d'une lettre de licenciement ou une convocation à un entretien préalable peut coûter par exemple trois mois de salaire ! Quand j'étais conseillère, je disais aux chefs d'entreprise « N'hésitez pas à nous poser des questions, à nous solliciter, comme le font les salariés avec leurs représentants dans l'entreprise ». Il faut que les employeurs aient le réflexe de s'adresser aux juges prud'homaux.

Interview n° 4 : Éric Musset, Président de la section des référés, Tribunal des prud'hommes de Paris

Votre activité aux prud'hommes vous plaît-elle ?

Mon activité aux prud'hommes me passionne car le droit du travail est intéressant. C'est un droit très complexe et tout le temps en mouvement. Ce qui m'intéresse : mettre en application le Code du travail ainsi que les conventions collectives négociées entre les organisations syndicales et patronales. On se retrouve dans des situations parfois difficiles mais qui sont très motivantes : prendre une décision par rapport à des faits qui vous sont soumis et qui ne sont pas toujours évidents à juger. Par exemple, au référé (la procédure d'urgence), les situations sont très difficiles. Les salariés arrivent avec des demandes urgentes qui mettent parfois leur vie professionnelle et personnelle en jeu. Je pense aux salariés qui n'ont pas été payés, mais aussi à ceux qui n'ont pas été licenciés légalement ou formellement et qui ne peuvent pas toucher les Assedic, etc. Il faut parfois savoir faire preuve de recul par rapport à ces affaires.

À partir de ces extraits de témoignages et de vos connaissances, décrivez le rôle du Conseil de prud'hommes :

- *Précisez la nature de la plupart des litiges traités ;*
- *Précisez sa composition :*
- *Précisez son mode de fonctionnement ;*
- *Expliquez en quoi une activité aux prud'hommes peut être passionnante.*

CORRIGÉ

1 – La nature de la plupart des litiges traités

Le Conseil de prud'hommes est une juridiction, c'est-à-dire un Tribunal, dont le rôle est de régler, par voie de conciliation ou de jugement, les *litiges individuels* nés à l'occasion de la conclusion, de l'exécution ou de la rupture du contrat de travail quel qu'il soit (CDI, CDD, contrat d'apprentissage...), entre un salarié et son employeur : reconnaissance de l'existence ou de la validité d'un contrat de travail, litiges concernant les salaires, primes, congés, formation, discrimination, licenciement, indemnisation, clause de non-concurrence...

La compétence du Conseil de prud'hommes n'inclut donc pas les conflits mettant en jeu des *intérêts collectifs* comme, par exemple, l'interruption d'une grève, le lock-out, des problèmes d'interprétation d'une convention collective ou d'un accord collectif entre une organisation syndicale et un employeur...

En revanche, le Conseil de prud'hommes est également compétent pour un litige opposant deux salariés, si celui-ci est lié au travail.

Dans la pratique, les affaires portent, avant tout, sur la rupture du contrat de travail, dans 50 % des cas, et sur le règlement des salaires ou des autres éléments de rémunération (primes, heures supplémentaires...) dans 40 % des cas.

2 – Composition des prud'hommes

Le Conseil de prud'hommes est une juridiction paritaire. Il est constitué de cinq sections autonomes :

- quatre sections correspondent à des secteurs d'activités différents : elles traitent les affaires propres à leur secteur (agriculture, industrie, commerce, activités diverses : activités libérales, artistiques, enseignement, employés de maison, concierges, gardiens d'immeuble...) ;

– la cinquième section est la section « Encadrement » : créée en 1979, elle est réservée aux cadres sous certaines conditions et aux salariés assimilés, quel que soit leur secteur d'activité.

Dans chaque section, des conseillers salariés et des conseillers employeurs siègent en nombre égal (en principe, au moins trois par collège). Ceux-ci sont issus du secteur d'activité concerné pour apprécier au mieux la réalité socio-économique.

La responsabilité de chaque section est confiée à un président et à un vice-président. Ces fonctions sont occupées alternativement par un conseiller salarié, puis un conseiller employeur. Ceux-ci sont élus tous les ans.

Chaque section est composée d'un bureau de conciliation et d'un bureau de jugement.

3 – Mode de fonctionnement des prud'hommes

La conciliation constitue la première étape obligatoire pour le règlement d'un litige présenté devant les conseils de prud'hommes. Elle vise à trouver un accord entre les deux parties qui doivent être présentes. Elle se déroule devant deux conseillers prud'hommes (l'un salarié, l'autre employeur) qui forment le bureau de conciliation.

Lorsque la procédure de conciliation n'a pas permis de trouver un accord entre les parties, ***le bureau de jugement*** va trancher le litige qui lui est soumis. Les parties doivent être présentes lors du jugement. Ce bureau est composé d'au moins deux conseillers « employeurs » et de deux conseillers « salariés » qui rendent leur décision après un débat oral et public.

S'il n'y a pas de décision à la majorité, il y a ***procédure de départage***, c'est-à-dire que l'affaire est renvoyée devant le même bureau de jugement présidé, cette fois, par le juge du Tribunal d'Instance. Le recours à cette tierce personne a pour fonction de permettre à une majorité de se dégager.

Une fois qu'une décision a été prise par le Conseil de prud'hommes, demeurent plusieurs voies de recours : opposition, appel, pourvoi en cassation…

Toutes les affaires présentées devant les conseils de prud'hommes sont dirigées vers la section correspondant à l'activité principale de l'entreprise ou devant la section Encadrement pour les cadres. Il existe toutefois, aussi, une ***formation de référé*** (formation transversale indépendante des sections) pour les affaires sans contestation sérieuse ou qui révèlent un trouble manifestement illicite qu'il convient de faire cesser en urgence.

Fonctionnement d'un conseil de prud'hommes

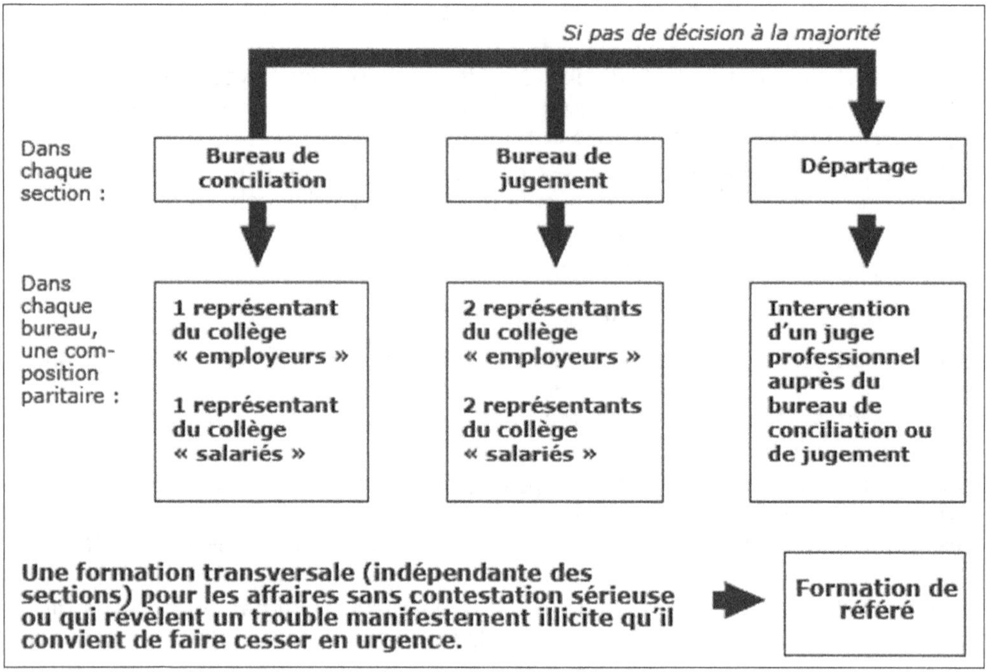

Source : http://www.prudhommes.gouv.fr

Les affaires présentées sont à l'origine soit du salarié, soit de l'employeur (personne physique ou morale).

Si l'employeur est une personne morale (SARL, association, etc.), un membre de l'entreprise (gérant, PDG...) doit être habilité à introduire la demande devant le Conseil de prud'hommes.

Par ailleurs, dans certains cas précis prévus par le Code du travail (par exemple, en cas de licenciement pour motif économique), les syndicats peuvent exercer une action devant le Conseil de prud'hommes en lieu et place du salarié.

La saisine du Conseil de prud'hommes est très simple : envoi d'une lettre simple ou recommandée ou présentation personnelle devant le greffe. La lettre doit indiquer :

- le nom et les coordonnées du demandeur ;
- sa profession ou, si le demandeur est employeur, sa qualité (gérant, etc.) ;
- le nom et les coordonnées du défendeur ;
- l'objet de la demande et le chiffrage de la demande ;
- la section dont le litige relève.

Le greffe enregistre la demande et informe les parties du jour et de l'heure de la séance de conciliation. Cette saisine peut être faite à tout moment, sauf s'il y a prescription (c'est-à-dire l'écoulement d'un certain délai au-delà duquel il n'est plus possible de réclamer son dû) ce qui rend irrecevable une action devant les Prud'hommes. Les délais de prescription varient en fonction des requêtes formulées par le demandeur (par exemple, en matière de salaire, le délai de prescription est de 5 ans).

Si la saisine du Conseil de prud'hommes est simple, il n'est toutefois pas possible de saisir n'importe quel conseil de prud'hommes. En effet, il existe une ***compétence territoriale*** qui doit être respectée pour que l'action soit recevable. Généralement, c'est le lieu de travail qui fixe la compétence géographique du conseil. Pour les activités professionnelles réalisées en dehors de tout établissement (VRP, visiteur médical, etc.), ou à domicile, on se réfère alors au domicile du salarié.

4 – Juge prud'homal : une activité passionnante

Être juge prud'homal peut être passionnant car :

- cette fonction permet de faire valoir le droit, d'agir en faveur de la justice, de défendre les salariés et les employeurs ;
- cette fonction permet une bonne connaissance et une mise en œuvre du droit du travail ;
- cette fonction procure une bonne connaissance des relations sociales en entreprise ;
- cette activité met en présence des hommes et des femmes qui connaissent le droit du travail et les réalités du terrain ;
- les affaires traitées peuvent être très diversifiées et revêtir une très grande importance pour les parties en présence ;
- cette fonction permet de jouer un rôle de conseil auprès des salariés ou des employeurs…

EXERCICE 45 La représentation du personnel des TPE

Vous êtes en stage dans un cabinet d'expertise comptable. Un jeune entrepreneur, nouveau client du cabinet, aimerait mieux comprendre l'impact de la loi Rebsamen du 17 août 2015 sur la représentation des salariés au sein des TPE et surtout savoir si celle-ci est remise en cause par les ordonnances Macron. Votre client, plongé dans la préparation de la création de son entreprise qui a abouti le 7 juillet 2018, n'a que peu suivi ce sujet d'actualité sociale. Très occupé, il est rebuté à l'idée de devoir chercher quelques articles sur le sujet et encore plus à celle de devoir se plonger directement dans le texte de loi Rebsamen pour en reprendre les points clefs si celle-ci est toujours valable. Le cabinet, dans lequel vous êtes en stage, vous charge donc de ce travail. En vous fondant principalement sur la loi Rebsamen et sur l'actualité sociale, il vous est demandé de répondre précisément aux questions suivantes :

- *Quelles étaient les conditions de représentation des salariés dans les TPE avant la loi Rebsamen ?*
- *Quel est le point clef de la loi Rebsamen en matière de représentation des salariés des TPE ? Les ordonnances Macron (ou ordonnances Travail) de 2017 ont-elles remis en cause les dispositions de la loi Rebsamen ?*
- *De quels moyens d'action dispose un salarié membre de la commission paritaire régionale interprofessionnelle pour exercer sa mission ?*

CORRIGÉ

1 – La représentation des salariés des TPE avant la loi Rebsamen

Avant la loi Rebsamen, la représentation du personnel de l'entreprise était assurée par des individus désignés (les délégués syndicaux) et par des individus salariés élus au suffrage direct (délégués du personnel, comité d'entreprise) ou indirect (CHSCT, comité central d'entreprise) en fonction de seuils d'effectif. Les principaux seuils étaient les suivants : 11 salariés minimum pour les délégués du personnel (DP), 50 salariés pour le comité d'entreprise (CE), le délégué syndical (DS) et le CHSCT. Ces seuils rendaient donc la représentation des salariés des TPE d'une extrême faiblesse. La représentation des salariés dans les TPE était possible dans le cadre des CPRIA (Commissions paritaires régionales interprofessionnelles de l'artisanat) et lorsque les salariés et les employeurs de ces entreprises relevaient de branches qui avaient mis en place des commissions paritaires régionales, départementales ou au niveau national et interprofessionnel ou multi professionnel.

2 – La représentation des salariés des TPE après la loi Rebsamen et les ordonnances Macron

La loi Rebsamen a modifié les règles de représentation des salariés des TPE mais les ordonnances Macron ne remettent pas en cause la loi Rebsamen en la matière.

La loi du 17 août 2015 relative au dialogue social et à l'emploi dite « loi Rebsamen » crée une Commission paritaire régionale interprofessionnelle (CPRI) propre aux TPE afin de représenter les salariés et employeurs d'entreprises de moins de 11 salariés relevant de certaines branches non couvertes par une commission paritaire à compter du 1er juillet 2017 (art. L. 23-111-1).

La commission paritaire régionale interprofessionnelle (CPRI) est composée de *vingt membres*, salariés et employeurs d'entreprises de moins de onze salariés, désignés par les organisations syndicales de salariés et par les organisations professionnelles d'employeurs (art. L. 23-112-1).

Les commissions paritaires régionales interprofessionnelles ont pour compétence (art. L. 23-113-1) :

- de donner aux salariés et aux employeurs toutes informations ou tous conseils utiles sur les dispositions légales ou conventionnelles qui leur sont applicables ;
- d'apporter des informations, de débattre et de rendre tout avis utile sur les questions spécifiques aux entreprises de moins de onze salariés et à leurs salariés, notamment en matière d'emploi, de formation, de gestion prévisionnelle des emplois et des compétences, de conditions de travail, de santé au travail, d'égalité professionnelle, de travail à temps partiel et de mixité des emplois ;
- de faciliter la résolution de conflits individuels ou collectifs n'ayant pas donné lieu à saisine d'une juridiction. La commission ne peut intervenir qu'avec l'accord des parties concernées ;
- de faire des propositions en matière d'activités sociales et culturelles.

Les membres de la commission ont, pour l'exercice de leurs fonctions, accès aux entreprises, sur autorisation de l'employeur.

3 – Les moyens d'actions d'un salarié membre de la Commission paritaire régionale interprofessionnelle (CPRI)

Les moyens d'actions accordés au salarié membre de la commission paritaire régionale interprofessionnelle prévus par la loi Rebsamen sont :

- un crédit d'heures : crédit de 5 heures par mois en plus du temps passé aux réunions de la commission ;
- l'octroi du statut de salarié protégé : la protection est valable tant que le salarié siège à la commission et pendant les six mois qui suivent l'expiration de son mandat ;
- l'assimilation du temps passé à l'exercice de sa mission à du temps de travail effectif.

Le mandat est d'une durée de 4 ans et est renouvelable.

THÈME 11

Le départ de l'entreprise

EXERCICE 46 Questions à choix multiple

1 – *Associer cause du départ et partie(s) à l'origine de la décision de départ :*

- ❒ a. la rupture conventionnelle
- ❒ b. le licenciement pour motif économique
- ❒ c. la transaction
- ❒ d. la démission
- ❒ e. le départ volontaire à la retraite
- ❒ f. le licenciement pour motif personnel
- ❒ g. la mise à la retraite

- ❒ 1. Départ à l'initiative du salarié
- ❒ 2. Départ à l'initiative de l'employeur
- ❒ 3. Départ par accord des parties

2 – ***Une rupture conventionnelle collective peut être décidée et mise en œuvre (plusieurs réponses possibles) :***

- ❒ a. unilatéralement par l'employeur
- ❒ b. avec l'accord de l'ensemble des salariés de l'entreprise
- ❒ c. après validation par la DREETS
- ❒ d. par accord collectif au niveau de l'entreprise
- ❒ e. après validation par le CSE

3 – ***Parmi ces différentes situations, quelles sont celles qui peuvent constituer un motif économique de licenciement (plusieurs réponses possibles) ?***

- ❒ a. le résultat d'exploitation de l'entreprise ABC est négatif depuis trois ans
- ❒ b. l'insuffisance professionnelle de Monsieur Noël qui a contribué à la baisse d'activité de son entreprise
- ❒ c. une réorganisation de l'entreprise XYZ décidée pour sauvegarder la compétitivité de l'entreprise avec suppression totale de certaines tâches
- ❒ d. la baisse du chiffre d'affaires entre janvier et mars N (le chiffre d'affaires étant reparti à la hausse sur le reste de l'année)
- ❒ e. la cessation d'activité de l'entreprise PQR

4 – ***Parmi ces différentes situations, quelles sont celles qui peuvent constituer un motif personnel de licenciement (plusieurs réponses possibles) ?***

- ❒ a. Monsieur Mohammed pratique le ramadan
- ❒ b. Monsieur Crésus, comptable de l'entreprise WXY, a détourné de l'argent de la société vers un de ses comptes personnels
- ❒ c. Monsieur Raymond Martin, Directeur Marketing de l'entreprise AB&Cie, est marié avec Madame Annie Martin, Directrice Marketing chez le principal concurrent de l'entreprise AB&Cie
- ❒ d. Madame Raft, caissière, a quitté son poste de travail en prenant 20 € dans la caisse
- ❒ e. Monsieur Tonneau, chauffeur routier, a été contrôlé au volant de son camion en état d'ivresse alcoolique

5 – ***Le certificat de travail est remis au salarié (une seule réponse possible) ?***

❒ a. en cas de licenciement

❒ b. au moment de son départ en retraite ou préretraite

❒ c. en cas de démission

❒ d. en cas de départ par accord des parties

❒ e. quelle que soit la cause du départ de l'entreprise

CORRIGÉ

1 – Bonnes réponses :

a – 3 ; b – 2 ; c – 3 ; d – 1 ; e – 1 ; f – 2 ; g – 2

2 – Bonnes réponses : ❒ c ❒ d

Une rupture conventionnelle collective est mise en œuvre via un accord collectif conclu au niveau de l'entreprise ou de l'établissement, accord qui détermine le contenu d'une rupture conventionnelle collective excluant tout licenciement. L'accord fixe également les objectifs à atteindre en termes de suppression d'emplois.

Pour être applicable, cet accord doit répondre aux conditions de validité des accords collectifs majoritaires et faire l'objet d'une validation ou d'une acceptation tacite par la direction régionale de l'économie, de l'emploi, du travail et des solidarités (DREETS).

3 – Bonnes réponses : ❒ a ❒ c ❒ d (sous conditions) ❒ e

Il y a difficulté économique lorsque l'entreprise connaît une évolution significative d'au moins un indicateur économique comme une baisse des commandes ou du chiffre d'affaires, des pertes d'exploitation ou une dégradation de la trésorerie ou de l'excédent brut d'exploitation, ou tout autre élément de nature à justifier de difficultés économiques. Les situations a, c et e correspondent à ces critères.

Concernant la baisse du chiffre d'affaires, la loi Travail du 6 août 2016 précise qu'une baisse significative des commandes ou du chiffre d'affaires est constituée lorsque, en comparaison avec la même période de l'année précédente, la baisse atteint une durée qui varie en fonction de la taille de l'entreprise :

Nombre de trimestres de baisse des commandes ou du chiffre d'affaires dans l'entreprise constituant une baisse significative	
Effectif de l'entreprise	**Nombre de trimestres de baisse des commandes ou du chiffre d'affaires constituant une baisse significative**
Moins de 11 salariés	1 trimestre
Au moins 11 salariés et moins de 50 salariés	2 trimestres consécutifs
Au moins 50 salariés et moins de 300 salariés	3 trimestres consécutifs
Au moins 300 salariés	4 trimestres consécutifs

La situation d peut donc constituer un motif économique de licenciement si l'entreprise concernée compte moins de 11 salariés et en comparaison de la même période sur l'année précédente.

En revanche, l'insuffisance professionnelle (situation b) représente un motif personnel, même si celle-ci a favorisé la baisse d'activité de l'entreprise.

4 – Bonnes réponses : ❐ b ❐ d ❐ e

Le motif personnel est un motif inhérent à la personne. Le licenciement peut être fondé sur le comportement du salarié (faute) ou sur d'autres motifs (insuffisance professionnelle, absences répétées ou prolongées entraînant l'impossibilité de maintenir le contrat de travail…). Ainsi, Monsieur Crésus et Madame Raft ont commis des fautes lourdes : vol et détournement de fonds. Dans le cas de Monsieur Tonneau, assurer ses fonctions dans un état d'ébriété constitue une faute grave. En revanche, aucun licenciement ne peut être fondé sur un motif discriminatoire comme la religion dans le cas de Monsieur Mohammed ou sur le seul lien familial comme dans le cas de Monsieur et Madame Martin.

5 – Bonne réponse : ❐ e

Le certificat de travail est un document obligatoirement remis par l'employeur au salarié, à l'expiration du contrat de travail, quel que soit le motif de la rupture et la durée du contrat.

À l'occasion de toute rupture du contrat de travail, l'employeur doit également établir un solde de tout compte, dont le salarié lui donne reçu, qui fait l'inventaire des sommes versées au salarié lors de la rupture du contrat ainsi que l'attestation Pôle Emploi qui permet au salarié de faire-valoir ses droits au chômage.

EXERCICE 47 Analyse du turnover

Vous travaillez pour le syndicat patronal d'une branche d'activité qui souhaite rester anonyme. Ce syndicat a lancé une grande enquête auprès de ses entreprises adhérentes pour étudier le turnover, sujet sensible pour certaines d'entre elles mais sur lequel peu de statistiques sont disponibles.

Vous avez donc à votre disposition les informations suivantes pour le secteur d'activité et pour deux entreprises ayant participé à l'étude (données sur la période N à N+2) :

– au niveau du secteur d'activité, le taux de turnover s'élève à 7 % ;

– les causes de départs au niveau du secteur d'activité sont réparties de la manière suivante :
- *démissions : 14 % du total des départs,*
- *licenciements, départs aidés, ruptures conventionnelles : 17 %,*
- *fins de contrats à durée déterminée : 23,5 %,*
- *départs au cours de la période d'essai : 5 %,*
- *retraites et préretraites : 40 %,*
- *décès : 0,5 %.*

Tableau 1 : Données sur les départs dans les entreprises A et B

	Entreprise A			Entreprise B		
	N	N+1	N+2	N	N+1	N+2
Nombre de démissions	336	468	654	72	70	43
Nombre de licenciements pour cause économique	0	0	0	0	0	358
Nombre de ruptures conventionnelles	18	32	48	15	14	13
Nombre de licenciements pour d'autres causes	340	360	414	34	54	43
Nombre de départs au cours de la période d'essai	164	198	265	34	38	34
Nombre de fins de contrats à durée déterminée	843	1 012	932	763	654	553

Nombre de départs en retraite ou préretraite	870	932	1 022	296	249	244
Nombre de décès	10	12	13	6	7	7
Départs au cours de l'année	**2 581**	**3 014**	**3 348**	**1 220**	**1 086**	**1 295**
Effectif de l'entreprise	**35 980**	**36 612**	**36 270**	**25 790**	**24 560**	**24 002**

- *En quoi le turnover peut-il être un problème pour les entreprises ?*
- *À partir des données disponibles, calculer le taux de turnover pour les entreprises A et B et la répartition des départs en fonction des différentes causes.*
- *Quelles conclusions pouvez-vous tirer de l'analyse des données précédentes pour ces deux entreprises ? Leurs situations respectives supposent-elles une réaction de la part de la DRH ?*

CORRIGÉ

1 – Le problème de turnover

Le turnover est un phénomène normal pour une organisation dans la mesure où celle-ci connaît nécessairement des départs, volontaires ou non. En revanche, un turnover excessif représente un problème pour la gestion des ressources humaines, en particulier du fait des coûts engendrés.

Le départ peut s'accompagner chez le salarié d'une perte d'efficacité avant même que celui-ci soit effectif. La baisse de productivité et/ou de qualité dans le travail du partant peut entraîner une baisse de qualité de la production et une insatisfaction des clients. Le turnover est également synonyme de perte de savoir-faire et de compétences pour l'entreprise. Les départs génèrent différents coûts : coûts liés au versement d'indemnités de départ, coûts de remplacement des partants, coûts de recrutement de nouveaux entrants (frais liés au recrutement mais également coûts de formation et d'apprentissage).

2 – Données sur le turnover

Le taux de turnover (ou taux de rotation) se calcule en rapportant le nombre de départs à l'effectif de l'entreprise au cours de l'année N x 100.

	Entreprise A			Entreprise B			Secteur d'activité
	N	N+1	N+2	N	N+1	N+2	Période N à N+2
Taux de turnover	**7,17 %**	**8,23 %**	**9,23 %**	**4,73 %**	**4,42 %**	**5,40 %**	**7 %**
Répartition des départs en fonction de leur cause							
Démissions	13,02 %	15,53 %	19,53 %	5,90 %	6,45 %	3,32 %	14 %
Licenciements pour cause économique	0,00 %	0,00 %	0,00 %	0,00 %	0,00 %	27,64 %	17 %
Ruptures conventionnelles	0,70 %	1,06 %	1,43 %	1,23 %	1,29 %	1,00 %	
Licenciements pour d'autres causes	13,17 %	11,94 %	12,37 %	2,79 %	4,97 %	3,32 %	
Départs au cours de la période d'essai	6,35 %	6,57 %	7,92 %	2,79 %	4,97 %	3,32 %	5 %
Fins de contrats à durée déterminée	32,66 %	33,58 %	27,84 %	62,54 %	60,22 %	42,70 %	23,5 %
Départs en retraite ou préretraite	33,71 %	30,92 %	30,53 %	24,26 %	22,93 %	18,84 %	40 %
Décès	0,39 %	0,40 %	0,39 %	0,49 %	0,64 %	0,54 %	0,5 %
Total	*100 %*	*100 %*	*100 %*	*100 %*	*100 %*	*100 %*	*100 %*

3 – Conclusions et recommandations

L'analyse des données disponibles sur le turnover fait ressortir que la situation des deux entreprises est très différente.

- L'entreprise A présente un taux de turnover proche de la moyenne du secteur en début de période mais ce taux est en progression constante entre N et N+2. Les deux principales causes de turnover sur la période sont les fins de CDD et les départs en retraite ou préretraite. La progression du taux de rotation entre N et N+2 est essentiellement liée à la progression du nombre de démissions (19,53 % en N+2 contre 13,02 % des départs en N).

– Pour l'entreprise B, le taux de turnover est nettement inférieur à celui du secteur. Il s'élève en fin de période, passant de 4,42 % en N+1 à 5,4 % en N+2. La principale cause des départs dans cette entreprise est la fin des contrats à durée déterminée. En N et N+1, la seconde cause de départ est la retraite ou la préretraite et, en N+2, le départ pour cause de licenciements économiques (à l'origine de 27 % des départs).

L'analyse de turnover de ces deux entreprises laisse apparaître des causes différentes à l'origine de la rotation du personnel.

– Dans l'entreprise A, si les mouvements liés aux deux premières causes de départ correspondent à la moyenne du secteur d'activité, il ressort que la part des démissions dans le total des départs est supérieure à celle du secteur. De plus, les départs suite à une rupture conventionnelle ainsi que les départs au cours de la période d'essai progressent. Au regard de ces différents éléments, le turnover semble donc davantage lié à des problèmes d'ordre organisationnel entraînant une insatisfaction du personnel en place.

– Dans l'entreprise B, en dehors des départs pour fin de CDD et des départs suite au plan de licenciements économiques (en N+2), les données relatives aux autres causes de départs sont inférieures à celles du secteur d'activité. Le turnover dans cette entreprise est donc lié à la situation économique de l'entreprise, visiblement difficile, qui la conduit à mettre fin aux contrats temporaires mais également à mettre en œuvre un plan de sauvegarde de l'emploi.

Par rapport à ces deux situations opposées, la DRH n'aura pas le même rôle à jouer.

– Dans l'entreprise A, un travail sur les causes d'insatisfaction du personnel par rapport au fonctionnement de l'entreprise et aux pratiques de GRH sera nécessaire de manière à identifier les raisons qui poussent les salariés au départ et de mettre en œuvre des actions correctrices. L'entreprise pourrait, en particulier, mettre en place des entretiens de départ pour connaître les raisons qui conduisent les salariés à quitter l'entreprise.

– Dans l'entreprise B, la DRH aura davantage à gérer les risques associés aux licenciements économiques. Des réactions comportementales peuvent apparaître chez les salariés restants dans l'entreprise après un plan de sauvegarde de l'emploi (salariés qualifiés de « survivants »), génératrices de coûts, pour la plupart cachés. Il s'agit pour la DRH de remotiver les salariés survivants et de rebâtir la confiance dans l'entreprise. La communication sera essentielle afin de diffuser des informations sur la stratégie et les perspectives de l'entreprise à moyen terme.

EXERCICE 48 Les indemnités de rupture

La PME Ultrabon fabrique des confiseries et caramels vendus dans son magasin d'usine, dans de nombreuses boulangeries de la région ainsi que par une chaîne de magasins de souvenirs. En N, les ventes de l'entreprise devraient se répartir ainsi entre ces différents canaux :

– 45 % dans les magasins de souvenirs ;

– 30 % dans les boulangeries ;

– 25 % dans le magasin d'usine.

Les ventes progressent dans le magasin d'usine suite à la mise en place de visites guidées de l'usine en septembre N-1 appréciées par les touristes et les enseignants de la région. À la suite de ces visites, l'entreprise a remarqué une demande pour des sablés et s'interroge sur le développement d'une ligne de biscuits. Par contre, les ventes sont stables dans le réseau de boulangeries ainsi que dans les magasins de souvenirs. Le démarchage de nouvelles boulangeries n'a pas abouti. Coup du sort, une chaîne nationale de distribution, la seule qui avait accepté les produits Ultrabon, les a déréférencés en juin N-1.

Le chiffre d'affaires d'Ultrabon a évolué ainsi :

Année	N-3	N-2	N-1	N*	N+1*
CA en Keuros	1 532	1 534	1 102	1 003	1 037

* Prévisionnel

L'entreprise emploie 17 salariés au 1er janvier N. Elle souhaite procéder au licenciement économique d'un des employés du service logistique (achats et expéditions) au 1er juin de l'année N. Le ***service logistique*** *compte deux employés et un chef de service. Le premier employé s'appelle Erwan, il a 28 ans et un BTS Transport et Logistique. Il a rejoint la société le 1er février N-3. Il a deux enfants en bas âge à charge. Sa performance est jugée bonne. Sa rémunération brute annuelle est de 21 600 euros. Le second employé s'appelle Laure. Sans diplôme, elle a 47 ans. Elle travaille pour Ultrabon depuis le 2 mars N-18. Sa performance est jugée satisfaisante. Elle a un enfant qui commence ses études à l'Université. Divorcée, c'est elle qui subvient à ses besoins. Sa rémunération brute annuelle est de 20 450 euros.*

Ultrabon souhaite aussi licencier au 1er février de l'année N pour motif économique deux de ses confiseurs. Le ***service production*** *compte 8 salariés, dont un responsable qualité et un chef de service production. Tous les salariés ont leur CAP Chocolatier Confiseur. Seul Loïc et Christian ont aussi un CAP Pâtissier.*

Nom des confiseurs	Date d'entrée	Charge de famille	Âge	Rémunération brute annuelle	Performance
Bernard	01/04/N-1	Un enfant	30	19 440	Satisfaisante
Jade	01/04/N-4	Enceinte	24	19 200	Bonne
Gabriel	01/03/N-15	Deux enfants	38	24 600	Satisfaisante
Christian	01/04/N-4	Célibataire	25	21 120	Excellente
Mano	01/06/N-5	Célibataire	24	21 120	Satisfaisante
Loïc	01/09/N-11	Trois enfants, dont deux à charge	53	22 200	Moyenne

- *L'entreprise peut-elle procéder à des licenciements pour motif économique dans les différents services ? Pourquoi ?*
- *En appliquant les critères légaux d'ordre des licenciements, quel est l'employé qui devrait être licencié au service logistique ? Calculez le montant des indemnités de licenciement de cet employé.*
- *En appliquant les critères légaux d'ordre des licenciements, quel est l'employé qui devrait être licencié au service Production ? Calculez le montant des indemnités de licenciement de cet employé.*

CORRIGÉ

1 – Justifier les licenciements pour motif économique

Compte tenu de l'évolution du chiffre d'affaires, il est clair que l'entreprise connaît des difficultés économiques. Suite au déréférencement en grande distribution en juin N-1, le chiffre d'affaires a baissé de 28 % entre N-2 et N-1 et de 9 % entre N-1 et N. La variation entre N-2 et N est de près de 35 %, soit plus d'un tiers du chiffre d'affaires. L'entreprise a perdu un de ses débouchés les plus importants. Certes, Ultrabon a réussi à presque stabiliser ses ventes entre N-1 et N+1, baisse de 6 %, grâce à la mise en place de visites guidées de l'usine.

Cependant, il a peu de perspectives de trouver de nouveaux clients (autres chaînes de distribution pas intéressées, pas de nouvelles boulangeries acceptant de commercialiser les produits). L'entreprise envisage de se diversifier dans la biscuiterie, mais pour le moment il ne s'agit que d'un projet et les retombées en termes de chiffre d'affaires n'ont pas été calculées. Il est clair qu'Ultrabon a perdu un marché important et les licenciements pour motif économique sont justifiés.

2 – Licenciement et calcul des indemnités de licenciement au service logistique

a) Choix du salarié à licencier

L'entreprise souhaite licencier pour motif économique un de ses deux employés du service logistique. Il s'agit d'un licenciement individuel. Traditionnellement, les critères légaux d'ordre de licenciement sont les charges de famille, l'ancienneté de service, certaines caractéristiques sociales rendant l'insertion plus difficile et les qualités professionnelles. Laure a une performance un peu moins bonne que son collègue Erwan, mais satisfaisante. Les salariés sont tous deux parents. Elle est plus âgée, s'approche d'un âge pour lequel la réinsertion est plus difficile surtout qu'elle n'a pas de diplôme. Erwan, par contre, est relativement jeune, 28 ans, et dispose d'un BTS, ce qui devrait rendre sa réinsertion plus facile. De plus, Laure a une grande ancienneté dans l'entreprise, près de 18 ans, tandis qu'Erwan est arrivé le 1er février N-3. Pour ces différentes raisons, Erwan devrait être le salarié choisi pour être licencié pour motif économique.

b) Calcul de l'indemnité de licenciement

Rappel des règles applicables pour le calcul de l'indemnité légale de licenciement

L'indemnité légale de licenciement est due (sauf faute grave ou lourde) au salarié justifiant d'au moins 8 mois d'ancienneté.

L'indemnité légale est calculée à partir de la rémunération brute perçue par le salarié avant la rupture de son contrat de travail.

En cas d'année incomplète, l'indemnité est calculée proportionnellement au nombre de mois complets.

L'indemnité ne peut pas être inférieure aux montants suivants :

– 1/4 de mois de salaire par année d'ancienneté pour les 10 premières années ;

– 1/3 de mois de salaire par année d'ancienneté à partir de la 11e année.

Le salaire de référence d'Erwan est de 1 800 euros (21 600/12). Son ancienneté est de 3 ans et 4 mois (embauche le 1/02/N-3 et licenciement le 1/06/N).

L'indemnité légale est calculée à partir de la rémunération brute perçue par le salarié avant la rupture de son contrat de travail et ne peut pas être inférieure à 1/4 de mois de salaire par année d'ancienneté pour les 10 premières années.

L'indemnité d'Erwan avec une ancienneté de 3 ans et 4 mois est donc de : [(1 800 x 1/4) x 3] + [(1 800 x 1/4) x (4/12)] = 1 500 €.

3 – Licenciement et calcul des indemnités de licenciement au service production

a) Choix des salariés à licencier

Ultrabon souhaite licencier deux de ses confiseurs. Il s'agit d'un licenciement collectif de moins de dix salariés sur une période de trente jours. Comment choisir les salariés à licencier ? Compte tenu du fait que l'entreprise envisage de se lancer dans la fabrication de biscuits, il paraît logique de conserver Christian et Loïc qui disposent d'un CAP pâtissier en plus du CAP Chocolatier Confiseur. Christian a de plus une performance excellente et 4 ans d'ancienneté. Loïc a une performance moyenne, mais il est le plus âgé de l'unité et a près de 11 ans d'ancienneté, ainsi que deux enfants encore à charge.

Parmi les salariés restants, Gabriel est celui qui a le plus d'ancienneté, près de 15 ans, sa performance est satisfaisante et il a deux enfants à charge. Il devrait être conservé. Bernard est celui qui a le moins d'ancienneté. Il est encore assez jeune et a des performances satisfaisantes et un seul enfant. Il devrait pouvoir retrouver rapidement du travail. Il devrait donc être choisi parmi les licenciés.

Il reste donc Mano et Jade. Ils ont presque la même ancienneté et le même âge. Jade a une meilleure performance que Mano. Elle est aussi la seule femme de l'unité de production dans un métier masculin et attend un enfant. Mano n'a pas d'enfants. Mano devrait être choisi parmi les licenciés.

Les salariés qui seront certainement choisis dans le cadre du licenciement économique sont Bernard et Mano.

b) Calcul des indemnités de licenciement

– Calcul de l'indemnité de licenciement de Bernard :

Bernard est entré dans l'entreprise le 1er avril N-1. Au premier février N, il a 10 mois d'ancienneté. L'entreprise lui doit donc une indemnité. Son salaire de référence est de 1 620 euros (19 440/12). L'indemnité de Bernard est donc de : (1 620 x 1/4) x (10/12) = 337,50 €.

– Calcul de l'indemnité de licenciement de Mano :

Le salaire de référence est de 1 760 euros (21 120/12).

Son ancienneté est de 4 ans et 8 mois (embauche le 01/06/N-5 et licenciement le 01/02/N).

L'indemnité de Mano est donc de [(1 760 x 1/4) x 4] + [(1 760 x 1/4) x (8/12)] = 2 053,33 €.

EXERCICE 49 La rupture conventionnelle individuelle

Vous êtes en Master 2 Ressources Humaines. De ce fait, un de vos amis pense que vous êtes « la personne de la situation ». Son employeur lui a proposé une rupture conventionnelle individuelle. Votre ami a 30 ans, 3 ans et 3 mois d'ancienneté. Il travaille à temps complet. Sur les 12 derniers mois, sa rémunération est de 2 500 euros bruts mensuels. Pendant cette période, il n'a touché ni prime, ni gratification. Il ne dispose pas de 13e mois. Avant, il gagnait moins. Votre ami est désireux de quitter son entreprise. Aussi il souhaite, a priori, saisir l'opportunité qui lui est offerte. Toutefois, il n'est pas très au fait de tout ce que cela implique et ne sait pas comment gérer la situation. Il compte sur vous pour l'aider. Pour ce faire, répondez aux questions suivantes :

- *Qu'est-ce qu'une rupture conventionnelle individuelle et qu'est-ce qu'une rupture conventionnelle collective ?*
- *À combien s'élève l'indemnité spécifique de rupture conventionnelle minimale que pourrait toucher votre ami ?*
- *Une rupture conventionnelle permet-elle de bénéficier de l'assurance chômage ? Si oui, de quoi s'agit-il exactement*
- *Votre ami a-t-il le droit de se faire assister durant l'entretien entre le salarié et son employeur ? Si oui, par qui ?*
- *Votre ami bénéficie-t-il d'un droit de rétractation ?*

CORRIGÉ

1 – Rupture conventionnelle individuelle et rupture conventionnelle collective

La ***rupture conventionnelle individuelle*** a été introduite par la loi de modernisation du marché du travail du 25 juin 2008. Elle donne la possibilité à l'employeur et au salarié de convenir, d'un commun accord, des conditions de la rupture du contrat de travail à durée indéterminée (CDI) qui les lie. Autrement dit, c'est un mode de rupture « à l'amiable ».

La ***rupture conventionnelle collective (RCC)*** a été créée par l'ordonnance du 22 septembre 2017. Elle s'inscrit dans la continuité de la procédure de rupture conventionnelle individuelle. Elle vise à encadrer des départs volontaires, exclusifs du licenciement ou de la démission. Elle se fonde sur la combinaison d'un accord collectif (entre l'employeur et les organisations syndicales ou les organismes signataires habilités) et d'un accord individuel, dont le régime est déconnecté tant du droit du licenciement économique que de celui de la rupture conventionnelle individuelle. Elle est de l'initiative de l'employeur et elle est, a priori, moins contraignante à mettre en œuvre qu'un plan de sauvegarde de l'emploi (PSE). Elle n'a pas à être motivée par des raisons économiques. Il n'y a pas de délai fixé de négociation. Les mesures sociales sont à négocier dans l'accord RCC mais sans socle obligatoire formalisé.

2 – Rupture conventionnelle individuelle et indemnité spécifique

Un salarié qui signe une rupture conventionnelle individuelle homologuée a droit à une indemnité spécifique de rupture conventionnelle. Il doit la percevoir au terme de la rupture du contrat. Le montant de cette indemnité est librement négocié par l'employeur et le salarié. Cependant, ce montant a un plancher, l'indemnité légale de licenciement. Celle-ci est déterminée d'après une formule légale de calcul sauf si la convention collective, l'usage ou le contrat de travail prévoit des dispositifs plus favorables.

Depuis le 27 septembre 2017, pour une personne ayant moins de 10 ans d'ancienneté, l'indemnité légale de licenciement est calculée à partir de la rémunération brute perçue par le salarié avant la rupture de son contrat de travail. L'indemnité ne peut pas être inférieure à 1/4 de mois de salaire par année d'ancienneté. En cas d'année incomplète, l'indemnité est calculée en fonction du nombre de mois complets.

Le salaire de référence est déterminé selon la formule la plus avantageuse des deux suivantes :

- la moyenne mensuelle des 12 derniers mois précédant la rupture du contrat ;
- le 1/3 des 3 derniers mois. Dans ce cas, les primes et gratifications exceptionnelles ou annuelles sont prises en compte en proportion du temps de travail effectué (Si une prime annuelle a été perçue, il faut ajouter 1/12e du montant de la prime à chacun des 3 derniers mois de référence).

Dans le cas présent, l'indemnité minimale serait de : [(2 500 x 1/4) x 3] + [(2 500 x 1/4) x (3/12)] = 2 031,25 €.

3 – Rupture conventionnelle individuelle et assurance chômage

Suite à une rupture conventionnelle individuelle, à l'issue du contrat, l'ancien salarié peut toucher l'allocation d'aide au retour à l'emploi (ARE). Cette allocation est versée sous certaines conditions.

Les principales conditions d'attribution de l'ARE sont les suivantes :

- avoir une période minimale de travail dit « d'affiliation » variant selon l'âge : pour les moins de 53 ans, il s'agit de 88 jours ou 610 heures de travail, au cours des 28 derniers mois ; pour les plus de 53 ans, il s'agit de 88 jours ou 610 heures, au cours des 36 derniers mois ;
- être inscrit comme demandeur d'emploi ;
- accomplir des actes positifs et récurrents pour retrouver un emploi.

La durée de l'ARE est proportionnelle à la durée d'affiliation en jours travaillés et comprend des plafonds en lien avec l'âge du demandeur d'emploi : 24 mois pour les personnes de moins de 53 ans, 30 mois pour celles ayant entre 53 ans inclus et 55 ans exclus, 36 mois pour celles de 55 ans et plus.

Le montant de l'ARE dépend des salaires, soumis à contributions d'assurance chômage, perçus durant les 12 derniers mois précédant le dernier jour travaillé et payé.

Le montant brut journalier de l'ARE correspond au montant le plus avantageux issu des deux formules suivantes :

- Première formule : une partie fixe égale à 12 € + une partie variable, égale à 40,4 % du salaire journalier de référence (SJR).
- Deuxième formule : 57 % du SJR.

Le décret n° 2020-361 du 27 mars 2020 relatif au régime d'assurance chômage apporte une modification au mode de calcul du salaire journalier de référence à compter du 1er septembre 2020.

Le SJR (salaire journalier de référence) est égal au SAR (salaire annuel de référence) divisé par le nombre de jours travaillés durant la PRC (période de référence de calcul) x 1,4.

La PRC est constituée des 12 mois civils précédant le dernier jour de travail payé. Elle est calculée à partir des rémunérations brutes et sur la base du principe : 1 jour travaillé = 1 jour indemnisé.

Le nombre de jours travaillés maximum retenu sur la période de référence est de 261 jours.

Si l'on considère que votre ami a atteint le maximum de jours travaillés sur la période de référence et comme il n'a pas de 13e mois, son SJR est : (12 x 2 500) / (261 x 1,4) soit environ 82,10 euros.

Le montant brut journalier de son ARE serait donc égal à : (12 x 2 500) / (261 x 1,4) x 57 % soit environ 46,80 euros.

4 – Assistance lors de l'entretien afférent à la rupture conventionnelle individuelle

Le but du ou des entretien(s) est de déterminer les conditions de rupture : date de rupture, indemnité versée par l'employeur, préavis à effectuer ou non… Ces conditions sont fixées dans une convention de rupture.

Lors de cet ou de ces entretien(s), le salarié a le droit de se faire assister à condition d'en avoir informé l'autre partie préalablement par oral ou par écrit. Il en va de même pour l'employeur.

Le salarié peut recourir à un salarié de l'entreprise (représentant du personnel au pas). À défaut d'institution représentative du personnel dans l'entreprise, il peut faire appel à un conseiller du salarié. Les conseillers du salarié figurent sur une liste établie par la DREETS dans chaque département. Cette liste précise les noms, les adresses, les professions et l'appartenance syndicale éventuelle des conseillers.

L'employeur peut se faire assister par n'importe quelle personne membre du personnel de l'entreprise. Néanmoins, dans les entreprises dont l'effectif est inférieur à 50 personnes, il peut solliciter un membre de son organisation syndicale d'employeurs ou un autre employeur dépendant de la même branche.

5 – Droit de rétractation dans le cadre de la rupture conventionnelle individuelle

Le salarié comme l'employeur disposent d'un droit de rétractation de 15 jours calendaires. Le délai de rétractation commence le lendemain de la signature de la convention. Si le dernier jour du délai a lieu un samedi, un dimanche, un jour férié ou un jour chômé, le délai est prolongé jusqu'au premier jour ouvrable qui suit. Une fois ce délai passé, la convention est envoyée à l'administration pour validation.

THÈME 12

Quels défis pour la GRH ?

EXERCICE 50 Questions à choix multiple

1 – *Avoir une démarche de Responsabilité Sociale de l'Entreprise (RSE) signifie (une seule réponse possible) :*

❒ a. Intégrer de manière volontaire des préoccupations sociales et environnementales aux activités commerciales et aux relations avec les parties prenantes

❒ b. Intégrer de manière involontaire des préoccupations sociales et environnementales aux activités commerciales et aux relations avec les parties prenantes

❒ c. Rédiger un bilan social pour présenter la politique RH aux clients et aux parties prenantes de l'entreprise

❒ d. Penser à développer une stratégie en faveur du développement durable

2 – *Combien de critères de discrimination sont définis dans le Code du travail (une seule réponse possible) ?*

❒ a. 6

❒ b. 12

❒ c. 18

❒ d. 24

3 – *L'audit social est (plusieurs réponses possibles) :*

❒ a. une démarche permanente
❒ b. une démarche temporaire
❒ c. un outil utilisé de manière préventive
❒ d. un outil utilisé de manière curative

4 – *L'effectif de l'entreprise Meubles et Beaux Bois est de 20 salariés. Le PDG affirme qu'il n'est pas soumis à l'obligation d'embauche des travailleurs handicapés.*

❒ a. vrai
❒ b. faux

5 – *Associer les postes P-1, P et P+1 de manière à reconstituer des parcours types dans la fonction RH :*

Poste P-1	***Poste P***	***Poste P+1***
1. Technicien Paie	*1. Responsable Recrutement*	*1. DRH*
2. Responsable Administration du Personnel	*2. Chargé de la mobilité*	*2. Responsable Développement RH*
3. Chargé de recrutement	*3. Responsable Paie*	*3. Responsable* Compensation & Benefits
4. Gestionnaire de carrière	*4. Responsable des Ressources Humaines*	*4. Responsable Mobilité*

CORRIGÉ

1 – Bonne réponse : ❐ a

Dans le Livre vert publié en 2001 (*Promouvoir un cadre européen pour la responsabilité sociale des entreprises*), la Commission européenne définit la responsabilité sociale des entreprises (RSE) comme « *l'intégration volontaire par les entreprises de préoccupations sociales et environnementales à leurs activités commerciales et leurs relations avec les parties prenantes* ».

2 – Bonne réponse : ❐ d

Une discrimination est une inégalité de traitement fondée sur un critère prohibé par la loi, dans un domaine visé par la loi. Le Code du travail évoque 24 critères de discrimination dans son article L. 1132-1 : « *Aucune personne ne peut être écartée d'une procédure de recrutement ou de l'accès à un stage ou à une période de formation en entreprise, aucun salarié ne peut être sanctionné, licencié ou faire l'objet d'une mesure discriminatoire, directe ou indirecte (...), notamment en matière de rémunération (...), de mesures d'intéressement ou de distribution d'actions, de formation, de reclassement, d'affectation, de qualification, de classification, de promotion professionnelle, de mutation ou de renouvellement de contrat en raison de son origine, de son sexe, de ses mœurs, de son orientation sexuelle, de son identité de genre, de son âge, de sa situation de famille ou de sa grossesse, de ses caractéristiques génétiques, de la particulière vulnérabilité résultant de sa situation économique, apparente ou connue de son auteur, de son appartenance ou de sa non-appartenance, vraie ou supposée, à une ethnie, une nation ou une prétendue race, de ses opinions politiques, de ses activités syndicales ou mutualistes, de ses convictions religieuses, de son apparence physique, de son nom de famille, de son lieu de résidence ou de sa domiciliation bancaire, ou en raison de son état de santé, de sa perte d'autonomie ou de son handicap, de sa capacité à s'exprimer dans une langue autre que le français* ».

3 – Bonnes réponses : ❐ b ❐ c ❐ d

L'audit social est une démarche d'observation qui vise à estimer la capacité d'une organisation à maîtriser les problèmes humains et sociaux que lui pose son environnement et à gérer ceux qu'elle suscite elle-même par l'emploi du personnel nécessaire à son activité. L'audit est réalisé de manière périodique et peut être mené dans une optique préventive, pour évaluer la situation sociale à un moment donné, ou de manière curative pour remédier à une situation sociale qui se détériore.

4 – Bonne réponse : ❐ b

Les établissements de 20 salariés et plus, du secteur privé et du secteur public à caractère industriel et commercial, doivent employer des travailleurs handicapés dans une proportion de 6 % de leur effectif. Compte tenu de son effectif, l'entreprise Meubles et Beaux Bois est donc soumise à l'obligation.

5 – Bonnes réponses : ❐ 1 – 3 – 3 ❐ 2 – 4 – 1 ❐ 3 – 1 – 2 ❐ 4 – 2 – 4

Parcours types dans la fonction RH :

Poste P–1		***Poste P***		***Poste P+1***
Technicien Paie	➔	*Responsable Paie*	➔	*Responsable C & B*
Responsable ADP	➔	*RRH*	➔	*DRH*
Chargé de recrutement	➔	*Responsable Recrutement*	➔	*Responsable Développement RH*
Gestionnaire de carrière	➔	*Chargé de la mobilité*	➔	*Responsable Mobilité*

EXERCICE 51 Intelligence artificielle et Ressources humaines

Vous venez de rejoindre une entreprise publique en tant que responsable RH. Celle-ci est engagée dans la transformation digitale. Il convient de sensibiliser le personnel aux mutations que l'organisation va vivre. Pour ce faire, il convient, dans un premier temps, que vous prépariez pour vous-même un point honnête et didactique sur les technologies que sont l'intelligence artificielle (IA), le big data, la blockchain... En ayant recours à des sources d'information vérifiées et à des exemples précis et parlants, vous décidez de :

- *définir les termes du sujet : intelligence artificielle, big data, blockchain ;*
- *comprendre en quoi ces technologies révolutionnent l'organisation des entreprises et obligent la fonction RH à penser le monde du travail de demain.*

Corrigé

1 – Une présentation illustrée de technologies révolutionnaires

L'intelligence artificielle se définit comme un ensemble de théories et de techniques mises en œuvre en vue de réaliser des machines capables de simuler l'intelligence humaine et de la dépasser. L'intelligence artificielle est à la croisée de l'informatique, de l'électronique et des sciences cognitives.

L'informatique est la science du traitement automatique et rationnel de l'information, celle-ci étant considérée comme le support des connaissances et des communications. L'informatique correspond également à l'ensemble des applications issues de cette science : ordinateurs et logiciels.

L'électronique est la partie de la physique qui étudie et utilise les variations de grandeurs électriques (champs électromagnétiques, charges électriques, courants et tensions électriques) pour capter, transmettre et exploiter de l'information. C'est aussi la technique dérivant de cette science.

Les ***sciences cognitives*** ont pour objet de décrire, d'expliquer, voire de stimuler les processus de la connaissance. D'après le Larousse, elles comprennent :

- l'épistémologie moderne qui étudie les fondements et les méthodes de la connaissance scientifique dans une perspective critique, philosophique et historique ;
- la psychologie cognitive qui s'intéresse à la production et au traitement de connaissances par le cerveau ;
- la logique qui traite de la formalisation des raisonnements ;
- diverses branches de la biologie (biologie théorique, neurobiologie, éthologie…) ;
- les sciences de la communication qui englobent l'étude du langage, la théorie mathématique de la communication qui permet de quantifier les échanges d'informations, et la sociologie des organisations dans la mesure où elle étudie la diffusion sociale des informations.

L'intelligence artificielle a fait parler d'elle dans de nombreux domaines : les jeux de réflexion et de stratégie comme les échecs et le jeu de go, les assistants personnels, les relations clients, le recrutement, la banque/assurance, la justice prédictive…

Voici quelques exemples :

- dès 1997, Deeper Blue, l'ordinateur d'IBM, l'emporta sur le multi champion du monde Garry Kasparov. Environ 20 ans plus tard, AlphaGo, ordinateur de la filiale de Google, Deepmind, domine le jeu de go, un jeu d'origine chinoise qui comprend bien plus de combinaisons que les échecs[1]. Aujourd'hui, ce sont les joueurs humains qui essaient de comprendre et de copier la stratégie de cette machine qui s'attache désormais à de problèmes plus importants tels des problèmes médicaux et géopolitiques ;

- dans le domaine bancaire et de l'assurance, certaines entreprises virtualisent leurs conseillers afin d'augmenter leur rentabilité, les salaires et les charges salariales faisant partie des postes comptables les plus coûteux. Ainsi, des prêts et, plus globalement, des souscriptions de contrats peuvent être consentis ou refusés suite à l'analyse des réponses de clients ou prospects par des machines ;
- certains *chats* de relations clients sont également réalisés par des machines (Aliexpress par exemple) ;
- dans le domaine juridique, les tribunaux pourraient être déchargés des affaires les plus simples à traiter via l'analyse de la jurisprudence par des machines. La justice dite prédictive voit effectivement le jour[2] ;
- dans l'industrie, c'est désormais la phase de conception d'un produit industriel qui est gagnée par l'intelligence artificielle. A titre d'exemple, pour designer une batterie de voiture, des automates sont désormais capables, en reproduisant le mode de pensée des ingénieurs, de construire des milliards d'architectures possibles, d'évaluer leur performance et leur faisabilité pour sélectionner les configurations les plus intéressantes à tester[3].

L'intelligence artificielle tire notamment sa puissance de sa capacité d'analyse d'un nombre phénoménal de données. Elle est donc intimement liée au *big data*.

Le ***big data*** correspond au domaine technologique dédié à l'analyse de très grands volumes de données informatiques (petaoctets). Le *big data* provient du développement informatique et de son utilisation par les entreprises, les administrations et les particuliers. Les informations autrefois stockées sous forme papier sont aujourd'hui dématérialisées. Les volumes de données actuellement générés sont considérables Le *big data* est alimenté par de très nombreuses sources : les moteurs de recherche tels Google, Yahoo, Ecosia (*the search engine that plants trees*), l'encyclopédie libre Wikipédia, les mails, la géolocalisation, les objets connectés à visée médicale ou sportive, les caméras de surveillance, les bornes d'enregistrement des cartes de transport, les téléphones portables, les progiciels de gestion intégrés, les réseaux sociaux comme Facebook, LinkedIn, Viadeo... Les moteurs de recherche Google et Yahoo ont été des précurseurs dans l'analyse des données en masse. Le *big data* permet donc le rapprochement et le croisement d'une quantité phénoménale de données et ce, sous toutes leurs formes (textes, conversations, tableaux, images...). Une des applications évidentes du *big data* est l'efficacité commerciale. Il permet, par exemple, à Amazon de savoir quels types d'articles seraient susceptibles d'intéresser l'internaute. Il en va de même pour les films que vous suggère Netflix. En dehors de la sphère commerciale, le *big data* permet, par exemple,

1. Le Monde, « L'intelligence artificielle de Google domine le jeu de go », 28/05/2017.
2. Cuillandre H. (2018), *Un Monde meilleur : et si l'intelligence artificielle humanisait notre avenir ?*, Maxima.
3. « DessIA accélère la phase de conception industrielle avec l'intelligence artificielle », *Les Echos*, 11/06/2021

de savoir quels quartiers, dans des conditions particulières, seront susceptibles de surconsommation électrique. Il aide à fluidifier le trafic automobile et à savoir où mobiliser les forces de l'ordre en anticipant la probabilité et la localisation d'atteinte à l'ordre public[4]. Il aide également à suivre et à tenter d'anticiper l'évolution du Covid-19[5].

La ***blockchain*** est une technologie de stockage et de transmission d'informations qui se veut transparente, distribuée, sécurisée et fonctionnant sans organe central de contrôle Elle évite l'intermédiation, le recours à des tiers dits « de confiance ». Plus précisément, une blockchain est une base de données qui gère une liste d'enregistrements d'échanges en les protégeant contre la falsification ou la modification. Elle contient l'historique de tous les échanges réalisés entre ses différents utilisateurs depuis sa création. On peut assimiler une blockchain publique à un grand livre comptable public, anonyme et infalsifiable. Cette technologie est née suite à la crise des *subprimes* où les banques ont failli dans leur rôle de tiers de confiance[6]. L'exemple le plus connu de *blockchain* est le *bitcoin* qui est désormais la 8e monnaie d'échange mondial mais les applications de la *blockchain* sont beaucoup plus larges que le domaine monétaire. La blockchain démontre tout son potentiel en matière de transferts d'actifs, de registre et de « *smart contracts* ». Les *smart contracts* sont des programmes autonomes qui, une fois démarrés, exécutent automatiquement des conditions définies au préalable et inscrites dans la blockchain. Ceci signifie que ces programmes fonctionnent comme toute instruction conditionnelle de type « *if – then* », c'est-à-dire si telle condition est remplie et vérifiée, alors cela génère telle conséquence.

Le potentiel d'application de la *blockchain* étant énorme, cette technologie intéresse de très nombreux secteurs d'activité. La banque et les assurances ont d'ailleurs déjà lourdement investi dans cette technologie née pour les concurrencer[7].

2 – Technologies disruptives et place de l'homme au travail

Les entreprises tentent de s'accaparer ces technologies dans lesquelles excellent les GAFA (Google, Apple, Facebook et Amazon). Ce mouvement est connu sous le terme de digitalisation des entreprises[8]. Cette évolution est plus une obligation qu'un souhait. Certains résument cet état de fait par l'expression « muter ou disparaître ». En effet, ces technologies génèrent de forts gains de réactivité et de rentabilité assimilables à des avantages concurrentiels ou à des facteurs clefs de succès, c'est-à-dire des facteurs à maîtriser pour obtenir

4. Babinet G. (2016), *Big data, penser l'homme et le monde autrement*, Le Passeur.

5. « Big data et santé : les géants du numérique à l'épreuve des épidémies », *Laboratoire d'Innovation Numérique de la CNIL*, 11/03/2021.

6. Rodriguez P. (2017), *La Révolution Blockchain – Algorithmes ou institutions, à qui donnerez-vous votre confiance ?*, Dunod.

7. Pour en savoir plus : www.blockchainfrance.fr ; MOOC : *http://www.moocblockchain.com/17/mooc-blockchain-particuliers* ; Cuillandre H. (2018).

8. Delorme P. et Jilani D. (2015), *La transformation digitale : saisir les opportunités du numérique pour l'entreprise*, Dunod.

des résultats supérieurs à la moyenne sur un marché. Cette mutation est une illustration du concept de « destruction créatrice » développé par Schumpeter[9]. L'économie passe d'un état d'équilibre à un autre en raison de l'apparition d'une innovation majeure (ici les technologies précitées) qui remet en cause la rentabilité des entreprises « traditionnelles ». Apparaît un nouvel écosystème. La volonté de survivre implique de suivre le mouvement. L'écosystème change, les modèles organisationnels également. L'organisation hiérarchique en silo d'activités séparées est délaissée, celle des start-up innovantes, agiles, ouvertes, réactives et très rentables est recherchée. De nombreuses tâches sont automatisées, l'intelligence humaine est, dans bien des cas, dépassée. Se pose alors la question de la place de l'homme au travail, des métiers menacés et de ceux à apparaître.

Parmi les métiers menacés se trouvent notamment le *middle management* et tous les métiers automatisables. Dans le secteur public, ces derniers représentent de 3 à 8 % des emplois[10]. Parmi ceux recherchés, on compte tous ceux susceptibles de participer à la révolution numérique au sein des organisations et sous tendant les innovations. À ce titre, le *Chief Digital Officer* (CDO) est une fonction clef puisque la personne qui l'incarne est censée être la garante de la transformation numérique.

Cette digitalisation fascine et inquiète dans la mesure où elle risque de détruire plus d'emplois que d'en créer et de diminuer la capacité de penser des individus[11]. L'homme de demain sera-t-il substitué, lobotomisé ou augmenté[12] ?

Pour les DRH, la digitalisation des entreprises est un chantier à forts enjeux, notamment en termes de GPEC. Des métiers vont disparaître, d'autres apparaissent. Les milleniums et les seniors ne sont pas pareillement préparés à ces changements. Si les premiers s'y engouffrent, les seconds pourraient les voir comme des changements de trop, las d'avoir à s'adapter. De plus, la digitalisation touche l'ensemble des fonctions de l'entreprise. La GRH n'y échappe pas. À titre d'exemple, dans le domaine du recrutement, des machines réalisent déjà le mariage entre les candidats et les postes à pourvoir en s'attachant notamment à la correspondance des mots-clefs des postes à pourvoir et des CV. En matière de formation, la tendance est à l'acculturation au digital, au déploiement d'un mix entre la formation présentielle et la formation digitale à distance, au recours à la vidéo et à la gamification. L'accent est mis sur les *soft skills* favorisant l'adaptation à des environnements variés, l'intelligence collective. La compétence maîtresse recherchée demeure la capacité d'apprendre à apprendre. En matière de communication entre les équipes RH et les collaborateurs, la mise en place de *chatbots* (un robot logiciel pouvant converser avec un individu) permet de répondre de façon automatisée aux questions simples et récurrentes des collaborateurs. Ceci permet aux équipes RH de se concentrer sur des questions plus complexes.

9. Karklins-Marchay A. (2004), *Joseph Schumpeter : vie, œuvres, concepts*, Ellipses.

10. « 3 à 8 % des emplois publics sont potentiellement automatisables », *Acteurs Publics*, 11/05/2017.

11. Maffesoli M. et Fischer H. (2016), *La postmodernité à l'heure du numérique*, Les Nouvelles Editions François Bourin.

12. Le Monde, « Elon Musk et l'augmentation cérébrale », 04/04/2017.

Exercice 52 L'entreprise libérée

Lisez le texte suivant adapté de l'article « Chrono Flex, la PME qui a tué l'organigramme », paru dans le magazine Capital le 30 janvier 2013 :

Créé en 1995, Chrono Flex dépanne les engins de chantier et les machines agricoles. Chrono Flex a effectué une véritable révolution copernicienne en supprimant quasiment toute forme de hiérarchie. L'objectif ? Favoriser l'autonomie des collaborateurs pour les rendre plus efficaces. « Ceux qui savent sont ceux qui font », martèle Jérôme Jambut, le DG. Le principe semble fonctionner : les ventes sont reparties doucement à la hausse alors que le marché reste difficile. Surtout, le turnover a chuté de 25 à 16 % et le taux d'absentéisme de 13,2 à 9,2 %.

Pourquoi Chrono Flex s'est-il tout à coup épris d'égalitarisme ? Il faut remonter à 2009. « Après des années de croissance à deux chiffres, l'activité s'est alors brusquement effondrée d'un tiers », explique Jérôme Jambut, désormais installé dans un open space où se côtoient commerciaux et services administratifs. Que faire ? Pour la direction, il n'était pas question de casser les prix, de réduire les investissements, ni de couper dans les effectifs. « Rester innovants coûte que coûte », tel était le mot d'ordre (...).

Une fois n'est pas coutume, chez Chrono Flex, les changements sont venus de la base. Les salariés ont en effet été consultés pendant plusieurs mois, lors d'un grand tour de France des dirigeants. « Le PDG, le DG et la DRH sont venus recueillir nos propositions pour redresser la boîte », se souvient Éric Turbe, technicien dépanneur.

« Nous avons proposé, par exemple, une plus grande réactivité de nos supérieurs. Régler un souci technique sur un camion prenait en effet plusieurs jours, le temps que tous soient consultés », poursuit-il. De là est venue l'idée de déléguer les décisions aux hommes du terrain, « ceux qui savent ». Et de raccourcir sérieusement la hiérarchie. Dans les couloirs feutrés du siège, plus de titres sur les portes, juste les noms et le service. Alexandre Gérard, le PDG, a quitté l'entreprise pour un an – il en profite pour faire un tour du monde à la voile. « Le premier frein au changement, c'est le patron ! » répète-t-il au téléphone. Son grand bureau a été transformé en salle de pause et de réunion. « Deux échelons ont sauté », détaille Aude Le Normand, la DRH, en présentant l'organigramme. « Heu... Le trombinoscope », corrige-t-elle. L'opération ne s'est pas réalisée sans heurts. Sur les trois responsables régionaux, par exemple, un seul a réussi à se reconvertir (il est passé responsable commercial), les deux autres n'ont pas su trouver leur place. Sur le terrain, les techniciens, eux, se sont regroupés par régions, et non plus par départements, histoire de mailler plus efficacement le territoire. Comme chez Favi, chaque équipe est devenue autonome, et a élu l'un des siens « capitaine » pour coordonner – et non diriger – chaque cellule régionale. Pour trois ans.

L'introduction de ce poste a été délicate. « Nous avions peur que les personnes cooptées refusent la responsabilité », raconte Jérôme Jambut, qui leur a offert une prime mensuelle de 200 euros pour les encourager. Plutôt maigre, d'autant qu'ils gardent un statut d'agent de maîtrise. En réalité, c'est le sentiment de fierté qui l'a emporté. « La fierté d'être le porte-parole de mes collègues et d'avoir une mission plus globale », avoue Cédric Turbe, doyen et capitaine de l'équipe d'Aquitaine. Finalement, un seul technicien a décliné le capitanat. Le poste de capitaine s'est effectivement avéré être à mi-chemin entre celui d'un technicien et celui d'un manager. « Mais attention, cette fonction hybride requiert tout de même des compétences managériales qu'un technicien ne possède pas forcément », prévient Jean-Claude Delgenes. Justement, la société a imposé à ses capitaines plusieurs formations – à la conduite d'équipe ou à la gestion des conflits – et les fait se réunir depuis tous les deux mois pour qu'ils échangent leurs retours d'expériences. En présence de la direction, tout de même. Bilan : sur les treize capitaines, seul un peine à faire ses preuves, et a été mis « sous tutelle » de son ancien boss, l'actuel directeur réseau.

Étonnamment, ce sont les managers qui ont eu à fournir le plus gros effort d'adaptation. « Ils ont dû basculer vers une posture de coach, explique Jérôme Jambut. Il ne s'agit plus de dire comment faire mais de guider ; plus de contrôler mais de comprendre les problèmes et d'y remédier pour que les salariés puissent s'autodiriger (...). » La directrice des ressources humaines, le directeur financier et le directeur des ventes ont donc été priés de se faire épauler par un coach, histoire d'apprendre à lâcher prise. Quant au niveau d'autonomie des salariés, Chrono Flex a tenté de le pousser à bloc. Symboliquement, les techniciens ont ainsi carte blanche pour choisir les outils et les tenues de travail, et l'assistante dispose d'une liberté totale en matière d'achats de fournitures ou d'organisation de séminaires.

Sur le terrain, les responsables de région ne sont plus là pour vérifier l'expertise des techniciens ou l'état des camions d'intervention. Ces contrôles sont désormais réalisés par les salariés eux-mêmes, via une check-list de 25 points. Ce sont eux qui prennent ensuite les décisions sans rendre de comptes à la direction. Seule limite : le budget alloué... Malgré cela, les équipes admettent avoir pris en un an davantage d'initiatives que jamais auparavant. Des groupes de travail ont d'ailleurs été créés afin de concrétiser les idées remontées du terrain. Plus de la moitié des salariés s'y sont inscrits. Mais sur dix-sept, seuls dix fonctionnent réellement.

- *En vous appuyant sur vos connaissances en théorie des organisations, caractérisez le mode d'organisation de Chrono Flex et donnez-lui un nom. En quoi cette organisation est-elle différente des organisations traditionnelles ?*
- *Quels sont les avantages d'un mode d'organisation similaire à celui de Chrono Flex ?*
- *Quels sont les risques de ce mode d'organisation ?*
- *Comment le changement organisationnel a-t-il été conduit ? Expliquez notamment les conditions de réussite et le rôle de la gestion des ressources humaines dans ce cadre.*

Corrigé

1 – Caractérisation du mode d'organisation de Chrono Flex

La première caractéristique du nouveau mode d'organisation adopté par Chrono Flex concerne la ***réduction du nombre d'échelons hiérarchiques*** (« deux échelons ont sauté »). Certains symboles du pouvoir ont aussi été supprimés, ainsi les titres ont disparu sur les portes, le bureau du dirigeant a été transformé en salle de réunion et de pause et le DG travaille maintenant dans un *open space* ce qui favorise la collaboration. Enfin, l'organigramme a été refondu et rebaptisé trombinoscope.

La nouvelle organisation a pour but de favoriser ***l'autonomie des salariés*** le plus possible en limitant le nombre et le rôle des supérieurs hiérarchiques. Les techniciens ont choisi de se regrouper en cellules autonomes régionales. Ils désignent eux-mêmes un des leurs, le « capitaine » par cooptation pour coordonner cette cellule. Par ailleurs, les techniciens sont aussi autonomes « pour choisir les outils et les tenues de travail, et l'assistante dispose d'une liberté totale en matière d'achats de fournitures ou d'organisation de séminaires ». Enfin, il est notable que le rôle des responsables de région a changé. Ils « ne sont plus là pour vérifier l'expertise des techniciens ou l'état des camions d'intervention ». Les salariés s'autocontrôlent, ce qui renforce encore leur autonomie et démontre la confiance de l'entreprise.

Autre caractéristique, ***le mode de prise de décision*** qui est concerté et participatif. En effet, la direction a écouté le terrain avant de faire des changements organisationnels. Ce type de management est dit *bottom-up* : les décisions sont déléguées aux hommes du terrain et prises au plus près du terrain par les acteurs concernés. Ce mode de décision est donc plus rapide ; l'entreprise a gagné en « efficacité » et « réactivité ». Auparavant, il fallait parfois plusieurs jours pour « régler un souci technique sur un camion, (...) le temps que tous soient consultés ».

Ce mode d'organisation est souvent appelé « entreprise libérée », on pourrait aussi le nommer entreprise participative, autogestion... Il s'appuie sur différentes théories des organisations, notamment le courant des relations humaines initié par Elton Mayo, mais aussi les théories relatives au leadership qui ont démontré la supériorité du management participatif (par exemple Likert) ou encore les théories de la motivation. L'influence théorique la plus forte est sans doute celle de Douglas Mac Gregor et sa théorie XY. Il établit un lien entre le style de management et la motivation des salariés.

L'entreprise libérée s'oppose aux organisations traditionnelles dites bureaucratiques décrites notamment par le sociologue Max Weber avec une structure hiérarchique, des rôles clairement définis, des règles, du contrôle et des décisions prises par la hiérarchie. Les salariés y ont peu d'autonomie, ne s'autogèrent pas et ne choisissent pas non plus leur chef dans le cadre d'une organisation bureaucratique.

2 – Avantages de ce mode d'organisation

Les promoteurs de l'entreprise libérée estiment que différents avantages peuvent en être retirés :

- l'entreprise libérée augmenterait ***la motivation et l'engagement des salariés***, voire même contribuerait au bonheur au travail. Ceci devrait in fine se traduire par moins d'absentéisme et de turnover. On constate effectivement que chez Chrono Flex, « le turnover a chuté de 25 à 16 % et le taux d'absentéisme de 13,2 à 9,2 % » et que les salariés choisis pour être capitaines ont presque tous accepté et en retirent beaucoup de « fierté » ;
- les autres avantages concernent ***les gains de productivité et l'innovation***. Du fait de la motivation des salariés et de leur autonomie, ceux-ci seraient plus efficaces et réactifs. Il semblerait que le nouveau mode d'organisation ait favorisé le redressement de l'entreprise puisque les ventes sont reparties à la hausse. De plus, beaucoup d'idées nouvelles ont émergé, comme l'organisation par région et « les équipes admettent avoir pris en un an davantage d'initiatives que jamais auparavant » ;
- un autre avantage n'est pas cité dans le texte. L'entreprise libérée en diminuant le nombre d'échelons hiérarchiques, en promouvant l'autocontrôle et en privilégiant les salariés sur le terrain au détriment des fonctions support permet souvent de ***réaliser des économies de personnel*** et de limiter ainsi les coûts.

3 – Risques de ce mode d'organisation

Ce mode d'organisation très différent des organisations traditionnelles n'est pas toujours facile à introduire.

Il existe notamment ***un risque de déstabilisation des managers*** car leur rôle change. Dans le cadre d'une entreprise libérée, les salariés sont beaucoup plus autonomes. Certains managers acceptent difficilement de partager la prise de décision et de faire confiance aux salariés au lieu de les contrôler. Par conséquent, il y a souvent des départs de managers. Chez Chrono Flex, deux managers régionaux sur trois ont ainsi quitté l'entreprise.

En l'absence d'encadrement et de directives précises, ***les salariés peuvent aussi être déstabilisés*** par une organisation qui attend d'eux de faire preuve d'autonomie et de s'autocontrôler. Une autre limite à l'organisation libérée est que la réduction du nombre d'échelons hiérarchiques restreint la possibilité de faire carrière au sens traditionnel du terme, ce qui peut être démotivant. Il existe donc aussi un risque de départs de salariés qui ne s'habitueraient pas au nouveau modèle.

Le nouveau mode d'organisation génère de ***nouveaux leaders cooptés***. Se pose la question de savoir si ces capitaines d'équipe ont envie de l'être (un salarié a ainsi refusé) et seront capables de remplir ce rôle qui exige non seulement des compétences techniques, mais aussi managériales. Ainsi, sur treize capitaines de Chrono Flex, un d'entre eux rencontre des difficultés.

Le dernier risque est que les ***effets du changement*** s'essoufflent, de même que ses résultats, d'où l'importance de l'accompagnement du changement. Notons que tous les salariés de Chrono Flex ne participent pas aujourd'hui aux groupes de travail et que sur les 17 groupes, seuls 10 sont réellement actifs.

4 – Conduite du changement

La conduite du changement est essentielle pour en assurer le succès dans la durée. Il convient de noter que la démarche de changement de Chrono Flex s'apparente à un changement délibéré dans un contexte de crise pour l'entreprise. La survie de l'entreprise en dépend.

Différentes conditions de réussite peuvent être mises en valeur dans le cas de Chrono Flex :

- la première concerne ***le rôle du chef d'entreprise*** qui fait preuve d'exemplarité en impulsant le changement, en écoutant le terrain et en soutenant la démarche, y compris en partant faire le tour du monde afin de se mettre en retrait et de ne pas être un obstacle au changement ;
- autre caractéristique, « les changements sont venus de la base » et les dirigeants ont écouté les salariés lors d'un tour de France qui a duré plusieurs mois. Le changement est donc ***top-down et prend du temps***. Des groupes de travail sont toujours en place, il convient donc d'associer les salariés à la démarche et de maintenir les efforts dans le temps ;
- ***la redéfinition du rôle des ressources humaines*** est essentielle ici. La fonction RH joue un rôle central pour accompagner le changement en matière de communication interne pour communiquer sur la démarche, faire remonter l'information de la base *via* le tour de France ou ensuite les groupes de travail. L'autre rôle concerne la formation. Il convient de former les salariés qui ont désormais plus de responsabilités et doivent pouvoir s'autocontrôler et gérer un budget. Les capitaines d'équipe ont aussi besoin de soutien car leurs fonctions s'élargissent à un rôle managérial qui est nouveau (d'où des formations spécifiques et des réunions tous les deux mois sur leur retour d'expériences). Enfin, les dirigeants ont aussi besoin d'accompagnement car leur style de management doit changer pour être plus participatif et ils doivent accepter de déléguer ; trois directeurs ont ainsi été coachés.

EXERCICE 53 Les salariés, ambassadeurs de la marque employeur

Attractivité : Kuehne + Nagel, des salariés ambassadeurs élus

Le leader mondial de la supply chain a engagé une démarche de marque employeur mondiale, construite à partir du ressenti de ses collaborateurs, qu'il implique dans la promotion de l'image du groupe via l'élection d'ambassadeurs.

Pour développer sa marque employeur, Kuehne + Nagel s'est appuyé sur ses collaborateurs. Car elle devait être « *authentique* », « *issue de l'interne* », et ne devait surtout pas être fondée sur des « *valeurs génériques proclamées* », explique Hervé Gnoni, directeur des ressources humaines chez Kuehne + Nagel France. Ainsi, 6 000 salariés se sont exprimés, via un questionnaire en ligne, sur ce qui fait la spécificité et la culture du groupe. On leur demandait notamment pourquoi travailler pour Kuehne + Nagel, quels étaient les bénéfices à y travailler, pourquoi y rester... « *Il était important de déterminer les éléments qui différencient notre entreprise par rapport à la concurrence et de construire une marque employeur dans laquelle les collaborateurs se reconnaissent pour qu'ils puissent la faire rayonner à l'extérieur* », souligne Hervé Gnoni. Un sujet majeur pour le numéro un mondial du transport maritime et deuxième transporteur mondial aérien, qui aujourd'hui est confronté à d'importantes difficultés de recrutement et ne peut plus seulement être reconnu sur son marché, mais doit l'être aussi du grand public, s'il veut attirer les talents. « *L'exécution de notre plan stratégique repose sur la qualité des collaborateurs qui rejoignent l'entreprise, or nous sommes face à un marché de plus en plus concurrentiel où les candidats sont soumis à plusieurs offres en même temps* », souligne Hervé Gnoni.

Les interviews ont ensuite été complétées par une centaine d'entretiens qualitatifs dans le cadre d'ateliers, dans 27 pays où le groupe est présent. Ce travail d'introspection interne a fait émerger cinq éléments principaux inscrits dans l'ADN de la société : l'esprit d'entreprise qui a été celui de son créateur en 1890, l'excellence opérationnelle vis-à-vis des clients, l'innovation, le développement des individus et la collaboration. C'est ce « *plus* » que le groupe entend mettre en avant. « *Cette démarche de marque employeur mondiale, intitulée "Your + shapes our future", répond à un triple enjeu de notoriété, d'image et d'engagement des collaborateurs* », précise Hervé Gnoni.

Acteurs de la vie de l'entreprise

Dans la logique d'authenticité qui a animé la démarche du groupe, Kuehne + Nagel France a lancé un concours Casting +, du 22 mai au 5 juin 2018, afin d'élire les ambassadeurs de sa marque employeur. Parmi les 80 volontaires qui ont concouru pour être les visages et les voix de Kuehne + Nagel dans ses communications employeur, 18 ont finalement été retenus par les salariés. Pour les candidats, il s'agissait de mettre en avant leur passion, leur hobby ou leur savoir-faire : « *ce qui les rend unique* », c'est-à-dire la valeur ajoutée que chaque candidat et collaborateur peut apporter à l'entreprise. « *La campagne Casting + a notamment l'ambition de rendre les collaborateurs acteurs de la vie de l'entreprise, en les impliquant dans la promotion de l'image du groupe, grâce à l'élection de plusieurs ambassadeurs* », déclare Hervé Gnoni. Cette initiative est aujourd'hui complétée par une campagne de cooptation qui a débuté le 1er octobre et s'achèvera le 31 mai 2019 sur le thème « *Présentez-nous ceux qui ont (aussi) quelque chose en +* ». Récompense à l'appui : les « coopteurs » reçoivent un bon d'une valeur de 200 euros si le CV présenté est qualifié, et de 400 euros si la mise en relation se traduit par un recrutement. Tous les apporteurs de CV qualifiés participeront, par ailleurs, à un grand tirage au sort en mai 2019 où le gagnant remportera un week-end dans un lieu prestigieux d'un montant de 1 400 euros. « *Les meilleurs prescripteurs sont les collaborateurs eux-mêmes. Ils savent mieux cibler les futurs candidats qui s'épanouiront avec succès au sein de notre entreprise* », confirme le DRH France. Depuis le démarrage de la campagne, plus de 150 CV ont ainsi été remontés, dont la moitié étaient qualifiés.

Source : Entreprise et Carrières, 3 décembre 2018.

- *Qu'est-ce que la marque employeur ? Quels sont les enjeux d'une stratégie de marque employeur ?*
- *Au-delà des actions déjà mises en place par Kuehne + Nagel, comment l'entreprise pourrait-elle encore davantage impliquer ses salariés en tant « qu'ambassadeurs de la marque employeur » ?*

CORRIGÉ

1 – La marque employeur et ses enjeux

La notion de marque employeur renvoie à l'ensemble des bénéfices associés à un emploi et à un employeur.

Le travail sur la marque employeur est un travail partagé entre plusieurs fonctions de l'entreprise :

- le service Ressources Humaines, généralement pilote du projet ;
- le service Communication qui prend en charge la communication sur la marque employeur (mise en valeur de la promesse employeur ; choix des canaux) ;
- le service Marketing, de manière à créer des synergies entre marque commerciale et marque employeur ;
- la Direction Générale de l'entreprise qui définit la stratégie générale, le projet et les valeurs de l'entreprise.

La gestion de la marque employeur comporte plusieurs étapes. Dans un premier temps, l'entreprise doit réfléchir aux bénéfices à la fois tangibles (rémunération, avantages sociaux, possibilités de carrière, formation, mobilité…) et intangibles (culture et valeurs de l'entreprise ; projet de l'entreprise) qu'elle offre aux salariés actuels et potentiels. Cette identité de marque employeur (ou « promesse employeur ») devra ensuite être communiquée aux cibles RH : employés déjà présents dans l'entreprise (marque employeur interne) et employés potentiels (marque employeur externe). Enfin, l'entreprise doit s'assurer de la cohérence entre la promesse véhiculée avant l'embauche et la réalité vécue par les ressources humaines après l'embauche afin d'éviter tout risque de disconfirmation des attentes.

Ainsi, les enjeux associés à la marque employeur pour une entreprise sont multiples :

- enjeu d'attractivité : une bonne image de marque employeur facilitera les recrutements ;
- enjeu d'engagement des collaborateurs : la communication d'une identité de marque employeur claire permettra d'attirer plus facilement des collaborateurs qui partagent la culture et les valeurs de l'entreprise ;
- enjeu de fidélisation : la cohérence entre la promesse employeur et la réalité vécue dans l'entreprise contribuera à réduire les attitudes et les comportements négatifs des salariés (absentéisme, intention de quitter, *turnover*…) ;
- enjeu de réputation : une entreprise qui bénéficie d'une bonne image de marque employeur bénéficiera d'un bouche-à-oreille positif qui lui permettra de recruter plus facilement.

2 – Le développement d'un programme d'*employee advocacy*

L'entreprise Kuehne + Nagel a choisi de mettre en avant ses collaborateurs dans la communication de la marque employeur et de s'appuyer sur ses salariés pour l'aider à trouver ses futurs collaborateurs (programme de cooptation). Cette entreprise s'appuie ainsi sur ses salariés pour valoriser sa marque employeur en externe : on parle alors de « salariés ambassadeurs de la marque employeur ».

Pour autant, la notion de salariés ambassadeurs prend aujourd'hui, dans certaines entreprises, des formes plus élaborées avec le développement de programmes d'*employee advocacy* : ces programmes sont destinés à mobiliser et responsabiliser les employés pour parler positivement de leur entreprise auprès de leur entourage et, notamment, *via* les réseaux sociaux. De tels programmes peuvent être centrés sur les marques et produits de l'entreprise mais peuvent aussi concerner l'entreprise en tant qu'employeur.

L'employee *advocacy* permet d'abord de développer la notoriété de l'entreprise : certaines entreprises exercent sur des marchés spécialisés ou auprès de clientèles professionnelles (activité *Business-to-Business* comme dans le cas de Kuehne + Nagel) et sont donc peu connues du grand public. Les salariés peuvent alors représenter des relais pour diffuser des messages auprès de cibles différentes et donc plus larges et plus variées que celles visées par la communication institutionnelle, commerciale ou RH de l'entreprise. L'*employee advocacy* contribue également à améliorer l'image de l'entreprise : les salariés ambassadeurs partagent leur fierté de travailler pour cette entreprise et peuvent ainsi recommander les produits ou services de l'entreprise comme le fait de travailler pour cet employeur. Enfin, l'*employee advocacy* peut permettre à l'entreprise de gagner en crédibilité dans la mesure où il ne s'agit pas d'un discours officiel de l'entreprise mais d'un discours émanant de salariés qui peut donc être perçu comme plus authentique. Au final, d'un point de vue RH, ce type de programme devrait contribuer à faciliter les recrutements et à en améliorer la qualité.

EXERCICE 54 Le droit à la déconnexion

DRH d'une entreprise de 145 salariés, vous prenez connaissance de ce bref article sur l'entreprise JLO :

Le groupe JLO s'applique le droit à la déconnexion avant de le conseiller à ses clients

Le groupe de conseil en développement RH et en qualité de vie au travail s'applique les préceptes qu'il recommande à ses clients. Il a notamment anticipé le droit à la déconnexion. Les 115 consultants en bénéficient depuis un an.

La loi Travail a rendu obligatoire le droit à la déconnexion depuis le 1er janvier 2017. C'est une réalité chez JLO depuis début 2016. En semaine, à partir de 20 h 00, et pendant tout le week-end, aucun courriel ne peut être envoyé, ni reçu. Les clients qui adressent un courriel après 20 h 00 reçoivent un message automatique expliquant qu'il ne sera lu que le lendemain. Seules les *hotlines* dédiées aux risques psychosociaux assurées pour des entreprises tierces font exception.

Jean-Luc Odeyer, président du groupe JLO, explique : « *Nous menons en interne des actions dédiées au développement de la qualité de vie au travail, pour innover, tester, avant d'appliquer les pratiques éprouvées chez nos clients. Le droit à la déconnexion en fait partie. Notre retour d'expérience est positif. La nouvelle norme est un progrès* ». Aucun client n'a manifesté d'insatisfaction liée à l'impossibilité de joindre les consultants entre 20 h et 7 h, alors que le dispositif de coupure est en place depuis un an. L'expérience a permis de remettre à leur juste place les notions d'urgences et de dossiers *importants.*

Source : Gestion sociale, 21 février 2017

Dans votre entreprise, le droit à la déconnexion est justement le prochain sujet de négociation avec les représentants du personnel et vous vous posez pour l'instant les questions suivantes :

- *Que dit la loi Travail au sujet du droit à la déconnexion ?*
- *En quoi ce droit à la déconnexion constitue-t-il un enjeu pour la fonction RH ?*
- *Comment un RRH peut-il contribuer à mettre en œuvre ce droit à la déconnexion ?*

CORRIGÉ

1 – Le droit à la déconnexion

L'article 55 de la loi Travail du 8 août 2016 a introduit un droit à la déconnexion, c'est-à-dire un droit, pour le salarié, à ne pas être connecté à ses outils numériques professionnels en dehors de son temps de travail.

Depuis le 1er janvier 2017, les entreprises de plus de 50 salariés ont l'obligation d'engager des négociations avec les partenaires sociaux dans l'entreprise ou l'établissement sur « *les modalités d'exercice du droit à la déconnexion* » des salariés dans le cadre des négociations annuelles sur l'égalité professionnelle entre les femmes et les hommes et la qualité de vie au travail.

En cas d'absence d'accord sur la mise en place de dispositifs de régulation de l'utilisation des outils numériques, l'employeur se trouve dans l'obligation d'élaborer une charte après avis du comité social et économique ou, à défaut, des délégués du personnel. Cette charte doit définir les modalités d'application de ce droit à la déconnexion. Elle prévoit aussi, pour les salariés, le personnel d'encadrement et la direction, des actions de formation et de sensibilisation à un usage raisonnable des outils numériques.

Néanmoins, la loi Travail ne prévoit aucune sanction si l'employeur ne remplit pas ces obligations.

2 – Les enjeux du droit à la déconnexion pour la fonction RH

Le droit à la déconnexion s'inscrit dans le thème de la qualité de vie au travail et est donc lié à la question des risques professionnels avec l'ambition de créer des protections nécessaires à la santé des salariés.

La loi impose aux entreprises de discuter des usages des technologies de l'information et de la communication (TIC) et pose la question de la prévention des risques liés au numérique en entreprise. Elle repositionne cette problématique dans le champ de l'organisation de l'entreprise et non plus uniquement dans celui de la responsabilité individuelle.

Cela amène à explorer deux grands axes :

– la charge de travail : est-elle trop importante ? Est-elle bien répartie ?

– les usages de l'entreprise : les usages et la culture de l'entreprise incitent-ils à une réactivité et une disponibilité constante ?

Une connexion trop importante engendre en effet une surcharge informationnelle qui rend plus difficile la concentration. Cela peut également se traduire par une intensification du travail, source de stress et de fatigue.

De plus, les technologies de l'information et de la communication (TIC) rendent possible le travail hors du cadre traditionnel des horaires et du lieu de travail ce qui peut induire chez le salarié la possibilité d'un travail permanent, avec la diminution du temps de repos et un risque d'épuisement. La frontière entre vie professionnelle et vie personnelle devient également plus poreuse.

Enfin, les outils de communication permettent aujourd'hui de recevoir de l'information en permanence et permettent de répondre partout, tout le temps, ce qui rend difficile la déconnexion.

La loi n'instaure pas de sanction spécifique en cas de défaut de mise en place du droit à la déconnexion. Néanmoins, à défaut, l'employeur s'expose au risque de poursuites judiciaires et de condamnations à des rappels de salaire pour heures supplémentaires, à des dommages et intérêts liés au préjudice à l'état de santé (dépression, burnout, harcèlement moral) et/ou au non-respect des temps de repos, à l'indemnité forfaitaire pour travail dissimulé.

3 – La mise en œuvre du droit à la déconnexion

Pour un Responsable des Ressources Humaines, la mise en œuvre du droit à la déconnexion peut conduire à aborder différents thèmes :

- *la sensibilisation et la formation à la déconnexion à destination des managers et des salariés* : l'enjeu de ce type d'action est d'informer les managers et, plus globalement, les salariés sur les risques, les enjeux et les bonnes pratiques liés à l'utilisation des outils numériques. Dans ce cadre, l'entreprise peut :
  - former chaque salarié à l'utilisation raisonnée et équilibrée des outils numériques,
  - mettre à la disposition de chaque salarié un accompagnement personnalisé,
  - désigner au sein de l'entreprise des interlocuteurs spécifiquement chargés des questions relatives à l'évolution numérique des postes de travail ;
- *la lutte contre la surcharge informationnelle liée à l'utilisation de la messagerie électronique professionnelle* : concrètement, cela peut conduire à :
  - s'interroger sur la pertinence de l'utilisation de la messagerie électronique professionnelle par rapport aux autres outils de communication disponibles,
  - s'interroger sur la pertinence des destinataires des courriels,
  - utiliser avec modération les fonctions « Cc » ou « Cci »,
  - s'interroger sur la pertinence des fichiers à joindre aux courriels,
  - éviter l'envoi de fichiers trop volumineux,
  - indiquer un objet précis permettant au destinataire d'identifier immédiatement le contenu du courriel ;
- *la lutte contre le stress lié à l'utilisation des outils numériques professionnels* : concrètement, cela peut conduire à amener les salariés à :
  - s'interroger sur le moment opportun pour envoyer un courriel/SMS ou appeler un collaborateur sur son téléphone professionnel (pendant les horaires de travail),
  - ne pas solliciter de réponse immédiate si ce n'est pas nécessaire,

• définir le « gestionnaire d'absence au bureau » sur la messagerie électronique et indiquer les coordonnées d'une personne à joindre en cas d'urgence,
• privilégier les envois différés lors de la rédaction d'un courriel en dehors des horaires de travail ;

– *la réflexion sur le droit à la déconnexion en dehors du temps de travail* : le droit à la déconnexion pose la question du respect des périodes de repos, congé et suspension du contrat de travail par l'ensemble des acteurs de l'entreprise. Cela peut susciter une réflexion sur l'organisation d'une déconnexion « haute » (les managers ne peuvent pas contacter leurs subordonnés en dehors de leurs horaires de travail) vs « basse » (les managers s'abstiennent, dans la mesure du possible et, sauf urgence avérée, de contacter leurs subordonnés en dehors de leurs horaires de travail) ;
– *la réalisation d'un bilan annuel sur l'usage des outils numériques professionnels* : les entreprises peuvent envisager de réaliser un bilan de l'usage des outils numériques professionnels dans l'entreprise en y associant les services de santé au travail et les institutions représentatives du personnel. Dans le cas où ce bilan ferait apparaître des difficultés, l'entreprise peut ensuite réfléchir à la mise en œuvre d'actions de prévention et de mesures, coercitives ou non, pour mettre fin au risque.

La mise en œuvre du droit à la déconnexion n'implique donc pas nécessairement, par exemple, de couper le serveur entre 18 heures et 7 heures. Le cadre légal étant très général, il permet de tenir compte des spécificités de l'entreprise (activité internationale ou locale, population composée de commerciaux itinérants ou d'ouvriers, travail de nuit et/ou le dimanche, mise à disposition de smartphones avec accès à distance au réseau ou pas…) pour le mettre en œuvre dans l'organisation.

PEFC
10-31-3532
Certifié PEFC
Ce produit est issu de forêts gérées durablement et de sources contrôlées
www.pefc-france.org

IMPRIM'VERT®

Imprimé en France sur des papiers provenant
majoritairement de l'Union européenne
et issus de forêts gérées durablement
par Sepec numérique
1, rue de Prony - ZA des Bruyères
01960 Peronnas

Imprimeur certifié

Achevé d'imprimer en Juillet 2021
Numéro d'impression : N21275210709
Dépôt légal : Août 2021